FONGHONG

Cunk on Everything

Philomena Cunk

万物辞典

[英]菲洛梅娜·康科——著

雍寅——译

江苏凤凰文艺出版社
JIANGSU PHOENIX LITERATURE AND ART PUBLISHING

图书在版编目（CIP）数据

万物辞典 / (英) 菲洛梅娜·康科
(Philomena Cunk) 著；雍寅译. -- 南京：江苏凤凰文
艺出版社，2021.5

书名原文：Cunk on Everything：The Encyclopedia
Philomena

ISBN 978-7-5594-4390-8

Ⅰ. ①万… Ⅱ. ①菲… ②雍… Ⅲ. ①杂文集－英国
－现代 Ⅳ. ①I561.65

中国版本图书馆CIP数据核字（2020）第189797号

江苏省版权局著作权合同登记：图字10-2020-454号

CUNK ON EVERYTHING by Philomena Cunk
First published in Great Britain in 2018 by Two Roads Books, an imprint of John Murray Press, an Hachette UK company.

万物辞典

［英］菲洛梅娜·康科　著　　雍寅　译

责任编辑　孙金荣
特约编辑　贾博涵
责任校对　杨芳云
版权支持　张晓阳　王新博
出版统筹　孙小野
出版发行　江苏凤凰文艺出版社
　　　　　南京市中央路165号，邮编：210009
网　　址　http://www.jswenyi.com
印　　刷　三河市金元印装有限公司
开　　本　880毫米×1230毫米　1/32
印　　张　11
字　　数　255千字
版　　次　2021年5月第1版
印　　次　2021年5月第1次印刷
书　　号　ISBN 978-7-5594-4390-8
定　　价　68.00元

江苏凤凰文艺版图书凡印刷、装订错误，可向出版社调换，联系电话025-83280257

序

恐怕我必须得说，我不认识你说的这个作者，因为我很少看电视。不过你寄给我的这些样书绝对是一种耻辱。我本人不会为这本书作序，希望你能把我的原话转告给她。

别再找我了。

鲁珀特·德尔加多教授

大英帝国员佐勋章获得者

前言

我记得，在接到撰写本书的邀约时，我在思考。

那种感觉真的很好。在写作的过程中，这种感觉一次又一次地出现。思考，是我们大脑能做的三件最棒的事情之一。我希望本书能带来一些“精神食粮”（这是“心灵香肠”的专业说法），或许在某种程度上，它能够解答宇宙中的一切问题。

想要通晓一切是非常困难的，因为世界变得一天比一天复杂。在远古时期，原始人只要分得清岩石和食物或许就意味着知晓一切了，然而在当今社会，仅有这样的知识水平基本上是找不到工作的——恐怕连卖鞋都不够格。

那么，我们如何才能更多地了解这个世界呢？其中一种方法就是阅读。书籍就像互联网，只不过我们翻阅书籍时一般是按照一定之规从前向后翻的，并且在火车穿行隧道的时候也不会受影响。你这会儿拿着的就是一本书（除非你刚才把它放在桌上，端起了一杯茶，那么好吧，这样的话这会儿你拿着的就是一杯茶）。通过阅读，别人写在书中的想法就会进入你的眼睛，与你大脑中的想法相结合。起初，这会让人感觉怪怪的，但据说大家早就习以为常了。

很多书的作者都是你从来没领教过的烦人精，所以永远不要去读这些人写的书。好书都是由那些不上电视的人写的，畅销书排行榜清楚地证明了这一点。不上电视的人才能写出好书，而我在写的这本就是。如果我不写的话，某些所谓的作家就会写，到时候书卖不出去，只能被丢进垃圾堆。要写书却又爱上电视，这会对我们宝贵的星球造成十分严重的破坏，这是发人深省的教训。

请把本书当作是你所信任的人写的一本十分有用的宇宙指南。被人手把手指导有时候感觉很好，有时候则未必（比如那人刚上完厕所还没把手吹干，或者刚刚掏过鲭鱼内脏）。还有些时候，得知有人能够指点你解决生活中令人焦头烂额的问题，是件值得欣慰的事。

你可能要问了，凭什么这个指点你的人是我？是这样的，过去几年里，我一直致力于在我的电视节目和节目特辑中研究那些当下和历史中出现过的最亟待解决的问题，我乐于认为自己在此方面已经做得很成功了，因为这么想令我心情愉快。

但愿你喜欢这本《万物辞典》。毕竟我什么都知道。

菲洛梅娜·康科

写于英国切斯顿冒险世界，2018 年 5 月

A

Cunk on Everything

B

Cunk on Everything

C

Cunk on Everything

D

Cunk on Everything

E

Cunk on Everything

F

Cunk on Everything

H

Cunk on Everything

I

Cunk on Everything

J

Cunk on Everything

Cunk on Everything

L

Cunk on Everything

M

Cunk on Everything

N

Cunk on Everything

O

Cunk on Everything

P

Cunk on Everything

R

Cunk on Everything

S

Cunk on Everything

T

Cunk on Everything

Cunk on Everything

Cunk on Everything

Cunk
on Everything

X

Cunk
on Everything

Y

Cunk
on Everything

Z

Cunk on Everything

Cunk
on Everything

亚当和夏娃

Adam and Eve

上帝创造出的第一个人是亚当，他也是第一个男人。在早期，世界上根本没有女人，只有男人，就像戴维频道只会不停重播《新闻问答》节目一样。

这一度是个麻烦，因为想要创造出更多亚当，唯一的办法，好像只有让他和与他同时存在的那个人，也是唯一存在的另一个人，也就是上帝本人……发生关系。我能想象得出上帝有多么不情愿，因为他是按照自己的形象造的亚当，那不就等于让他和自己发生关系吗？这事总是有点怪怪的。出于某种原因，上帝是以圣灵的身份与人类发生关系的。他无形且光滑，犹如刚洗过的羽绒被，这种状态更适合做“性伴侣”什么的……我不愿再想下去了。

不管怎样，为了方便发生关系，上帝从亚当身上创造出了夏娃，一个女人。夏娃屈居第二，正如女性通常的地位，不过她进化了不少。与亚当用叶子来遮挡私处只是做做样子不同的是，夏娃可以从叶子遮挡的地方生出孩子，于是地球上的人就这样被创造了出来。

夏娃因为吃了上帝的一个苹果，惹上了麻烦。如果上帝真对苹果这么在意，就应该给苹果贴上自己的名字，就像咱们给办公室冰箱里的东西贴条一样。上帝真够傻的。

亚历山大大帝[1]

Alexander the Great

亚历山大大帝生于公元前 356 年的古希腊，死于公元前 323 年，是历史上最伟大的勇士之一。他很像那个时代的安迪·麦克纳布，只不过他不仅有剪影，[2] 还有雕像。

亚历山大从默默无闻的一个希腊小国的王子，一跃成为整个希腊的统治者，然而这并没有让他感到满足，于是所有能被当时的人叫得出名字的地方，都被他侵占了。当然，现在我们耳熟能详的很多地方，比如美国、切斯顿冒险世界，以及伦帕地区[3]，当时的人们听都没听说过，但凡是他们听说过的地方——基本上就是希腊及其周边地区，都被亚历山大强大的军队攻陷了。

亚历山大征服了叙利亚、波斯、巴比伦、印度、土耳其、埃及等各个地方。他的士兵筋疲力尽，不停地从马上摔下来，于是他建造了一个名为“特洛伊木马”的大木头块，好让大家坐在里面打盹休息，或者盯着窗外看——就像坐公交车一样，看看站台上有什么。

---

[1] 亚历山大大帝，是马其顿王国的国王，西方四大军事统帅之首，世界古代史上著名的军事家和政治家。（本书中注释，如无特别说明，均为译者所注。）

[2] 史蒂文·比利·米切尔（Steven Billy Mitchell），常以安迪·麦克纳布（Andy McNab）为笔名，英国前陆军步兵，小说家。他的脸很少暴露在镜头前，通常会以剪影的形式出现。

[3] 出自小说《查理与巧克力工厂》（*Charlie and the Chocolate Factory*），伦帕地区（Loompa land）是旺卡巧克力工厂的工人奥帕－伦帕人的家乡。

他用这匹“马”打赢了特洛伊战争[1]，击败了弥诺陶洛斯[2]——一头长着黄蜂头脑和鸭子“牙齿”的公牛。坦率地说，希腊神话讲到这部分的时候有点让人发蒙，但亚历山大仍在大多数故事中出现。他是如此骁勇善战，以至于他不再只是一个希腊神话人物，而变成了一个“真正的男孩”，就像匹诺曹一样。所以，这也是时至今日我们仍然记得他的原因，如果我们真的记得的话。

他之所以被称为“大帝”，是因为当时姓氏还没有出现，人们需要想办法将他与别的“亚历山大”加以区别，比如亚历山大醉汉、亚历山大阿狗之类。不过，这个名字看起来似乎是他自己取的，这不合规矩，他应该让同伴为他选一个。但这样一来，他有可能就成了“旺布尔”[3]“馅儿饼头”[4]“勇气马车博士”[5]什么的，而且如果一早知道将来所有雕像的基座上都会刻上这样的名字，谁还愿意征服世界呢？

在当时，亚历山大大帝所建立的国家是有史以来最大的帝国之一，但是存在的时间并不长。从那以后，又出现了许多更大规模的帝国，而这要归功于全球变暖，它扩张了我们的世界，因为热胀冷缩嘛。

---

[1] 特洛伊战争是指以阿伽门农（Agamemnon）及阿喀琉斯（Achilles）为首的希腊军对特洛伊城的10年攻城战。战争以争夺世上最漂亮的女人海伦（Helen）为起因。

[2] 弥诺陶洛斯（Minotaur）是克里特岛上的半人半牛怪物。击败弥诺陶洛斯的是传说中的雅典国王忒修斯（Theseus）。

[3] 旺布尔（Womble），英国儿童节目中的一个虚构角色。

[4] 馅儿饼头（Piehead），源自恐怖电影《猛鬼追魂》（*Hellraiser*）中的人物钉子头（Pinhead），其整个头部都钉满了钉子。这里应该是吐槽亚历山大的发型。

[5] 勇气马车博士（Dr Spunkwagon），源自动画片《赛车总动员》（*Cars*）的衍生动画《怪物卡车拖线》（*Monster Truck Mater*）中的角色弗兰肯瓦格博士（Dr. Frankenwagon）。“wagon”一词有“马车”的意思，作者在这里借动画人物来吐槽亚历山大。

伟大的阿尔弗雷德[1]

Alfred of Great

伟大的阿尔弗雷德大帝是英国历史上最伟大的国王，之所以这么说是因为他已经把“伟大”二字清清楚楚地写在自己的名字里了，就像声名狼藉先生[2]或者汤姆和芭芭拉·美好[3]一样。

作为国王来说，伟大的阿尔弗雷德至少要比埃塞尔雷德·邋遢[4]或者哈罗德·垃圾[5]强得多。要说我们从中学到了什么经验教训的话，那就是在立国王之前，首先要搞清楚他所有的名字。可以说，阿尔弗雷德缔造了英国。在此之前，英国群雄割据，几个国王的名字都很“哈利·波特”，比如埃德威格[6]和血斧埃里克[7]。阿尔弗雷德为自己的国家起名为“England”（英格兰），源自“and”（一起）和“ingle”（壁炉）这两个词，具体原因不详。（出人意料的是，对于名字极为自负的阿尔弗雷德，竟然没有把自己的国家命名为“阿尔弗雷德王国”。）

阿尔弗雷德之所以被称为“伟大”是因为他逃避责任，躲进萨

---

[1] 这里说的其实是阿尔弗雷德大帝（Alfred the Great）。

[2] 声名狼藉先生（Notorious B.I.G.），美国说唱歌手、嘻哈音乐人。

[3] 汤姆和芭芭拉·美好（Tom and Barbara Good），英国电视剧《美好生活》（*The Good Life*）中的主要人物。

[4] 埃塞尔雷德二世（Ethelred II），英格兰国王，威塞克斯王朝第 14 位君主，绰号“邋遢大王”。

[5] 哈罗德一世（Harold I），英格兰国王，1035 年至 1040 年在位。

[6] 埃德威格（Eadwig），英格兰国王，955 年至 959 年在位，名字与《哈利·波特》中的哈利的猫头鹰海德薇（Hedwig）相似。

[7] 血斧埃里克（Eric Bloodaxe），10 世纪的一位挪威国王，名字与《哈利·波特》中的人物血人巴罗（Bloody Baron）相似。

默塞特郡，[1] 一边吃个不停，一边不知所措——至今，巴斯大学的学生仍在延续这一令人骄傲的英国传统。

尽管阿尔弗雷德勇敢地驱走了维京人，复兴了伦敦，改革了律法，强化了海军，并且取得许多别的成就，但他最出名的成就还是“烤焦面包事件”[2]。就这一点来说，他就是当时的苏·帕金斯[3]。

[1] 阿尔弗雷德战败，被敌人追杀，迫不得已逃进了萨默塞特郡沼泽中。

[2] 传说阿尔弗雷德在落难时被好心人收留。在帮主人烘烤面包时，他苦苦反思失败的原因和如何才能打败敌人，结果由于望着炉火出神，把面包烤焦了，受到农妇的责骂。

[3] 苏·帕金斯（Sue Perkins），英国喜剧演员、编剧、主持人和作家，曾主持过《英国家庭烘焙大赛》（*The Great British Bake Off*）。

字母表
Alphabet

字母之所以按如今的顺序排列，是因为它们就是按这个顺序被发明出来的。因为像 B 和 A 这样无聊的东西总是最先出现，而像 X 和 Z 这种令人激动、具有未来感的事物总是后出现。可以说，Z 就是字母表界的 iPhone X。

一些国家禁用了字母表中的一些字母。例如，意大利语里就没有字母 W。[1] 而夏威夷语里只有 12 个字母[2] ——反正那地方本身就不大，12 个也够用了。也难怪“夏威夷”（Hawaii）这个词的词尾这么怪，因为它缺少字母 y 来帮助人们理解它是“Hawai”这层意思，所以只能用字母“i”充数了。[3]

还有一些语言的字母表别具一格。比如俄罗斯语，虽然用的字母跟英语字母一样，可是俄语中的每个字母看起来都像镜子中映出来的；而阿拉伯字母则长得跟花里胡哨的眉毛似的；至于汉字，说白了就是若干堆在一起的小木棍。

唯一按正确顺序排列的是数字表，从最小的 1 到更小的 0。有了这 10 个数字，你几乎什么都能数，除了钟表上的时间，因为那上面有 12 个数字。

---

[1] 意大利语由 21 个字母和 5 个外来语字母组成，5 个外来语字母分别是 J、K、W、X、Y，主要用来拼写外来单词。

[2] 夏威夷语的发音只有 12 个音素，字母包含 A、E、I、O、U、H、K、L、M、N、P、W。

[3] 英语中有些名词在其后面加 y 可以变成形容词，比如 rain—rainy，luck—lucky 等。而夏威夷语没有字母 y，作者借此言称当地人是在 Hawai 后面加上 i 来表示这里很 Hawai。

另类右翼[1]

Alt Right, The

有一类人群被称为“另类右翼”（alt right），这个词的英文读音与“都对”（all right）相近，可事实上他们又常常“都不对”，所以才被叫作“alt right”。他们原本应该叫“都错”，但是这样的名字听起来就很不靠谱。他们就像伦敦广播公司想要面向全国播送节目一样不自量力。

有人说，另类右翼就是新纳粹，其实并不是这样，因为他们既不穿制服也不留小胡子，而且走起路来还不整齐。他们和纳粹的差异，就跟星爆软糖和奥帕尔水果糖的区别差不多[2]。

另类右翼的全拼是“alternative right”。可能你会以为“另类”就是“不同”的意思，但在这里它表示“完全相同，只不过更糟”。这就好比你想要一株“另类的”（与众不同的）植物幼苗，结果人家给你的是一株坏了的植物幼苗一样。

他们会说一些非常离谱的话，就像喝多了之后一样，只不过他们第二天不会头痛，也不打算收回那些话。他们想为自己以及同类争取更多的空间——难怪他们当中很多人都是胖子，原来是为了索取更多的空间。他们还不喜欢和自己不一样的人，黑人、穆斯林、

[1] 另类右翼，持有极端保守或反对变革观点的意识形态组织，主要特点是反对主流政治，通过网络媒体故意散布有争议的内容。

[2] 星爆软糖（Starburst），1960 年在英国上市时被称为奥帕尔水果糖（Opal Fruits）。二者名称不同，本质无异。

西班牙人、同性恋、女人，他们统统不喜欢！他们只为白人和男人争取权利，所以让白人当选总统对他们来说是件了不得的大事。

他们之所以被称为“另类右翼”，有可能是因为他们渴望一切都能按照自己的意愿重新开始，就像我们关机重启电脑一样。

盎格鲁 – 撒克逊人 [1]

Anglo–Saxons

历史上最大的谜团之一就是，盎格鲁 – 撒克逊人是谁。如果请教历史学家，他们就会向你说一大堆，不过你可能听不进去。

盎格鲁 – 撒克逊人似乎不知从哪儿冒出来的，很快便销声匿迹了，但又仍然存在于我们周围，就跟得克萨斯乐队 [2] 一样。他们几乎没什么名声，就跟得克萨斯乐队一样。他们没有古罗马宽长袍，没有维京长船，也没有著名的黑斯廷斯战役；他们没有山顶城市、金字塔或者角斗士；他们几乎没有什么值得被记住的亮点，平淡无奇又有些乏味，跟得克萨斯乐队一样。事实上，你原本不会知道他们的存在，怪不得英格兰要以他们的名字命名呢。[3]

据我们所知，盎格鲁 – 撒克逊人总是怒气冲冲，很多我们至今仍在使用的脏话都是他们发明的，比如 sard、scitan 和 rastagr 等 [4]。但是，盎格鲁 – 撒克逊人并没有留下太多书面记录，因为罗马人离开英国的时候把所有的笔都带走了，于是盎格鲁人变得有些古怪，开始将脑海中的荒唐想法编成故事，很快就谈论起了怪物、亚瑟王、巫师和龙。事实上，现存的唯一值得信赖的书面记录就是比尔博 · 巴

---

[1] 盎格鲁 – 撒克逊人，通常是指 5 世纪初到 1066 年生活在大不列颠岛东部和南部地区的文化习俗上相近的一些民族，属于日耳曼民族的一支。

[2] 得克萨斯乐队（Texas），来自格拉斯哥的苏格兰流行摇滚乐队。

[3] 英格兰这个名称源自“盎格鲁人”（Angles），其原名“Engla–lond”意为“盎格鲁人之地”。英格兰人继原住居民之后居住在这个地方，属西欧民族。

[4] 均为粗俗的脏话，相当于如今的 fuck、shit 等词。

金斯[1]的历险记。

但是，把这些全放在一起来看就说得通了：说脏话，编故事，存在时间短，不怎么外出，喜欢妖精和龙的故事——显然，盎格鲁－撒克逊人就是有史以来的第一群“喷子”。可以肯定的是，如果盎格鲁－撒克逊人今天能上推特的话，还会是“喷子”。

[1] 比尔博·巴金斯（Bilbo Baggins），小说《霍比特人》中的人物。

动物

Animals

我们管任何活着的东西都叫动物，但是不包括花草、树木、人类、火焰、病毒、火山，以及灌木。这是一个相当庞大的群体，于是我们人类（假设正在读书的你不是狗也不是机器人）做了一件明智的事——给每种动物都起了不同的名字。所以鸟就被叫作“鸟”。不过我们必须分得具体一点，毕竟并不是所有的鸟都一样，松鸦和山雀就不一样。而且并非所有山雀都是一样的，大山雀和蓝山雀就不一样。而且并非所有蓝山雀都是一样的，非洲蓝山雀和欧亚蓝山雀就不一样。这有点过于烦琐了，动物实在太多，而且还都有拉丁文[1]或者医学上的名字。行了，言归正传，让我们集中介绍几种重要的动物。

鸭子

鸭子是唯一能在水面上游泳的鱼。它们也是唯一长羽毛的鱼。可能你觉得天鹅也算，不过天鹅不是鱼（鸭子才是），说白了，它们就是用沸水洗过的大鸽子。而且，任何人都可以吃鸭子，不像天鹅，只有女王可以享用[2]。如果平民吃了天鹅就会死掉，因为天鹅肉过于高贵，老百姓根本消化不了。但是，女王有一个特殊的胃，她每天“吞下”一大堆宝石用来消化天鹅肉，就像爬行动物和鸟类吞石头帮

---

[1] 生物的统一命名始于卡尔·冯·林奈（Carl von Linné）的双名法，而林奈采用的是当时欧洲最为通行的语言拉丁文。

[2] 英国法律规定公共水域的天鹅都属于女王。

助消化一样。

当一只鸭子浮在水面游泳的时候，它的下方看起来好像还有一只鸭子，跟它上下颠倒。不过那并不是真正的鸭子，只是它的倒影。尽管倒影中的一切都是相反的，但是“倒影鸭子”游动的方向却和真鸭子一致。这是因为，如果“倒影鸭子”和真鸭子游向不同方向，那么所有鸭子的倒影就会混在一起，绿头鸭的下方可能出现的是白冠鸡[1]的倒影，那就无法正常观鸟了。

冬季，鸭子会飞往气候温暖的南方。它们飞行时同伴会在空中摆成V字，并顺着V字的尖端方向飞向南方。鸭子也下蛋，和鱼一样。

昆虫

昆虫是世界上最小的生物，看上去大都像长了腿的标点符号。和其他动物不同，昆虫对人类来说没有多大用处，因为它们实在太小了，我们既无法骑在它们背上，也难以一次性抓到足够多的昆虫烤着吃。

所有昆虫都是四条腿，除此以外还长着两条胳膊，有的还长着翅膀——通常是偶数，以免飞行的时候原地打圈。不过蛾子好像没有这方面的困扰，它们总喜欢围着亮光打圈，也许是因为它们在一侧的口袋里装了重物。

人们一致认为最坏的虫子是苍蝇，而最好的则是蝴蝶。显然，大多数东西（土豆泥、油炸面包、Wotsits[2]等）加上黄油都会变得

[1] 黑色水鸟，额和喙为白色，飞行缓慢，颇似鸭子。
[2] Wotsits，英国一个奶酪味玉米泡芙品牌。

好一些。[1] 苍蝇在动物的粪便上飞来飞去，然后来到你家厨房，站在你的食物上，就像克里斯·帕卡姆[2]爬进你的汤里，而且还是先将靴子伸进去的。如果克里斯·帕卡姆真的这么做了，那么即使你举着塑料拍子追过去打他脑袋，他也不会感到惊讶，但是苍蝇对此却很生气。它们是彻头彻尾的浑蛋。

毛毛虫跟大多数昆虫差不多，只不过它们长得像个睡袋，还神出鬼没的。它们总是吃个不停，树叶、巧克力蛋糕、甜筒、腌菜、瑞士奶酪、萨拉米、棒棒糖、樱桃派、香肠、纸杯蛋糕和西瓜，啥都吃。然后它们变成了漂亮的蛹。悲惨的是，往往不久之后，在它能飞走或者产卵之前，蛹就会被它的“天敌”蝴蝶撕破。

蛾子就好比 BBC 第四频道版本的蝴蝶，有点无趣，[3] 主要在晚上活动。它们白天睡觉，一旦天黑下来，就成群结队地“捕猎”它们的主食——灯泡。蛾子围着灯泡，攻击它，不断地朝灯泡撞击数个小时，直到灯泡筋疲力尽，摔到地上。自然界最神奇的景观之一，就是蛾子们自豪地拖着一个被制服的灯泡回到自己的窝，将其喂给它们的孩子。不过可惜，这种事总是发生在夜间，没人亲眼见过。就连大卫·阿滕伯勒[4]也得时不时睡会儿觉，不是吗？

最小的昆虫是蚂蚁。它们成群结队地聚集在一起，垒成小山，好让自己显得大一些，免得被甲壳虫这种大虫和章鱼欺负。一只蚂蚁可以搬动相当于自身体重 5000 倍的物体，但是我在网上没找到这

[1] 因为 fly（苍蝇）前面加上 butter（黄油），就变成了 butterfly（蝴蝶）。

[2] 克里斯·帕卡姆（Chris Packham），英国博物学家、自然摄影师、电视节目主持人和作家。

[3] 英国广播公司第四频道主要播出非音乐娱乐节目、新闻和纪实节目。

[4] 大卫·阿滕伯勒（David Attenborough），博物学家、英国广播公司电视节目主持人及制作人，制作了数量惊人的纪录片。

句话里的“一只蚂蚁”说的是哪只蚂蚁。

最神奇也是最神秘的昆虫非蜜蜂莫属。蜜蜂在花上搓搓腿，然后回到自己的小屋，就把花变成了蜜。我们不清楚它们是怎么做到的。搞不好它们是要了什么把戏，因为都是关着门做的，有点可疑。

想一想

蜂蜜会不会是蜜蜂从商店买的呢？说不定蜜蜂聚在一起变成人的形状，钻进一件长外套里（这下就没人能认出它们了），飞到了阿斯达超市[1]。然后，它们把蜂蜜藏在小房子里，不让别人看到那些装蜂蜜的罐子。如果有人来看它们是不是搓搓腿把花变成了蜂蜜，它们就会拿出一些蜂蜜来。（仔细想一想，这好像也不太可能发生。）

虽然昆虫在地球上存在的时间比人类久远得多，但是它们并没做出太大贡献。有时候你会觉得它们就是在浪费时间。科学家预计，人类灭绝以后，昆虫还能存在很长一段时间，所以没准到那个时候它们就会强迫自己做点什么了。

蜗牛

不要相信蜗牛。它们不过是乔装打扮的沙滩鼻涕虫。

[1] 阿斯达超市（Asda），英国第一家在自己生产的食品和软饮料中禁止使用人工色素和香料的超市，致力于“无污染”食品的生产，是英国零售业的巨头之一。

老虎

老虎是除狮子以外最大的猫科动物，不过我刚刚查了一下资料，发现其实狮子要稍微小一点，所以老虎才是最大的猫科动物，我前面说错了。但是如果我没提起狮子，就不会想到去查，也不会知道老虎才是猫科动物中最大的，不管怎样，活到老学到老嘛。

老虎看上去就像长了牙的橙色条形码。它们生活在印度、俄罗斯和切斯顿冒险世界，以鹿、水牛和甜玉米片[1]为食。

20 世纪初期，地球上大约有 10 万只野生老虎，但是现在已经减少到 3000 只左右。因为老虎非常危险，如果有 10 万只老虎四处乱窜，就必须采取措施。人类在这方面倒是很在行。

如今，动物园、说唱视频和魔术表演中的老虎比野生的还要多，这样更安全，要不然你就会变成齐格弗里德和弗洛伊德当中脸被咬掉的那个[2]。在野生状态下，老虎往往要吃更多的肉，而不是甜玉米片。重要的是，一定要给你的老虎喂足够甜的玉米片，以免它咬掉你的脑袋，齐格弗里德或弗洛伊德明白这个教训的时候已经太迟了。

老虎很聪明。被抓来的老虎能学会一些技能，比如钻火圈，或者夸赞某样产品“太好嗷嗷嗷嗷啦”，就像有史以来最著名的广告虎——老虎·伍兹一样。

---

[1] 这里说的是家乐氏甜玉米片（Frosties）的吉祥物托尼虎（Tony the Tiger）。

[2] 这里指的是齐格弗里德和罗伊（Siegfried & Roy），两个当代魔术师，因白狮和白虎的形象而出名。2003 年，罗伊在演出中被一只雄性白老虎咬到了脖子。

考古学

Archaeology

考古学是一门旨在发现过去人们在地下藏了什么东西的学科。没人知道为什么过去的人要把东西埋起来，也许是担心有贼来偷。可有些埋起来的东西本身就是垃圾，比如成堆燧石做的箭头，鞋子的碎片什么的。

可能是人们当年太过匆忙，因为站在城堡上的人发现有大批贼正往这边赶，所以他们根本来不及想好要埋什么，就急急忙忙地把手头的东西都给埋了。那阵子到处都是海盗、劫匪和罗宾汉[1]，所以你不能相信任何人和任何事，除非是板上钉钉的事，即便如此，他们也有可能把钉子偷走埋了。

有的人，比如罗马人，甚至用火山把自己给埋了。尽管人们往地底下埋东西（也埋自己）的原因仍然是个谜，但他们这一举动确实让我们对过去的人有了一定的了解：他们有点疯狂，而且热衷于埋东西。如果没有这些被埋起来的东西，历史就只剩下人们记录的文字，那就更加没劲了。因为你只能在书中读到古代王冠，而不能把它戴在头上四处走走，就像我想象中考古学家所做的那样。

---

[1] 罗宾汉是英国民间传说中的人物。他武艺出众、机智勇敢，仇视官吏和教士，是一位劫富济贫、行侠仗义的绿林英雄。

托尼·罗宾逊[1]和印第安纳·琼斯[2]都是历史上最著名的考古学家。有趣的是，他们要么戴着那种帽子，要么就有一个戴着那种帽子的同伴。考古最突出的一个特征就是那种帽子。所以，如果考古学家弄丢了帽子，就必须重返摇摇欲坠的神庙把它找回来，就像托尼·罗宾逊的同伴一直做的那样。[3]

说真的，如今还在埋东西的家伙就只剩下狗了。或许这证明了过去的人曾经是狗的事实。如果我们不停地深挖，说不定能找到关键证据，证明过去的人都是狗。说不定在地底下的什么地方埋着成堆的骨头。然而遗憾的是，除非有人能挖出一根陈年老骨头，否则过去的人都是狗的说法就只能停留在理论层面。科学可是个苛刻的狗主人。

---

[1] 托尼·罗宾逊（Tony Robinson），英国喜剧演员，业余历史学家，电视节目主持人和政治活动家。

[2] 印第安纳·琼斯（Indiana Jones），《夺宝奇兵》（*Raiders of the Lost Ark*）系列电影中的人物，其正式身份为风俗学教授和考古学家。他总是戴着一顶西部牛仔式的帽子，而且每次打架打到紧张处也不忘捡帽子。

[3] 这里指的托尼·罗宾逊参演的著名英国历史情景喜剧《黑爵士》里的桥段，该剧的故事背景在中世纪的英国宫廷，主角艾德蒙是个没有希望继承王位的王子，自封爱丁堡公爵“黑爵士”；罗宾逊在剧中扮演黑爵士的随从。作者这里提到的“托尼·罗宾逊的同伴”暗指黑爵士，二人经常戴着造型夸张的帽子，上演一系列闹剧。

阿基·米德[1]

Archie Medes

阿基·米德是最爱干净的希腊哲学家。他住在浴室里，总是炫耀自己比柏拉图和其他哲学家干净得多——那些哲学家只用希腊法兰绒（这种毛巾在当时很可能被叫作 phlannel[2]）匆匆擦洗脸部、前身和裆部。他会指着他们，说他们难闻。“你身上有臭味！”他大叫道。于是这便成了他的口头禅。[3]

后来（可能在他洗澡的时候）阿基·米德注意到，他离开浴缸以后，水位下降了。其实只是因为他拔出了塞子。以前从来没有人把浴缸的塞子拔出来过，他们只会往里面倒更多的热水，直到水溢出来。很快，阿基就成了著名的“洗浴科学之父”。

阿基·米德还发现，在澳大利亚，浴缸里的水是从别的地方流进来的（从塞子孔往上冒，流回到浴缸里，因为那地方是上下颠倒的）[4]，而且如果在浴缸里泡得太久，脚趾就会变得怪怪的。

关于浴缸的几个无解问题

- 如果在浴缸里泡上几个星期，人会因为皮肤泡得太皱而变老吗？
- 为什么不能用浴室里别的东西来给它命名？为什么不叫它“马桶室”“水槽室”或者“牙刷室”？[5]

[1] 这里说的就是古希腊的阿基米德（Archimedes），作者故意将其名字写错。

[2] 法兰绒的英文是 flannel，由于字母 ph 的发音 /f/ 源自希腊语，所以作者将其写为 phlannel。

[3] 阿基米德的名言是“我发现了”（Eureka），这句话与“你身上有臭味”（You reeker）发音相近。

[4] 因为澳大利亚在南半球，作者认为那里同北半球相比，一切都是颠倒过来的。

[5] 英文中浴室名为 bathroom，直译即带浴缸（bath）的房间（room）。

建筑

Architecture

千百年来，人类一直生活在户外，靠猎鹿和捡拾坚果为生。后来有一天——那天肯定下雨了——有人发现了一个新去处：室内。于是，他发现了自他发现室内以来最大的发现——建筑。

建筑是“大楼”的时髦说法。我们周围就有大楼，尤其当我们身处其中的时候认知更是真切。那么，为什么要有大楼？动物就没有大楼，除了动物园和蜗牛背上的那玩意儿，但人类就得有。

在建筑出现之前，人都住在洞里。洞不是人建出来的，而是找出来的。有时候洞里面住的是熊，这就给贴壁纸增加了难度，所以人需要别的住处。人试图住在衣服里，但是衣服不够厚，于是他建造了一种叫作“大楼”的东西。大楼不像花和灯柱那样能自己从地里长出来，它们必须由人来建造，这个人就是建筑师。成为建筑师需要花七年的时间学习，这甚至比成为巫师所花的时间还长[1]。

最古老的建筑有巨石阵[2]、金字塔和圣保罗大教堂[3]。圣保罗大教堂是由克里斯托弗·罗宾爵士[4]建造的，它被用来代替之前在大火中烧毁的旧建筑——幸好旧的被烧掉了，否则都没地方盖新的。

---

[1] 见小说《哈利·波特》，故事中培养巫师的魔法学校霍格沃茨采取的就是 7 年学制。

[2] 巨石阵（Stonehenge），位于英格兰威尔特郡索尔兹伯里平原，由几十块巨石组成。

[3] 圣保罗大教堂（St Paul Cathedral），世界著名的宗教圣地，位于英国伦敦，最早于 604 年建立，后经多次毁坏、重建。

[4] 真正的建造者为克里斯托弗·雷恩爵士（Sir Christopher Wren），克里斯托弗·罗宾是动画片《小熊维尼》中的小男孩。

建筑师认为它耐人寻味，因为它有世界上最大的奶子[1]。如今你甚至可以登上它的奶子，不过你必须低声说话，这样才能显出你对它的重视。

建筑有多种不同的风格。圣保罗大教堂属于巴洛克式[2]，还有一种风格是哥特式[3]。城堡都是哥特式的，那主要是给弗兰金斯坦[4]盖的，目的是为了吓唬人。就连法国最重要的教堂——巴黎圣母院，也是哥特式的，因为法国的上帝比英国的更吓人，毕竟他抽烟。

装饰艺术风格[5]是在巴洛克之后出现的，它指的是除蝙蝠侠[6]、奶酪[7]和伍斯特[8]之外的建筑风格。这类建筑上面都有一个圆形的部分，整体看起来像条船，只不过是条水泥船。所以如果装饰艺术试图驾驶整座大楼远航的话，那就成了“泰坦尼克”号，结果当然是历史的重演——数百万人丧命。

在第二次世界大战中，希特勒向英国投下了大量炸弹，炸毁了许多建筑，迫使伦敦佬们躲在地铁通道里。英国就像散落一地的乐高玩具一样亟待重建，而建筑师们决定采取另一种建造方式。他们

---

[1] 这里是指它的圆球状顶塔。

[2] 巴洛克建筑是17—18世纪在意大利文艺复兴建筑基础上发展起来的一种建筑和装饰风格，放荡不羁，极尽奢华。巴洛克建筑里布满了壁画雕塑。

[3] 哥特式建筑是11世纪下半叶起源于法国，13—15世纪流行于欧洲的一种建筑风格。主要见于天主教堂，也影响到世俗建筑。哥特式建筑最明显的建筑风格就是高耸入云的尖顶及窗户上巨大的斑斓玻璃画。

[4] 弗兰金斯坦（Frankingstein），真正的名字应为弗兰肯斯坦（Frankenstein），玛丽·雪莱创作的长篇小说《弗兰肯斯坦》中的人物。后面有关于他的章节。

[5] 装饰艺术风格（Art Deco），大量运用了鲨鱼纹、斑马纹、曲折锯齿图形、阶梯图形、放射状图样等装饰手段，是现代艺术和设计上的一种风格。

[6] 这里是指美国纳什维尔的AT&T大厦，因为楼顶的两座塔尖形似蝙蝠侠面具上的耳朵，故也被称作“蝙蝠侠大楼”（The Batman Building）。

[7] 这里是指伦敦的奶酪刨摩天楼（The Cheesegrater），因其酷似削奶酪器的楔状外形而得名。

[8] 这里是指纽约州立大学新帕尔兹分校的伍斯特大楼。

尝试了新的风格，比如高层建筑。

起初，高层建筑的理念是存在争议的，直到人们发现这是一个把穷人堆积在空中，让他们让道的好办法。如今，有些高层建筑被吐槽太难看，有些甚至被说成“辣眼睛”。国家剧院[1]就是其中之一。它的外形设计得实在太丑了，以致人们只愿意坐在里面看无聊的戏剧。它的建筑风格被称为野性主义[2]，意思是冲突、碰撞，难怪它看起来像个不好惹的光头仔。

经过漫长的岁月，人们建造出了你看见的这些建筑。但是后来建筑变得太丑了，为了堵住人们抱怨的嘴，最好的办法就是给建筑穿上“透视装”，于是我们给它们安上了玻璃。接着，“9·11”那年，两架飞机撞上了玻璃高层建筑，因为它们没看见那儿有大楼，有些人开始质疑建造高层建筑到底是不是一个好主意，不过答案当然是肯定的，于是我们建造了更多的高楼。

碎片大厦[3]是世界上最大的一块玻璃，它比德本汉姆百货公司[4]的橱窗还要大，甚至比海都大。它有一千多英尺[5]高，顶部收成塔尖。它不能再高了，因为一千英尺的高度正是四面八方的世界相接之处。如果它再高下去，顶端就会再次分叉，变得像蝴蝶领结一样，然后人们就得在头顶上再造一个伦敦，只不过是倒着的，那样代价太大了。碎片大厦的52层设有餐厅，所有食物都是“坐”电梯上来的，

---

[1] 国家剧院位于伦敦泰晤士河南岸，是英国最著名的剧院之一。

[2] 野性主义（Brutalism），20世纪五六十年代主要在欧洲、日本等地流行的一种建筑设计倾向，以夸张粗重的混凝土构件、暴露不加修饰的结构和设施为形式特征。

[3] 碎片大厦（The Shard），位于伦敦泰晤士河南岸的大厦，高309.6米，是全欧洲第二高的大厦。

[4] 德本汉姆（Debenhams），英国知名连锁百货公司。

[5] 1英尺等于0.3048米。

也就是说你可以在那里吃到全英国最“高”级的土豆。

以前的建筑浑身上下都充满了有趣的材料，而且都是我们能看得出来的东西，比如砖块。现在的建筑就像坐标纸做成的鱼缸，你根本记不住它们的位置，也搞不清楚自己是否正身处其中。

未来的建筑甚至有可能会先进得连肉眼都看不见，这样一来，人们上楼梯看起来就跟上天堂一样。世界各地的摩天大楼盖得越来越高，说不定真的能盖到天堂。有朝一日，我们可能会坐在顶层的餐厅里，一边品着汤，一边欣赏着窗外奇景——上帝。

关于建筑的几个无解问题

- 地板下面总是天花板吗？有没有可能地板的另一边是一面墙呢？
- 你该怎么做，才能成为赢得邮编彩票[1]大奖的街道居民的一员？
- 公交站是唯一的只有一面墙的建筑吗？

---

[1] 邮编彩票（Postcode Lottery）是英国一种订阅彩票，奖票号码是居住街区的邮编，如果不止一个居民持有获胜的邮编彩票，那么所有参与的邻居都能获奖。

美术
Art

美术是画画的专业说法。画画就是把城堡、小山、国王和碗里的菠萝装进一个扁平的长方形里，这样比在墙上挂真的城堡或者菠萝容易。

第一件美术作品是关于牛的洞穴壁画。牛不住在山洞中，所以赶上外面很冷或者下雨，而原始人又很想看见真正的牛时，他们就得在墙上画一头，画得跟真的似的，但又没那么真。“艺术没有真东西”，这个极妙的想法就是从这儿来的，直到今天我们也能体会这一点。比如，尝一尝橘子酱瓶子标签上画的橘子你就会知道，它的味道肯定远不如真正的橘子，它尝起来一股纸味，而这就是美术。

最杰出的画家几乎能让你对画中之物信以为真，这是在耍花招，就跟戴纳魔[1]的魔术一样，都是假象而已。人们不喜欢骗子，怪不得大多数艺术家都挣不到钱，落得个饿死的下场。

米开·安琪罗（Michael Angelo）[2]

米开·安琪罗是第一个搞清楚如何正确画屁股的艺术家。他画了很多屁股，甚至受邀前往教皇的屋顶上画屁股。这就是你们的天主教。

[1] 戴纳魔（Dynamo），英国著名魔术师，他的魔术往往极其简单而又令人百思不得其解。

[2] 这里说的其实是米开朗琪罗（Michelangelo），意大利文艺复兴时期的绘画家、雕塑家、建筑师和诗人。从 1505 年开始，他连续为九位天主教教皇工作。

伦纳德·达·芬奇（Leonard Da Vinci）[1]

伦纳德·达·芬奇画了有史以来最著名的一幅画，一位名叫蒙娜丽莎的女士的肖像。这幅画现在属于法国人，他们把它摆在厕所里[2]，她那神秘的微笑让法国人在地板上大便的时候感到自在，就像他们平时一样。

他还设计出了直升机，只不过没人能看明白，因为他是用自己著名的密码写的，所以谁都无法破解，直到人们发现它是倒着写的。[3] 在密码尚未被破解前制造出的直升机，不仅用的是萝卜和干草这类老式的材料，而且拜“达·芬奇密码”所赐，它的上升方式也不正常，只有尾巴先飞起来，朝下飞，同时螺旋桨静止不动，而机舱却像发疯似的旋转。等著名作家丹·布朗破解了“达·芬奇密码”时，一切都太迟了，那会儿直升机已经被发明出来了，就连诺埃尔·埃德蒙兹[4]也有一架，所以没什么了不起的。

文森特·梵高（Vincent Van Gogh）

梵高（“梵·瞎掰”[5]）画画太烂了，以至于切掉了自己的耳朵——用画笔来切耳朵也是难为他了。[6]他肯定不停地使劲挥动画笔，

---

[1] 这里说的其实是莱昂纳多·达·芬奇（Leonardo Da Vinci），作者原文故意少写了 o。

[2] 这幅画实际上被收藏于法国的卢浮宫（Musée du Louvre），并非作者所说的厕所（loo）。

[3] 达·芬奇也做过很多工程设计，其中就包括螺旋飞行器的草图。由于达芬奇是左撇子，写字是从右向左，所以作者才说“它是倒着写的”。

[4] 诺埃尔·埃德蒙兹（Noel Edmonds），英国电视节目主持人和执行制片人。他是持照的直升机驾驶员，早期的私人飞机之一被登记为 G-NOEL。

[5] 梵高（Van Gogh）与 Van Guff 发音相近，guff 一词有“胡说八道”的意思。

[6] 关于梵高切掉耳朵的说法有很多，人们普遍接受的说法是，他与高更争吵后，由于情绪激动而抓起一把剃刀，试图要伤害高更，但是最后他回到家里用剃刀割掉了自己的一只耳朵，然后把耳朵交给了镇上妓院的一名女佣。

如果你看过他的画就很能理解了。做这种事太疯狂了，因为画画烂又不是耳朵的错，是手的问题。有生之年，他的画没有卖出去一幅，也从来没有被制成一本书或者一条茶巾。这挺可悲的，因为就连查尔斯王子的画都能卖出去，[1] 老实说他画得不怎么样。

安迪·沃霍（Andy Warhole[2]）

安迪·沃霍的金宝汤罐头画改变了艺术领域。他只有五种汤罐头：番茄、鸡肉、牛尾肉、冬季蔬菜和胡萝卜香菜。他用汤罐头制作玛丽莲·梦露的肖像时，将她的脸弄得跟冬季蔬菜似的，令当时的人震惊不已，因为那会儿都是黑白电影，没人想到梦露的脸居然是这种颜色。因为这些汤罐头，大卫·鲍威还写过一首关于安迪·沃霍的歌，名叫《可怕的怪物和恐怖汤人》[3]。

托尼·哈特（Tony Hart）[4]

继安迪·沃霍之后，最重要的艺术家可能要数托尼·哈特了，他给一个黏土小人施加魔法，来帮助自己绘制日落时港口的粉笔画。不幸的是，托尼·哈特最终被帮他赢得声誉的黑暗魔法所摧毁，并

[1] 查尔斯王子十分热爱绘画，他的作品在市场上相当畅销，每年通过卖画大概可以赚得约 20 万英镑。

[2] 作者在词尾故意多写了一个 e。这里说的其实是安迪·沃霍尔（Andy Warhol），波普艺术的倡导者，1962 年采用塑胶彩加帆布创作过“32 罐金宝汤罐头”，作品现存于纽约现代艺术博物馆。

[3] 原歌名为 Scary Monsters (and Super Creeps)，super 与 souper 的发音相近。

[4] 这里说的是诺曼·安东尼·哈特（Norman Antony Hart），英国艺术家，儿童电视节目主持人，制作了黏土动画《摩夫》（*Morph*）。

且他去世的消息每年都会在推特上被传一次，太惨了。[1]

格雷森·佩里（Grayson Perry）

大多数画家都已不在人世，如今活着的最现代的一位画家就是格雷森·佩里。她凭借陶罐作画获得了著名的艺术奖。人们以前也用陶罐画画，只不过通常都是用它来洗画笔，去掉颜料，而格雷森展示的是罐子本身，这彻底改变了艺术，而且她很快就有了一档电视节目，她在其中女扮男装，[2] 再一次震惊了世人。

---

[1] 2015 年 2 月，有人读到 2009 年哈特去世的消息后，误将其作为新闻发布在脸书、推特等社交网站上，引发了一波悼念哈特的热潮（随后被更正）。

[2] 格雷森·佩里原本就是男性，他有异装癖，平时喜欢做女性化打扮。

天文学

Astronomy

我们的地球并非宇宙中唯一的星球，还有许多其他星球存在，这是明摆着的事。

有些星球是我们都知道的，比如地球，还有达斯·维德的老家沙漠星球[1]和月球。但是，还有数百万颗我们从未见过，也不太可能去造访的行星，不过科学家是不会停止念叨它们的。

也许有些行星能够让生命存活，但是我们已经找到了一个这样的星球，而且就在眼前，所以寻找适合人类生存的其他星球这件事，就有点像你和一个与你非常合得来的人结了婚，但你整晚上都不理他，而是不停地刷着约会交友软件一样。

绕着太阳转的星球离我们最近，它们被称为“Solero 系”[2]，因为其中一些星球非常冷，看上去有点像冰激凌。

“Solero 系”曾经有九颗行星，但是最近科学家发现他们弄错了，其中的冥王星根本不是行星，而是米老鼠的狗[3]。

很难说清楚科学家怎么会犯这么低级的错误，但是联想到望远镜不仅可以看天空，还可以看邻居家的窗户，所以说不定科学家用望远镜偷瞄了邻居家电视上的卡通片，然后不好意思承认自己当时

---

[1] 这里是指《星球大战》（*Star Wars*）中的虚拟星球塔图因（Tatooine），它被设定为一颗巨大的沙漠星球，是达斯·维德（Darth Vader）天行者家族的故乡。

[2] Solero，英国热门冷饮品牌，其发音与太阳（solar）相近。

[3] 米老鼠的宠物布鲁托（Pluto）和冥王星（Pluto）同名。

没有盯着天空，而是试图偷窥一位穿着胸罩的女士。我估计，待在天文台的人可能会变得很孤独。

“Solero 系”中，最小的行星是水星，不过那上面没住人，所以如果你搬过去，会感觉那里出奇地宽敞，至少比考文垂强；最大的行星是木星，它体型庞大、臃肿，上面斑斑点点，就好像它刚吃了全烤肉大餐和所有配菜，而且木星上主要都是气体，就好像它支持素食主义一样。[1]

最好的行星可能是“肛门星”[2]。“肛门星”以前叫作天王星，但是有不少人借此开了粗俗的玩笑，以至于科学家都举手投降，只留下一句“你们定吧”，就像詹姆斯 · 布朗特最终接受自己的名字成了押韵俚语[3]一样，对于这种事最好还是一笑置之。

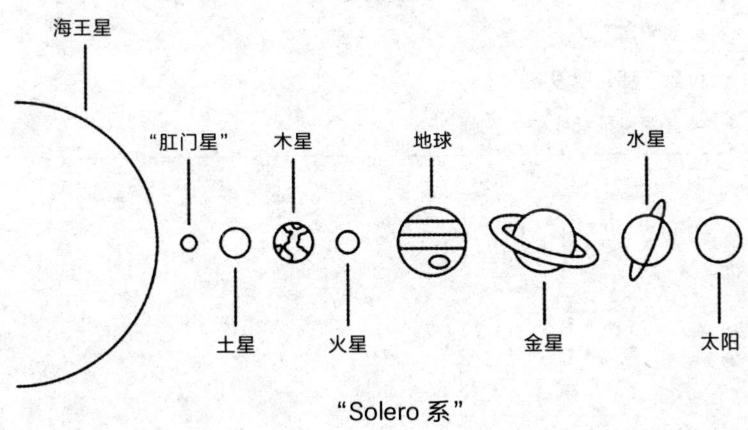

“Solero 系”

[1] 大部分素食含植物纤维相对较多，它不仅促进胃肠道的蠕动，而且产生的气体相对也较多。
[2] 天王星（Uranus），发音上有点像“your anus”（你的肛门）。
[3] 詹姆斯 · 布朗特（James Blunt）的姓氏 Blunt 与 Cunt（讨厌鬼）发音相似。

可能你以为离我们最近的是月球，那你就错了，因为离我们最近的是地球。地球是“世界”的科学说法，也就是说它有两个名字，就像吹牛老爹和威尔士的任何东西一样[1]。

很难相信，你所生活的世界不仅仅是一个世界，还是一颗以超高速度在太空飞行的星球。这种速度足以把你转吐了。怪不得科学家总是穿着白大褂，这样他们就不会把自己的羊毛衫吐脏了。

除了月球，人类还没去过别的星球，即便如此，他们还让演员在地球表演登陆其他星球，因为想要造访别的星球简直是白日做梦。

为什么造访不了别的星球？

- 易捷航空[2]不去那儿。
- 那里重力不够，你得自己打包带过去。
- 遥不可及。
- 到了那儿就没吃的了。
- 去西班牙都比去太空强。

---

[1] 吹牛老爹（Puff Daddy），本名尚恩·约翰·科姆斯（Sean John Combs），美国说唱歌手、唱片制作人。而威尔士的官方语言也有两种，英语和威尔士语。

[2] 易捷航空（easyJet），英国一家提倡只提供必要服务的廉价航空公司。

原子

Atoms

过去，人们总以为豌豆、蚂蚁才是最小的东西，但是即使在最小的豌豆里，也存在许多更小的东西——原子。不同的原子组成了不同的东西，这就是豌豆与蚂蚁之所以不同的原因，哪怕从飞机上看下去，它俩没什么区别。

世界和宇宙中任何物体的内部都有原子，唯一不是由原子构成的就是宇宙本身，它是由虚无构成的。科学家证实，宇宙中的虚无比物质要多。难怪我装袜子的抽屉再也装不下更多的袜子了。

原子就像小球和小棍一样，说白了，它们就像你爷爷常常念叨的在战场上玩的狗屁乐高玩具。原子太小了，裸眼是无法看见的，因此我们需要给眼睛戴上显微镜，就像戴帽子一样，让它不再裸露。如果你俯视显微镜（帽子），就可以看到小球和小棍（原子），这是理解万物原理最简单的方法。

原子是已知的或者可能已知的最小物质，当然，原子内部更小的物质除外。我是说，FFS[1]。

原子内部的物质叫作核子、电子和蛋白质子[2]。它们实在太小了，就算你舔舔手指，想像沾冰糕渣那样把它们捡起来也做不到。原子的其他部分，也就是它的大部分，更是什么都没有。想一想你就会

[1] FFS，英文俚语 For Fuck's Sake 的缩写，表示心情沮丧、不满时的粗俗用语。

[2] 这里其实说的是原子核、电子和质子。

发现，所有东西基本上都是虚无构成的，这样一来，商店被偷还有什么可大惊小怪的呢？

科学家就爱没事找事，他们中有些人试图打开原子，想看看里面到底什么样。出人意料的是，里面居然有一朵巨大的蘑菇[1]。这些蘑菇可以用来摧毁城市并且招来哥斯拉，不过不爆炸的时候，它们也可以帮助人们发电。

原子能发电站不像过去用煤发电那样污染环境，因为原子并没有被那些黑东西盖在下面。如果我们想保持水壶和直发器的温度，就必须和原子交朋友，不能介意偶尔出现的哥斯拉，这才是硬道理。想想看，这只不过需要付出很小的代价，小得并不比原子本身大多少，但是要比哥斯拉小得多——哥斯拉简直是硕大无比。

[1] 这里是指原子弹或者氢弹等核武器爆炸后形成的云朵。

《友谊地久天长》

'Auld Lang Syne'

《友谊地久天长》，是我们在新年前夜演唱的一首歌，歌词押韵但意义不明。快到午夜时，人人都喝得烂醉如泥，以至于根本想不起来什么歌词，于是胡乱地唱一通。

这首歌还配有一个非常简单的舞蹈，需要交叉双臂，同你两边的人进行商业礼节式握手。你甚至不必动双腿，这比康茄舞[1]还容易，而且再没人能趁机偷摸你的屁股了。

[1] 康茄舞，中美洲地区的民间舞蹈，人们随着节奏和音乐摇摆身体。

澳大利亚

Australia

澳大利亚是世界另一边的国家，那里的一切都是上下颠倒、前后颠倒的，所以到处都是颠三倒四的。与世界上其他地方不同，那里的人们在夏天过圣诞节，在户外吃晚餐，喜欢和澳大利亚人聊天。

澳大利亚主要盛产蜘蛛。其他国家只能引进危险的动物，但是澳大利亚可以自给自足。这挺方便的，因为那地方实在太远了，如果非得从亚马逊上网购毒蛇，那么等包裹送达时它们早就死了。

澳大利亚的土地上创造出了很多动物，比如袋鼠、考拉还有烤肉，但是除了烤肉以外，没有一种能在其他国家流行起来。可悲的是，几百年前，所有的野生烤肉都被饥饿的水手猎杀殆尽，现在你看到的只有机器烤肉，用金属和砖块做成的。

澳大利亚最初是来自被煤烟覆盖的大城市（比如伦敦）的小偷的殖民地。[1] 人们用大船将这些小偷送到那里，希望充足的阳光和啤酒能帮助他们好好自我反省。但是罪犯们一上岸，就把整个国家偷走了，这比偷白菜什么的行为要严重多了。这一事实证明，想用其他罪犯来困住罪犯，结果只会变得更糟。

澳大利亚人总是随处可见。他们经常旅行，因为唯一比待在澳大利亚更好的事，就是告诉人们他们有多喜欢待在澳大利亚，而谈

---

[1] 澳大利亚曾是英国 19 世纪流放本国犯人的地方。2010 年，包括阿瑟监狱、海德公园军营在内，11 个流放地遗址被批准为世界文化遗产。

论“澳大利亚比别处都好”这个话题的最佳地点，就是任何远离澳大利亚的地方。所以他们往往和那些无法立即前往澳大利亚的人聊天，这样对方就不知道那里到底是如同传说般美好，还是跟考拉屎一样糟糕。

澳大利亚实在是太远了，就连它本国内的各地区之间也相距甚远。难怪澳大利亚人的人际关系是地球上最融洽的，因为他们根本碰不着面。

澳大利亚的名人有丛林袋鼠斯基皮[1]、丹妮·米洛[2]和阿道夫·希特勒。尽管希特勒是德国元首，但实际上他根本不是在德国出生的，而是在澳大利亚——德澳边境附近的一个小镇上。[3]他说，了解人们的出身非常重要，但这恰恰证明了事实并非如此。

[1] 澳大利亚电视连续剧《丛林袋鼠斯基皮》（*Skippy the Bush Kangaroo*）中袋鼠的角色名。

[2] 丹妮·米洛（Dannii Minogue），澳大利亚歌手、演员。

[3] 说希特勒是澳大利亚人，纯属戏言。他出生在奥地利（Austria），因奥地利和澳大利亚的英文名类似，才会有这个哏。

B

Cunk on Everything

弗朗西斯·培根[1]

Bacon, Francis

弗朗西斯·培根爵士是有史以来最全能的聪明人。他做了很多我们做梦都想不到的事情。

他是英国的政治家、哲学家，也是一位爱尔兰画家[2]，生活在伊丽莎白一世和伊丽莎白二世时期。他不仅于1618年当上了英国大法官，还抽空在1620年写了第一本科学图书[3]，在"短暂沉寂"之后，又于1944年画了《三张十字架底下人物的素描》。

有人认为他参与了莎士比亚的戏剧创作，而且他画于1969年——当时他已经408岁高龄，而且还喝多了——的卢西安·弗洛伊德的肖像画，是有史以来售价最高的作品。[4]他做了很多事情，是少数几个需要两个完全不同且相互矛盾的维基百科页面的英国（爱尔兰）历史人物之一。

---

[1] 弗朗西斯·培根（Francis Bacon，1561—1626），英国文艺复兴时期散文家、哲学家，实验科学和近代归纳法的创始人。

[2] 这里说的是另一个弗朗西斯·培根（Francis Bacon，1909—1992），一位生于爱尔兰的英国画家，其作品以粗犷、犀利，且具强烈暴力色彩与噩梦般的图像著称，代表作有《三张十字架底下人物的素描》（*Three Studies for Figures at the Base of the Crucifixion*）。

[3] 这里指的是培根撰写的《新工具》（*Novum Organum*）一书。

[4] 这里说的仍然是画家弗朗西斯·培根，2013年1月，他创作的三联画《弗洛伊德肖像画习作》以1.424亿美元成交，成为当时拍卖史上最昂贵的艺术品。

芭蕾
Ballet

芭蕾是一种舞蹈，只不过不是你自己跳的，而是别人跳的，这也是芭蕾舞和儿童热身操的主要区别。有一些舞蹈是用来观赏的，我们不必亲自上阵，比如《大河之舞》。然而芭蕾舞不同，因为我们不仅自己不跳，也不会去观赏别人跳。没人会看，除了一些上流人士，而且很可能他们也撒了谎。

我觉得就连女王陛下也不会真正观看芭蕾舞，因为她整天例行公事地看舞蹈，已经产生了审美疲劳。每当她访问一个国家，他们就会跳上一支舞，她只好耐着性子坐在那里，脸上的表情活像正在看芭蕾舞的斗牛犬。所以有空的时候，她最不想做的事就是看人跳舞。我不怪她。

芭蕾舞女演员会用发圈束紧头发，而男演员则穿着紧身裤，所以你可以看到他们的“蛋蛋”，我猜这肯定是芭蕾舞吸引人的主要原因。看到成排的“蛋蛋”站在一起总是很吸引人的。尽管如此，因为芭蕾舞非常高雅，所以男演员不会像消防员那样亮相，而是穿得跟汤姆·琼斯[1]一样，在女子单身派对上脱下他们的紧身裤，然后丢出去。相比之下，跳芭蕾就太无聊了。

尽管没人喜欢芭蕾，它依然存在，就像黄色口味的凯利恬[2]

---

[1] 汤姆·琼斯（Tom Jones），英国歌手，着装风格常为敞开或者半敞开的衬衫和紧身裤。

[2] 凯利恬（Quality Street），英国著名糖果（巧克力）品牌。

和《古董巡回秀》[1]一样。芭蕾舞演出的钱不是观众们掏的，而是用刮刮乐奖券筹集来的，[2]这样一来，芭蕾舞演员就不会像雪豹那样，因为没人想去看它们而濒临灭绝了。通常芭蕾舞剧的内容也与濒危生物有关，比如天鹅。所以，或许他们可以排一个有关雪豹的舞剧，然后穷人就可以靠刮刮乐来拯救地球了。

[1]《古董巡回秀》(*Antiques Roadshow*)，一档英国电视节目，古董鉴定师前往英国各地鉴定居民家中的古董。

[2] 在英国观看芭蕾舞剧通常的购票方式是官网订票，不过由于政府补贴的缘故，芭蕾舞门票的价格不算太高。

黑斯廷斯战役

Battle of Hastings, The

除了不列颠之战[1]以外，英国历史上最著名的战役就是黑斯廷斯战役（地点位于黑斯廷斯附近的巴特尔镇，它因此战得名[2]）。

现在是 1066 年（显然现在不是，但为了讲故事，你得假装是），诺曼底公爵威廉一世[3]带着法国菜和诺曼人的智慧，率领庞大的军队入侵了英国。威廉认为自己应该当英国国王，尽管他是法国人。而英国国王哈罗德认为威廉该死，尽管他还活着。双方无法达成一致意见，于是决定在一场名为“战役”的小型战争中一决雌雄。

10 月 14 日，星期六，他们在旷野中碰面，开始厮杀。这里是英国人的主场，他们具有得天独厚的优势，不过局势很快就明朗起来——法国人更擅长作战。他们拥有更加精良的武器，还有一种叫作“马”的巨型怪兽。

如今，你仍然可以参观当初的战场，尽管那里只剩下一片田地。你无法观看这场战役，因为它现在已经结束了，正如我之前解释过的，现在不是 1066 年。如果你还不明白，我完全能够理解，谁让我之前说现在是 1066 年呢？我和你是同时代的人，早知道我就不那么

---

[1] 不列颠之战（Battle of Britain），第二次世界大战期间，1940 年至 1941 年纳粹德国对英国发动的大规模空战。

[2] 黑斯廷斯战役战场遗址所在地在巴特尔（Battle），英国东萨塞克斯郡的一个小城镇，而 battle 即战役之意。

[3] 威廉一世（William I），诺曼王朝的首位英格兰国王。1035 年继承法国诺曼底公爵之位，人称私生子威廉。威廉在黑斯廷斯与英国国王哈罗德二世决战（黑斯廷斯战役），获胜后直取伦敦，年底自封为王，称威廉一世，号称“征服者威廉”（William the Conqueror）。

说了。现在我得查查日历确认一下，否则我会一直以为现在是 1066 年，然后去赴我 1066 年的约会而不是今天的。糟糕，碰到雷区了。我说的不是黑斯廷斯战役的地点，那里不是雷区，否则战役会结束得更早。

言归正传，1066 年（不是现在），哈罗德上演了一出“凯旋”大戏。[1] 他是第一个获胜的人，眼睛里插着一支箭，得意扬扬，有种在身后集结了一支军队、炫耀自己带兵打仗的感觉。可惜他没赢彻底，很快便死了。没人知道为什么。[2]

下一个赢家是威廉。他的绰号“征服者威廉”终于名副其实了。为了庆祝自己的胜利，威廉把一切都换成了法语，[3] 就像我们如今在谷歌上切换语言一样，不同的是，我们不需要让任何人战死沙场就能做到，这就是进步。

他给所有的肉都起了法语名字。cow（牛）变成了 beef（牛肉，法语为 boeuf），sheep（羊）变成了 mutton（羊肉，法语为 mouton），hen（母鸡）变成了 chicken（鸡肉，法语为 chicane[4]）。他引进了许多法国的新思想，比如女式衬衫、财富和胡子。他倡导修建了许多屹立至今的法式教堂和大教堂，令人惊讶的是，它们都

---

[1] 当时诺曼骑兵采取了“诈败”战术，在英军防守阵线前多次进行了攻击和溃退的表演。

[2] 当时英王哈罗德被弓箭射中，受了致命伤。但也有说法称哈罗德是被威廉亲自带领的诺曼骑士砍成了碎片。

[3] 战争过后，威廉及其后代对英格兰进行了大刀阔斧的改革。而在此后的 300 年中，英国的贵族语言是法语，这为现代英语中增添了许多由法语演变而来的词，让英语成为欧洲大陆语言中的一环。

[4] 母鸡的法语应为 poule，而 chicane 与 chicken 发音相似，有诡辩、找碴儿的意思。

是由同一个人建造的——天才诺曼·建筑[1]。在短短几十年的时间里，英格兰宛如经历了一场大型的交换生活动，只不过不用坐 14 个小时的长途车，不用担心在车上没别的可吃只能吃 Skips[2]，不用因为你最喜欢的人泡到了那个名叫迪迪埃的漂亮女孩而赌气和某个叫菲利普的一身洋葱味儿的男孩笨拙地亲吻。

海滩游侠的挂毯（THE BAYWATCH TAPESTRY）[3]

那么，我们又是如何得知黑斯廷斯战役所有细节的呢？幸亏有个脑子好使的旁观者把当时的情景“拍”成了一幅挂毯，于是我们才有了对整个事件准确的影像记录。

尽管它看起来就像 8 岁孩子画的《权力的游戏》大结局，但是海滩游侠挂毯体现了战役的全部力量，让人身临其境，仿佛参与其中，只不过是在毛线里。你可以看到法国弓箭手骑着他们的蓝色战马飞驰而来，你可以看到一些棍棒打斗的场面，你可以看到一些被砍倒的人和鹅怪，还有像狮子一样的怪物在吃自己的尾巴。这是一件令人惊叹的历史艺术品，也是为数不多的由细线构成的照片。

---

[1] 这里指诺曼建筑风格（Norman Architecture），是 11 世纪和 12 世纪在诺曼人的统治或者影响下发展起来的罗马式建筑风格。

[2] Skips，一种英国和爱尔兰的木薯点心。

[3] 这里说的是贝叶挂毯（Bayeux Tapestry），它记录了黑斯廷斯战役，具有很高的历史价值。而《海滩游侠》（*Baywatch*）是一部美国动作喜剧片。

甲壳虫

Beatles, Them

20 世纪五六十年代的英国，所有事物，每个人，一切的一切都是灰色的，而且全都有按钮。[1] 这一切的改变要归功于 4 名来自利物浦的男孩：乔治、林戈和他们的两位吉他手 [2]——一个名叫甲壳虫的流行乐队诞生了。

这些“甲壳虫”长的不是六条腿，他们有八条腿，像蜘蛛一样；无论他们走到哪儿，都会引起女孩们的尖叫，像蜘蛛一样，但与蜘蛛不同的是，“甲壳虫”从来不会在人睡觉的时候爬进人的嘴里。“甲壳虫”倒是会唱歌——科学家坚称蜘蛛不会唱歌，尽管我发现它们会唱。[3]

起初，甲壳虫乐队十分寒酸，他们做不起发型，只好把同一个发型复制粘贴到每个人的头上。[4] 但是，他们朗朗上口的歌曲极具感染力，很快就引起了一种名叫“甲壳虫热”的流行病。甲壳虫乐队想要握住你的手 [5]，这让疾病传播得更快。很快它就蔓延到了大西洋彼岸的美国，一个依然存在的国家。[6]

---

[1] 英国于 19 世纪进入工业发展期，工厂所产生的废气形成了极浓的灰黄色烟雾，20 世纪 50 年代最为严重。直到六七十年代，英国出台了一系列的空气污染防控法案，大气污染的状况才有所缓解。

[2] 这里是指约翰·列侬和保罗·麦卡特尼。

[3] 作者在这里将蜘蛛默认为真正的甲壳虫，不是甲壳虫乐队。

[4] 甲壳虫乐队成员刚出道的时候全都留着拖把头（Mop-top）式发型。

[5] 出自甲壳虫乐队的一首歌《我想握住你的手》（*I Want to Hold Your Hand*）。

[6] 1964 年，甲壳虫乐队第一次踏上美国的领土，开启了他们的作品席卷美国歌坛的历程。

在美国期间，甲壳虫乐队开始受到嬉皮士——说白了，他们就是美国傻子——的影响。他们尝试了一种毒品——致幻剂，它能让服用者看到和听到一些并没有真正发生的事——有点像网飞[1]或者达伦·布朗[2]。结果，他们的音乐变得病态起来。

病态毒品让甲壳虫乐队不再唱关于爱和汽车这类单纯的歌曲，他们开始写一些更“深”层次的东西，比如潜水艇[3]。

甲壳虫乐队发现了英国长久以来缺失的东西——色彩。他们先找到了黄色，进而又找到了其他的颜色。几乎一夜之间（也就是说并非一夜之间），原本灰头土脸的英国变得引人注目了。突然间，无视社会眼光、做自己想做的事变得非常酷，你只要像其他人一样留长发、穿艳丽的服装就行。林戈、乔治和他们的吉他手们都留着长发和胡须，就好像春天万物复苏一样，甲壳虫乐队也突然如花朵般绽放。

遗憾的是，甲壳虫乐队的结局十分悲惨。他们最后一次演唱会是在一个简陋的屋顶上举办的，[4]观众只有寥寥数人，与他们的全盛时期完全没法比，那时他们可是在大型体育场里为成千上万尖叫的歌迷表演。那是 1969 年，不知什么原因，它确实让人感觉 20 世纪 60 年代几乎就要结束了。

---

[1] 网飞（Netflix），在线影片租赁提供商。

[2] 达伦·布朗（Derren Brown），英国的心理学研究者和魔术师。

[3] 这里指的是甲壳虫乐队的著名歌曲《黄色潜水艇》（*Yellow Submarine*）。

[4] 1969 年 1 月 30 日，甲壳虫乐队的全体成员齐聚苹果公司录音室天台，完成了他们最后一次演唱会。

哔哔声

Beeps

哔哔声是现代社会的声音。如今，无论你走到哪里，都会听到哔哔声。

手机会哔哔地叫你起床，烟雾报警器会哔哔地提醒你更换电池；泡茶的时候，水壶会哔哔地通知你，水已经烧开了；微波炉哔哔地示意你，维他麦已经煮好；防盗警报器会在超出公寓范围时哔哔地叫；手机会哔哔地告诉你有一条WhatsApp[1]的信息。提款机“哔哔”叫，公交车的车门“哔哔”叫；火车站检票口“哔哔”叫；火车门“哔哔”叫。手机哔哔地告诉你有人离开了WhatsApp群聊；人行横道的信号灯“哔哔”叫；一辆货车哔哔地提示你它要右转；你进办公室刷通行证的时候它发出“哔哔”声；电脑启动发出“哔哔”声；手机哔哔地告诉你收到一条约会社交软件通知；厨房里的咖啡机哔哔地叫；空调遥控器哔哔地叫。当你迈进一家商店的大门，它就会发出“哔哔”声；当你带着一件没有摘掉标签的衬衫离开商店时，它也会发出“哔哔”声。有人在电视上说了脏字，就会被“哔”掉。“哔哔”，“哔哔”，“哔哔”，从早到晚，到处都是。

如今，唯一不会哔哔的，差不多就剩鞋子了，而要不了几年，“哔哔”叫的鞋子就会出现。至于下一代人，他们早就想到了。

但是，哔哔声并非一直就有。在它出现之前，只有叮当声和隆

---

[1] 一款手机通信应用程序。

隆声，甚至隆隆声也很罕见。你会时不时听到电话或者门铃之类的声音，除此之外，就只剩下鸟叫和工厂的声音。我们不需要频繁接到通知："门开了"，"水开了"，"开关关闭了"，"巴西尔登[1]的格雷格认为'你是个热辣的尤物！！！'"[2]。

制造哔哔声的那个人肯定赚了不少钱。但是，我们从来没听说过世界上有什么"亿万富哔"。也许他们是一个神秘的国际哔哔组织，会在私下碰头，讨论还能让什么发出哔哔声。今年会怎么样？一打开水龙头就发出哔哔声？眨一下眼，太阳镜就哔哔地叫一声？咬一口三明治它就"哔哔"叫？转基因蜜蜂会不会发出的是哔哔声而不是嗡嗡声？这简直就是弗兰金斯坦式的科学。

总有一天，我们会认真反省这些哔哔声带来的后果。如果它们进入大海，威胁到海洋生物该怎么办？科学必须优先考虑研究出可生物降解的哔哔声，要不然地球迟早会被哔哔声毁灭。

关于哔哔声的几个无解问题

- 第一声"哔哔"出现在什么时候？
- 让别的东西发出哔哔声的机器自己会哔哔叫吗？
- 为什么没有低沉的哔哔声？
- "哔哔"和"哔——哔——"有什么区别？

---

[1] 巴西尔登（Basildon），英国南部的一个新城区，位于伦敦东北 40 公里处。

[2] 约会社交软件收到的信息提示。

比利时

Belgium

你可能没听说过比利时，不过，正是这个夹在德国和法国之间的国家，发明了小圆面包。尽管法国和德国名气更大，但比利时确实存在，布鲁塞尔欧共体[1]官员的文书也证明了这一点。就连他们也相信比利时的存在。

证明比利时存在的证据最早出现在首列“欧洲之星”火车抵达滑铁卢的时候，火车上有自称是来自那里的人。法国动画片《丁丁历险记》中也提到过那里。访问过比利时的法国名人有萨克斯的发明者阿道夫 · 萨克斯管[2]和法国空手道冠军尚格 · 云顿[3]。

比利时人既说荷兰语又说法语，但就是不说比利时语——一门还没被发明出来的语言。[4]不过，这是有正当理由的，因为比利时人发明了炸薯条。一旦发明出炸薯条，你就达到了登峰造极的境界。没有什么发明能胜过炸薯条——哪怕是一种语言，因此比利时人可以躺在功劳簿上睡大觉，偶尔起来吃点薯条。

---

[1] 这里指的是总部设在比利时首都布鲁塞尔的欧盟。

[2] 真实姓名为阿道夫 · 萨克斯（Adolphe Sax），比利时的音乐家和发明家，萨克斯管（saxophone）的发明者，该乐器以他的姓氏命名。

[3] 尚格 · 云顿（Jean-Claude Van Damme），比利时人，好莱坞老牌动作明星。

[4] 比利时的官方语言是荷兰语、法语和德语。

宇宙大爆炸[1]

Big Bang, The

想象一下万物出现以前的那段时间，其实就跟你凌晨 4 点起床撒尿的时候差不多，只不过更糟。

一开始只有虚无，而且虚无不只是一点点，太多了，遍布各地。也算不上遍布各地吧，因为那时还没有“地方”这个概念，连时间都没有。想象一下时间出现以前的那段时间（不过严格说来，那不是“以前”，因为那是“以前”的以前）。

有人认为虚无很难想象，但我觉得很容易。想象一个橘子，现在想象它不见了，然后对所有事物都这样想象一遍。

但是，在一切出现之前，什么都没有。空的。没有时间，没有运动，或者能量，或者希望，就像普利茅斯[2]的部分地区一样。

后来，终于有了点儿东西，人们称之为“宇宙大爆炸”。这听上去像是一个复杂的科学概念，只不过它名字里的“大”字就是很大的意思，而“爆炸”就是会爆炸的东西。

宇宙大爆炸是一切出现的开端。老实说，有个能出来背锅的对象挺好的。它长什么样？没人知道，因为那会儿还没有人，就像

[1] 大爆炸理论（The Big Bang Theory），是现代宇宙学中最有影响的一种学说。它的主要观点是认为宇宙曾有一段从热到冷的演化史。在这个时期，宇宙体系在不断地膨胀，使物质密度从大到小地演化，如同一次规模巨大的爆炸。

[2] 普利茅斯（Plymouth），位于英格兰西南区域德文郡，是英国的海军基地和港口城市。

BBC《疯狂汽车秀》的主持人全都跳槽到亚马逊一样。[1] 它很可能震耳欲聋——不过那会儿还没有耳朵，所以我们也不确定；或许看起来十分壮观——那会儿同样也没有眼睛，所以随便吧。

宇宙大爆炸是一场爆炸，但它并没有摧毁什么，反倒创造了更多东西，这就像关闭色情网站时，它反而会弹出更多小窗口，你还阻止不了一样。

宇宙大爆炸，跟《生活大爆炸》有点类似，都把主要的参与者变成了明星，只不过大爆炸的主要参与者是原子。总有一天，《生活大爆炸》里的那些聪明人会弄明白原子。《生活大爆炸》是以“大爆炸理论”命名的，而这个理论又是以“大爆炸”命名的。“大爆炸”（不是那个喜剧）说曾经发生过一次大爆炸，而它最早是由天主教神父在20世纪20年代提出的。[2] 如今，神父在任何情况下想说“bang”这个字眼的时候都必须万分小心，否则很可能被误认为是变态。[3]

与宇宙大爆炸有关的许多理论工作都是由一位名叫爱德文·泡泡[4]的占星家完成的，他注意到星系正在远离我们——也许它们是担心我们再次爆炸。“泡泡望远镜”就是以他的名字命名的。但是“大爆炸”一词最早是由弗雷德·霍伊尔[5]提出的，尽管他并不相信大爆

---

[1]《疯狂汽车秀》（*Top Gear*），英国 BBC 电视台出品的一档汽车节目。2015 年，节目中一位主持人因出拳打了制片人被 BBC 停职，随后其他两位主持人也相继表示辞职，节目处于停摆状态。同年晚些时候，离职的几位主持人与亚马逊公司签约制作一档原创汽车节目《伟大的旅程》（*The Grand Tour*）。

[2] 创立大爆炸理论的是比利时物理学家乔治·勒迈特（Georges Lemaître），他同时也是罗马天主教神父。

[3]“bang”（爆炸）一词也有性交的意思。

[4] 这里说的其实是爱德文·哈勃（Edwin Hubble），美国著名天文学家。后文的“泡泡望远镜”即指哈勃望远镜。

[5] 弗雷德·霍伊尔（Fred Hoyle），英国著名天文学家。

炸理论，这有点像 R.E.M. 乐队并不喜欢“闪亮幸福的人”[1]，尽管这是他们自己先犯下的愚蠢错误。

现在仍然有人不相信宇宙大爆炸，就像有人相信地球是由无聊的上帝在六天之内创造出来的一样。但即便如此，一些宗教人士却认为可能是上帝制造了宇宙大爆炸。如果真是如此，那么《圣经》里就应该提到，毕竟，那总比“从前有个道”（现在它的开头就是这么写的）这样的开场白更令人兴奋。[2]

大型强子滤锅[3]的科研人员最近制造了一种名为“原始汤”[4]的小型大爆炸。要我说，用世界上最贵的机器做汤简直就是糟蹋钱，你花 39.99 英镑就能从爱顾商城[5]买到一个制汤器，可能因为他们是科研人员，所以不得不把事情过分复杂化。科研人员在厨房里根本就是百无一用，这是尽人皆知的事实，他们会做出面包配吐司这样的玩意儿。

---

[1] R.E.M. 乐队，美国摇滚乐队。他们有一首歌叫作《闪亮幸福的人》（*Shiny Happy People*）。

[2] 作者这里写的是“Once upon a time there was the word”。事实上，圣经《新约·约翰福音》开篇的第一句是“In the beginning was the Word, and the Word was with God, and the Word was God”，意思是“太初有道，道与神同在，道就是神”。

[3] 这里是指大型强子对撞机（Large Hadron Collider），后面有关于它的章节。

[4] 这是 20 世纪 20 年代科学家提出的一种理论，认为在 45 亿年前，地球的海洋中就产生了存在有机分子的“原始汤”。

[5] 爱顾商城（Argos），英国百货零售连锁商。

黑死病

Black Death, The

黑死病并没有听上去那么有趣，事实上它听上去一点都不有趣，它简直糟透了。似乎你看到“死”字的时候觉得“不，这还不够糟，如何才能让它变得更糟呢”，于是你在它前面加了个“黑”字。这就好比你在“价值”二字前面加上了“剩余”一词，这样做绝对会毁了你的交易。

黑死病是一场瘟疫，它不是比喻意义上那种“像瘟疫一样的”东西，而是真正的瘟疫——满是瘟疫的瘟疫。这种病的症状非常恶心，腹股沟和腋下长出变了色的淋巴结，令人哪怕连轻微运动都做不了，它让人一片片倒下，就像一个精神失常的理发师在理发。

和英国脱欧一样，黑死病将国家一分为二。其中一半人在呻吟绝望，躺在地上等死；另一半人则与疾病同在，直面威胁，并且坚决不肯仅仅因为瘟疫就说国家的坏话。从统计角度来看，保护伴侣免遭黑死病迫害的唯一方法就是牺牲自己。这是艰难的抉择，除非你真的不爱对方，就像威尔士亲王与威尔士王妃戴安娜夫人的婚姻，或者像另外那对——不管他们是谁……菲姬[1]？——的婚姻一样。

很难想象英国遭遇了这样的灭顶之灾——一半的人都死了。试

[1] 这里指安德鲁王子和莎拉·弗格森（Sarah Ferguson）的破裂婚姻，莎拉·弗格森常被人称为菲姬（Fergie）。

想一下，每次圣诞节看的重播节目成了《怀斯的圣诞节特别节目》[1]；试想一下只剩下一个人的宣言者乐队[2]；试想一下特维尔[3]；试想一下没有苏的《英国家庭烘焙大赛》[4]——那我宁可没有“梅与苏”；试想一下只剩一人的 Krankie[5]；试想一下爱德沃德（没有约翰的杰德沃德[6]）；试想一下格雷格·华莱士[7]独自一人待在只剩叉子没有刀子的半空的厨房里。

黑死病的确让老鼠、跳蚤和狗屎相形见绌，而且可以说让人们彻底摆脱了它们。要说我们从中学到了什么，那就是假如举办一场中世纪主题的婚礼，那么一半的客人应该死掉。这么说吧，哪怕染上黑死病可以让你这辈子都安心享受病假（反正你也干不了什么了），你最好还是像躲避瘟疫一样避开它。

---

[1] 原本应该是《莫克姆与怀斯的圣诞节特别节目》（*Morecambe and Wise: Christmas Special*），因为前面说到失去了一半的人，所以两个人的节目就只剩一个人。下同。

[2] 宣言者乐队（The Proclaimers），来自苏格兰的双胞胎兄弟乐队。

[3] 特维尔（Jayne Torvill），英国著名花样滑冰运动员，与克里斯多夫·迪安（Christopher Dean）搭档双人滑，通常称他们为“特维尔与迪安”（Torvill & Dean）。

[4] 梅·格莱卓一科和苏·帕金斯是《英国家庭烘焙大赛》（*The Great British Bake Off*）的著名搭档。

[5] The Krankies，苏格兰的二人喜剧组合。

[6] 杰德沃德（Jedward），爱尔兰孪生兄弟歌唱组合，组合名字是由两人的名字（John & Edward）拼成的。

[7] 格雷格·华莱士（Gregg Wallace），英国主持人、作家，参与出品了多个与烹饪相关的节目。

黑洞

Black Holes

黑洞是一些你看不见的空间，因为它们是黑色的。大部分空间都挺黑的，但黑洞确实是黑色的，即使没人能看见它们——因为黑乎乎的黑洞隐藏在黑色背景下。科学家也知道黑洞就在那儿，毕竟他们申请经费搞研究的时候，没人跟他们说“一边儿去”。

任何东西都无法从黑洞中逃脱，哪怕是大卫·布莱恩[1]，难怪它们这么有趣。大卫·布莱恩曾经被困在一个玻璃箱子里，就像被罩在玻璃杯下面的蜘蛛一样，但他还是出来了，所以对科学家来说找到正确的困住他的方法很重要。而解决这一问题的可能就是黑洞。

黑洞的密度无穷大，也就是说它们比 Dime 棒[2]还要硬。如果你试图吃掉一个黑洞，你可能会硌断一颗牙，虽然损失惨重，不过把这事发在脸书上倒是挺好玩的。

宇宙中的黑洞可能是通向我们无法想象的世界的大门，之所以这么说是因为我们见识过地球上的“黑洞”——长在踢脚线上，通向一些不寻常的小老鼠的家。小老鼠们睡在火柴盒里，里面有一张用线辊子做成的桌子——所以很可能其他地方的黑洞也遵循同样的原理。

[1] 大卫·布莱恩（David Blaine），美国著名魔术师，擅长街头魔术表演和近距离魔术。

[2] Dime 棒（Dime bar），一种瑞典巧克力，由松脆的杏仁焦糖和牛奶巧克力制成。

书
Books

书籍是一种储存信息并将信息传递给任何有阅读能力又不会被它吓退的人的方式。现在你手里就拿着一本书，当然，除非你没拿，如果真是这样，我很抱歉，因为我对你是什么样的人做出了假设。

在我们的文化中，书是从前向后阅读的，视线沿着一行文字从左向右移动，然后再回到左边并移动到下一行文字，再从左到右阅读。然后看会儿手机，以免错过谁在推特上的发言。然后回到书上，看一行，接着又看看手机。然后在手机里沉浸十分钟，再回到书上，但是需要往回看上一两行，才能想起来自己看到哪儿了，书里讲了什么故事。然后又玩手机，如此反复。

在手机出现之前，书是人们唯一需要阅读的东西，所以它们才会“体型更大”。如今，我们只在长途旅行和假日期间阅读厚重的大书，因为这种时候 Wi-Fi 信号都不怎么稳定。有些书挺好的，只不过那里面没有你的朋友，也不会告诉你他们在干什么，所以就不怎么有趣了。而且它们也不能时刻更新，所以书中的很多事都发生在很久以前，所以书也就不怎么好看了。

但是，人们仍然在出版书籍，有些书甚至还成了畅销书。一本超级畅销书的阅读人数可能与 YouTube[1] 上一段十分钟的中学生测评睫毛刷的开箱视频的播放量相当，所以，书仍然是我们文化中非

[1] 美国视频网站。

常重要的一部分。

有史以来最畅销的书是《圣经》，上帝写的，其他的畅销书还有查尔斯・迪精斯[1]的《远大前程》和弗朗西斯・培根编纂的《莎士比亚全集》[2]。其他重要的书籍还包括杰米・奥利弗[3]的《超级食物家族经典》、弗恩・布里顿[4]的《我的故事》、杰米・奥利弗的《食物出逃》、杰米・奥利弗的《烧烤书》《方格菌的奇幻旅程》[5]和《杰米的粮食部》。

有些书在过去的确很受欢迎，不过如今却没人读了，而在这些失落的经典著作中，最著名的可能要数《电话簿》了。在 20 世纪 60 年代和 90 年代，英国家家户户都有一本这样的书，不难理解其中的原因。书中没有无聊的故事，没有一大堆虚构人物（或者更糟，只有一个虚构人物），这是一本关乎全国每一个人的巨著，里面有他们的个人信息——这正是人们喜欢读的东西。你可以在上面查找朋友，甚至查找自己，找到你住的地方。从某种程度上说，它就是如今代替书籍的手机社交媒体的鼻祖。它一年才更新一次，如同一个非常不活跃的脸书账号，而且它从不配图，就像火车穿过隧道或者进入农村地区的时候，我们的手机收不到图片一样。它之所以被称为“电话簿”，是因为在过去没有电话可用的时代，它差不多和电话一样有用。

书籍有时候会在书店（也是一种商店）里出售。商店就像是现实生活中的互联网，只不过那里可买的东西比较少，而且必须出门才行。很难理解为什么有人愿意大费周章地去那里。

---

[1] 作者故意写为 C.L.Dickings，这里实际指的是查尔斯・狄更斯（Charles Dickens）。

[2] 一说莎士比亚的所有作品均出自弗朗西斯・培根之手，这种说法目前仍存在争议。

[3] 杰米・奥利弗（Jamie Oliver），英国厨师和餐馆老板，著有多部烹饪书。

[4] 弗恩・布里顿（Fern Britton），英国电视节目主持人和作家。

[5]《方格菌的奇幻旅程》（*Fungus The Bogeyman*），英国儿童绘本。

瓶子
Bottles

我们会把东西放进盒子里，但前提是它得是干的。如果是湿的，我们就会把它放进特殊的盒子（瓶子）里。

瓶子是一种又高又细、带个小盖子的透明盒子。我们不能像拿取干的东西那样，打开盖子把手伸进去取，而是要打开盖子，倾斜瓶身，让湿的东西自己流出来，就像从旅行包里放出宠物一样。

以前，我们很清楚手里拿的是瓶子还是盒子，大家都分得清什么是什么。后来出现了一个新物种，一个不伦不类的混血儿，就像弗兰金斯坦一样的“收纳怪兽”——塑料盒。

科学无法界定塑料盒到底属于瓶子还是盒子，因为它看起来像一个盒子，但是却被当成瓶子使。仔细想想，这种身份危机还真是无处不在，早知道我就不想了。灭火器属于什么？瓶子吗？可是它不透明，无法像瓶子那样看见里面有什么。难道说它里面装着什么不可告人的东西，还是说它类似于某种“巨型香水”？它倒是可以像香水一样向外喷，所以它可能是具有灭火神力的香水——某种“超级香水”。

我们在瓶子里能找到的唯一干燥的东西就是小船[1]，这可能算得上是一个“瓶子就该装水”的笑话。不过就算这是个笑话，我也不知道它哪里好笑。

[1] 这里是指瓶中船，一种源于德国的民间工艺品。

大卫·鲍威[1]
Bowie, David

大卫·鲍威是1969至2016年间出现的一系列歌手，就像《神秘博士》一样，虽然是同一个人，但他每张专辑封面呈现的都是一个新的鲍威。

他的容貌总是在不断变化。他从不追求显而易见的东西，比如变黑或者假装驼背。他总是追求意想不到的东西，比如给自己画上旧气象图上暴风雨的标志[2]，或者打扮成一个又大又扁的“日本人的生殖器”[3]。不管他是打扮成弗利克先生[4]还是骷髅海盗，或者是一台旧宝丽来相机拍出来的你母亲的一个朋友，在很多方面，他都是流行的风向标。他更新得比Adobe Flash播放器还勤快。

大卫·鲍威不仅会唱歌，还会“演不好戏”，他曾在几部电影中露面，在《外星人E.T.》中领衔主演想家的外星人[5]，在家庭片《布偶大战裤裆妖》中扮演一位杜兰杜兰妖精国王[6]。他甚至占领了圣诞节，和宾·克罗斯比、斯蒂尔斯、纳什和杨（他还忘了歌词）一起

[1] David Bowie，也译作“大卫·鲍伊”，是英国著名摇滚歌手、演员。

[2] 大卫·鲍威的经典妆容就是红色闪电状油彩覆盖的半张脸。

[3] 这里是说“东京流行”黑胶唱片紧身衣，是为“Aladdin Sane”巡演而专门设计的。这件服装裤腿呈半圆形，两腿并拢时，下身就像一张黑胶唱片。

[4] 弗里克先生是英国情景喜剧《'Allo 'Allo!》中的人物，是当地的盖世太保，常穿一件长款双排扣皮外套，内穿细条纹西装，戴着宽边皮帽子、皮手套和八边形钢圈眼镜。

[5] 其实大卫·鲍威出演的电影为《天外来客》（*The Man Who Fell to Earth*），他在其中饰演一位为了拯救自己遭受严重旱灾的星球而来到地球寻找水源的外星人。

[6] 这里是指大卫·鲍威在电影《魔幻迷宫》（*Labyrinth*）中饰演妖精国王贾斯。因为他身穿紧身裤的扮相，裆部显得突出，从而引发争议。作者在此戏称其为“裤裆妖”。

唱了一首特别的颂歌。有时候他还出现在《雪人》动画片的开头。尽管他动情地讲述了自己与雪人的冒险经历，甚至展示了一条在雪人融化后从它身上偷走的围巾，但是没有一本传记谈及鲍威的这段生活，可能因为这段回忆充满了痛苦和折磨。[1]

在通过与瑞奇·热维斯的会面，将演艺事业创造性地推向巅峰后，[2] 大卫·鲍威于 2016 年推出了自己最后一个角色——死白公爵，彻底退出了演艺圈。[3]

---

[1] 大卫·鲍威曾为动画短片《雪人》（*The Snowman*）的片头做了一段简短的介绍。片中他在童年时的阁楼的抽屉里发现了一条围巾，与影片结尾时送给男孩的那条很像。

[2] 瑞奇·热维斯（Ricky Gervais），英国喜剧演员、导演、制作人、编剧和音乐家。这里是指大卫·鲍威曾在瑞奇·热维斯主演的电视剧《临时演员》（*Extras*）中客串过角色。

[3] 2016 年 1 月 10 日，大卫·鲍威因肝癌病逝。20 世纪 70 年代他曾采用过“瘦白公爵”（The Thin White Duke）的形象。

英国脱欧
Brexit

2016 年 5 月，英国举办了一场全民公投，不过它与常规选举不同，因为这次投票真的会生效。但是他们没有提前这么说，而是将投票结果作为惊喜公布，于是这次公投成了一个很好的转折点。

这次公投不是投票给你从未听说过的人，而是投给你从未听说过的组织，名叫“欧洲共同体”[1]。显然，我们一直以为自己的国家就是英国，其实根本不是，我们的国家一直都是欧共体。就像我说的，这是一个疯狂的转折点。我们并不是一个自治的国家，这有点令人震惊。这就好比我们发现女王是德国人或者菲利普亲王是希腊人，太疯狂了！所以，这次投票就是一次选择重新成为英国人的机会。

持正反意见的双方争论不休，根本听不清对方在说什么。有人认为护照是大事，拥有“欧洲共同体”护照可以直接进入机场，不用排队。这可太不“英国”了，我们就高兴排队，而且丢掉“欧洲共同体”护照可以让原本站在队列最前面的我们排到后面，这样更好。

而有人认为，一旦我们脱离“欧洲共同体”，意大利面就会变成非法食品。没人愿意为了买意大利面还要花上一大笔钱，跑到某个危险住宅区的某个危险房子里找某个贩子，然后回家才发现买到的

---

[1] 欧洲共同体是欧盟的前身，2009 年欧共体改名为欧盟。作者有意把 European Union 写成 European Communion。

其实是吸管或者 Kerplunk 玩具[1]什么的。

倡导留下的都是像首相和政党领袖这样严肃的人，而“脱离派”那边的头儿长得都跟卡通人物似的，比如奈杰尔·法里奇[2]和鲍里斯·约翰逊。大家都喜欢卡通，所以他们赢了也不足为奇。

英国搞公投为的是一个叫“脱欧”的东西。有时候，投票给自己不明白的东西挺好的，这至少证明我们都是平等的。就好像无知就不会引起你的偏见，这更公平。但是，就在投票的统计结果即将揭晓的时候，人们面面相觑：“脱欧是啥？”因为他们发现，在说自己想要“脱欧”之前，他们不知道那到底是什么。这就像要求你闭上眼睛、伸出双手，然后交给你一些认不出来是什么的东西，比如豪华菜单上的诡异食品或者苏格兰货币。[3]

新首相（因为之前那位像小熊维尼一样，独自哼着小调走掉了[4]）出来打圆场，她说：“脱欧就是脱欧。”她说得没错。脱欧确实就是脱欧。如果她在考试中也这么回答，你就得给她分。这种做法很机智。早知道我也这么干。“9×9 等于几？”“9×9=9×9，你得给我分。对了，我能当首相吗？”

特雷莎·梅宝莲[5]回答的可取之处在于她的答案非常清楚。因

---

[1] 一款儿童游戏玩具，由一个透明的塑料粗管、塑料棒（通常总共 26—30 根，颜色各异，主要是黄色和红色）和若干弹珠构成。

[2] 这里指的是奈杰尔·法拉奇（Nigel Farage），后面有关于他的章节。

[3] 英国允许苏格兰发行自己的货币，苏格兰有三家银行有权发行自行设计的纸币，这些纸币性质上仍然为英镑，但并不印有女王头像，面值有 5、10、20、50 和 100，不同币值设计基本一样，只是颜色不同。

[4] 这里指的是戴维·卡梅伦（David Cameron）于英国公投脱离欧盟后正式卸任英国首相。

[5] 这里指的是特雷莎·梅（Theresa May），作者写书时她还是英国首相，2019 年卸任。目前的英国首相是鲍里斯·约翰逊。

为有时候你在字典上查某个不认识的词，它的定义里会冒出一大堆你不认识的词，于是你就从有一个不认识的词变成有一堆不认识的词，然后感觉自己像个笨蛋。它让我想起一个老广告：买豆子就找豆子[1]；或者他们所说的监狱：活着就是终身监禁。[2]这就意味着，你会因为一个愚蠢的决定而忍受多年的痛苦，有可能还是终身监禁。而脱欧也是一样的。

当大不列颠的英国属于欧洲的时候，每个词都有不止一个意思。比如，“bonjour”是“你好”的意思，“chapeau”[3]指的是“马”或“房子”或“帽子（hat）”之类的东西，而如今“hat”就只有“帽子”的意思，而脱欧就是脱欧。事情变得更简单了，而且难以反驳，就像不可抗力。

但是后来一些好事之人又说，“脱欧就是脱欧”根本算不上什么解释，于是特雷莎·梅宝莲决定把话说得更清楚一些。“脱欧，”她说，“就是一个‘红白蓝的脱欧’。”这提到了我们的国旗，英国米字旗。除了英国国旗，哪里还有其他的红白蓝旗子呢？或许得刨掉法国国旗、荷兰国旗、保加利亚国旗、克罗地亚国旗、冰岛国旗、挪威国旗、斯洛伐克国旗、斯洛文尼亚国旗和捷克国旗？整个泛欧区一起脱欧的话，应该是大众喜闻乐见的，这证明英国与自己的邻国有许多共同点，如果旗子颜色相同也算的话。这是一个国际脱欧兄弟会。

---

[1] 原本的广告词是“买豆子就找亨氏”（Beanz Meanz Heinz）。

[2] 出自《活着就是终身监禁：英国最邪恶杀手的真实故事》（*Life Means Life: Jailed Forever: True Stories of Britain's Most Evil Killers*）一书，书中汇集了英国监狱中每一个终身监禁者的案例。

[3] chapeau 在法语中是“帽子”的意思。

脱欧的投票结果正反方非常接近。如果这次公投结果相近但略有差异的话，那么脱欧派就会要求重新投票。不过留欧派认为，保留失败者的身份会显得更有礼貌。

双方在辩论中都提出了有力的论据，我们来分别看一看：

留欧派观点

- 我们应该留在欧洲，因为脱欧会给机场蓝色通道的制造商带来毁灭性的打击[1]。现在，这些工作很可能会流向那些仍允许使用蓝色通道的海外地区。
- 所有东西都会涨价，除了英镑，你可以在二手商店买到。或是去一英镑店[2]，一英镑买两个。
- 我们应该留在欧洲，因为可以吃到很多好吃的东西，比如煎蛋卷[3]还有能多益榛子酱[4]。以后我们得把这些东西还回去，我那罐还没吃完呢。
- 既然第 50 条[5]这么重要，干吗不把它写在第 1 条里？

脱欧派观点

- 脱欧之所以受欢迎，是因为支持它的尽是像鲍里斯 · 约翰逊和奈杰尔 · 法里奇这种幸福的有钱人。而大家都喜

[1] 英国海关分为红色、绿色和蓝色通道。自欧盟国家抵英且无须申报物品的人，走蓝色通道。

[2] 一英镑店，英文名称 Poundland，成立于 1990 年，是英国最大的廉价商品连锁店。

[3] 煎蛋卷（omelette），起源于法国的一种食物。

[4] 能多益（Nutella），意大利费列罗公司生产的榛子酱。

[5] 这里指的是《里斯本条约》，即欧盟非正式首脑会议通过欧盟新条约的第 50 条规定。该条规定，任何欧盟成员国都可以遵照该国的宪法规定决定退出欧盟。

欢幸福的有钱人。

- 如果英镑贬值，你就能在Poundstretcher[1]买到更多东西。比如，能买到四块巧克力脆饼外加一颗麦提莎[2]，而不仅仅是四块巧克力脆饼。
- 如果我们脱离欧洲，就可以搬到别的地方去。比如，我们可以把英国搬到更暖和的地方，比如和日本做邻居什么的。
- 我们希望移民问题得到控制，所以我们不会让马克·卡尼[3]、麦当娜，以及四分之三的曼联人[4]来这儿。
- 这样你就能明白为什么脱欧派赢了：更暖和的国家，没有麦当娜，充满了幸福的有钱人和打折的麦提莎。

接下来会发生什么

激动人心的答案就像一个扣人心弦的悬念，好比大屏幕上打出的“未完待续……”，只不过这次你是真的悬在崖边，而不是在电视上，你的下方也没有字幕。有可能这就是最终结局。不过，还是想想打折的麦提莎吧。

[1] Poundstretcher，英国连锁折扣店。

[2] 牛奶巧克力做成的球状零食。

[3] 马克·卡尼（Mark Carney），加拿大经济学家和银行家，现任英国央行行长。他曾多次警告说，脱欧将对英国经济产生负面影响。

[4] 曼彻斯特联足球俱乐部的现役球员中，约有四分之三不是英格兰籍。

因公投创造出的新词

Remoaner——多怨者（对公投结果反复表示不满或者反对的人）

Bremoaner——脱怨者（抱怨英国脱欧的人）

Re-bremoaner——多脱怨者（反复抱怨英国脱欧的人）

Bre-bremoaner——脱脱怨者（抱怨英国退出欧盟的脱欧派）

Brarsehole——脱个屁

Remonster——留下者

Ridiot——弱痴（弱智加白痴）

Brexcellent——脱优（脱离优秀）

Brubbish——脱垃圾

Brollocks——脱骂（因为脱欧而责骂）

癫狂漆画[1]

Brush Strokes

早在20世纪80年代，电视节目的状况就已极其糟糕。我查了一个旧网站，发现当时电视里堆满了现在没人记得的无聊节目，比如《朱门恩怨》(*Dallas*)、《歌唱侦探》(*The Singing Detective*)、《警花拍档》(*Cagney & Lacey*)、《黑暗边缘》(*Edge of Darkness*)、《豪门恩怨》(*Dynasty*)、《故园风雨后》(*Brideshead Revisited*)、《迈阿密风云》(*Miami Vice*)、《来自黑暗地带的男孩》(*Boys from the Blackstuff*)、《名扬四海》(*Fame*)、《格兰其山》(*Grange Hill*)、《赖利：王牌间谍》(*Reilly: Ace of Spies*)、《山街蓝调》(*Hill Street Blues*)、《皇冠上的宝石》(*The Jewel in the Crown*)、《趣盒》(*The Box of Delights*)，[2]《这就是生活！》(*That's Life!*)。最后这个是一部关于香肠的纪录片，听上去比看起来好多了。[3]

我们需要的是观众的欢声笑语。于是，1986年9月，英国电视台首次播出了《癫狂漆画》。

《癫狂漆画》的主人公是一位画家，只不过我们从来没见过他的画。相反，我们的注意力全都放在了他的感情生活上，因为没人愿意看无聊的画，而他的感情生活更有意思。我猜，这就是美术馆总

---

[1]《癫狂漆画》(*Brush Strokes*)，英国电视剧，全剧五集，每集都留下了一个重大未解之谜：《癫狂漆画》到底是什么玩意儿。

[2] 以上这些都是英国20世纪80年代前后播出的热门电视剧。

[3]《这就是生活！》(*That's Life!*)是一档杂志风格的电视剧，节目中曾经展示过会说"香肠"(sausage)的宠物狗。

是空荡荡的原因——前提是那里很空的话。

主角杰科由卡尔·霍曼饰演，他是当时电视上身材最好的男人。他有个搭档叫埃里克，长得有点像《聪明的沃利》中的沃利，只不过他更好找，因为他没戴绒球帽。[1]

如果你认为《黑道家族》的片尾[2]——人们坐在餐厅里什么也没发生——很了不起，那么你不妨耐心等到《癫狂漆画》的结局。我不会剧透，因为它才上映40年，很多人还没看过——和我一样。不过我刚才在YouTube上看了，就是杰科必须在两个喜欢他的女人之间做出选择，就像我们所有人一样——因为杰科实际上是卡尔·霍曼饰演的，他就宛如20世纪80年代的天使——于是杰科抛出一枚硬币，然后笑了笑，但你并不知道他选了谁。说不定他只是决定买薯片，而这才是他笑的原因。毕竟，人人都喜欢薯片。不管怎么说，这是一个令人惊叹的结局，而且《黑道家族》肯定从中获得了灵感。我不知道他们采用这个灵感的时候有没有付钱给卡尔·霍曼。

---

[1]《聪明的沃利》(*Where's Wally?*)，是一套由英国插画家马丁·汉德福创作的儿童书籍。这个书的宗旨就是在一张人山人海的图片中找出一个特定的人物——沃利。沃利穿着红白条纹的衬衫并戴着一个绒球帽，手上拿着木制的手杖，还戴着一副眼镜。他总是会弄丢东西，如书本、野营设备甚至是他的鞋子，而读者也要帮他在图中找出这些东西来。

[2]《黑道家族》(*The Sopranos*)，反映黑手党题材的美剧，最后第六季剧终留下了一个开放式的结局。

Cunk on Everything

汽车
Cars

汽车就是我们可以自己开的小型公交车。每辆车里都有一个发动机，说白了它就是一个烧汽油的烤箱，只不过温度特别高，所以总能点着火，就像烤比萨一样。烧着的汽油吓坏了车轮，于是它们试图逃跑，这样一来，汽车就能向前行驶了。想要倒车的话，汽车就要点着与汽油相反的东西，也就是水，于是排气管里就冒出了蒸汽，就像我们在所有汽车上都能看到的那样。

史前[1]就已经有了汽车，只不过那会儿还没有汽油，所以需要将脚从车底伸出来奔跑，配合着飞快的木琴演奏，司机唱着约德尔歌曲。[2]

接下来出现的一种车也不需要汽油——它要么是靠马在前面拉，要么是靠几个戴白色假发的管家抬座椅。后来，人们在20世纪发明了汽油，于是马和戴假发的管家都失业了，他们只好去做高级法院法官或者充当超市里的意式千层面[3]。

有了汽油的车能比管家抬的座椅甚至比马跑得更远更快，很快，各地都不得不修建道路来满足行车需求。然后，人们在道路尽头盖

---

[1] 关于“史前”这一概念，东西方的表述并不一样，在西方是指耶稣诞生日之前，即公元元年之前。

[2] 这部分开车的描述讲的是美国动画片《摩登原始人》（*The Flintstones*）中原始人开车的样子，“唱约德尔歌曲”是指主人公喜欢说的一句“Yabba-Dabba-Doo”。

[3] 以多层宽面条夹肉末、蔬菜和白汁制成的面食，这里是吐槽它的外形和假发相似。

了可以游览的去处，方便打发时间。这是驾车的黄金时代，他们过去常常管它叫“运输”。

与其他交通工具相比，汽车占用了更多的环境空间，而且还会堵塞道路，所以政府通常劝人们改乘火车。火车比其他交通方式消耗的资源更少，因为它们老被取消[1]，这对地球来说倒是件好事，这样一来，人们就会搭乘公交车，公交车占用了路面，这又鼓励更多的人把车留在家里，去坐火车，但是火车又坐不成，因为都被取消了。

人们对汽车怀有极大的热情，对它的兴趣与日俱增。他们举办汽车表演秀，这很难想象，毕竟车子又不会跳舞——除非是我孤陋寡闻。还有汽车拉力赛，他们把锃亮的汽车停在一块地里，供大家欣赏。电视上也有很多汽车节目，有史以来最受欢迎的一档节目就是《疯狂汽车秀》。当然还有其他关于汽车的节目也很受欢迎，比如《赛车小劳瑞》[2]就不错，还有《恐龙卡车》[3]和《布鲁姆》[4]。遗憾的是，没有一档做给成年人的汽车节目，因为他们可能会彻底爱上它。

---

[1] 在英国，火车的延误和取消率都非常高，而且有的理由很“奇葩”，比如“轨道太热”或者“工作人员迟到”等。

[2]《赛车小劳瑞》（*Roary the Racing Car*），英国儿童动画片。

[3]《恐龙卡车》（*Dinotrux*），美国动画片，主人公是一群恐龙卡车（Dinotrux），它们一半是恐龙，一半是卡车，讲述的就是它们的冒险故事。

[4]《布鲁姆》（*Brum*），英国儿童电视剧，讲述一辆由无线电控制的小型老式汽车的犯罪冒险经历。

混沌理论[1]
Chaos Theory

混沌理论认为，如果蝴蝶在世界的一边扇动翅膀，那么世界的另一边可能会刮起龙卷风。这个想法很有条理，但我不敢肯定把一切都怪在蝴蝶头上是否公平。这不过就是把世上一切坏事的责任推到了无力还击的东西上，就因为它弱不禁风。

毕竟按照同样的逻辑，任何东西都能掀起龙卷风。快速打开报纸、打嗝、女王挥手，只要翻报纸、打嗝或者挥手的次数足够多，就有可能造成龙卷风。如果只是想找替罪羊，那么还是放过蝴蝶吧。而且，让女王赔偿损失肯定比让蝴蝶掏钱容易，反正她有的是钱，这样还可以为解决问题做出实际贡献，比单纯埋怨虫子有用多了。

[1] 混沌理论是一种兼具质性思考与量化分析的方法论，用来探讨动态系统中（例如人口移动、化学反应、气象变化、社会行为等）必须用整体的连续的而不是单一的数据关系才能加以解释和预测的行为。其中，蝴蝶效应就是一种混沌现象。

儿童节目

Children's Television

电视节目有三种：一种是给普通人看的，比如《仓库淘宝大战》[1]和《淘宝记》[2]；一种是给老年人看的，比如《小心敲竹杠》[3]和《买不起？我们会把它拿走》[4]；还有一种是给小孩看的。小孩的节目——或者用行话来说，儿童电视节目——通常比其他电视节目更短，色彩更丰富，质量更好。另外，儿童节目也是培育激进政治思想和进步问题的温床，它们用动物滑稽的动作和当你患流感时才会做的不真切的梦境来塑造孩子们将来的思想。

《探险时光》(ADVENTURE TIME) [5]

一个男孩和他的动物一起与现实生活作斗争，就跟《小孩与鹰》[6]差不多。

---

[1]《仓库淘宝大战》(*Storage Wars*)，美国电视真人秀，买家及其团队探索回收的仓库，寻找隐藏宝藏。

[2]《淘宝记》(*Bargain Hunt*)，英国电视节目，要求两对参赛者从商店或者集市购买古董，然后在拍卖会上出售以牟利。

[3]《小心敲竹杠》(*Rip-Off Britain*)，英国电视节目，主要以各种消费者被商家欺诈的例子，来告诫人们提高警惕。

[4]《买不起？我们会把它拿走》(*Can't Pay? We'll Take It Away*)，英国电视节目，跟踪高等法院执行官员对那些未能偿还债务或拒绝腾出财产的人执行高等法院令状。

[5] 美国电视动画，讲述人类少年芬恩 (Finn) 和拥有魔力的酷狗杰克 (Jake) 在哇赛秘境 (Land of Ooo) 的冒险旅程。

[6]《小孩与鹰》(*Kes*)，英国电影，讲述孤独少年比利将喂养的幼鹰视为唯一的朋友，结果这只幼鹰却被自己的哥哥杀死的故事。

《阿甘妙世界》(THE AMAZING WORLD OF GUMBALL) [1]

讲述关于包容性的精彩动画片。有只名叫甘宝的猫，他最好的朋友是一条鱼，这就告诉孩子，他们可以与敌人和谐共处。大概是基于基督教的教导原则，怪不得这个敌人名叫达尔文[2]。最后算下来，这部动画片大约拍了有一百万集[3]。

《巴格浦斯》(BAGPUSS) [4]

一只残疾的猫咪管理着一家肮脏的旧货店，里面的老鼠泛滥成灾。

《博德》(BOD) [5]

这绝对是一部别出心裁的动画片，至今也没有类似的节目出现。

故事发生在未来的某个地方，那里几乎什么都没有，连地平线也没有，有时甚至连地面都没有。故事的主角是博德，他是第一个非二元性别的卡通人物，在很久以前就被社会所接受。博德向婶婶、邮递员、农民、警察和生活中的一个短笛手分享他（她）的世界。

---

[1] 动画喜剧，故事围绕有趣的华特森一家的日常生活展开。

[2] 宠物鱼的名字叫达尔文（Darwin），原本是家庭宠物，有一天它进化出了肺及两条腿，而进化论的提出者也叫达尔文。

[3] 截至 2019 年，该动画已连载六季，共计 240 集。

[4] 英国儿童节目，主人公粉红猫是一只松懈的布玩具，会在主人离开商店后，和店里的其他玩具苏醒过来，讲故事唱歌。

[5] 英国儿童节目，讲述了一个名叫博德的圆脑袋男孩和他的四个成年朋友弗洛婶婶（Aunt Flo）、邮递员弗兰克（Frank the Postman）、农民巴雷莫（Farmer Barleymow）和警察库珀（P.C. Copper）的冒险经历。

和乔治·奥威尔的《农场故事》[1] 类似，它表面上讲的是一个故事，事实上却在暗指另一回事——苏联。

警察指代国家，农民指代工人，邮递员指代特务，弗洛婶婶指代无产阶级，博德指代尽职的公民，短笛手指代对光明共产主义未来的憧憬。至少,"激进卡通诠释网" [2] 上一位电影学院学生的论文里是这么写的。

无论如何，里面的音乐还是很不错的，因为它很短。

《消防员山姆》(FIREMAN SAM) [3]

这个节目让我们知道威尔士人有多么容易出事故。

《格兰其山》(GRANGE HILL) [4]

黯淡而又真实的电视剧，只会令孩子们不开心，就像蔬菜、考试或者牙医一样。这部剧还为将来的《东区人》[5] 培养出了一批演员。[6]

---

[1] 这里是指乔治·奥威尔（George Orwell）的小说《动物农场》(*Animal Farm*)，作者故意将其错写成“Down On The Farm”。

[2] 原文是“radicalcartooninterpretations.com”，是作者杜撰的一个网站。

[3] 英国动画片，主人公山姆是一位消防员，每天和同事们解决小镇居民的各种突发状况，执行各种安全救援任务。

[4] 英国儿童电视剧，以虚构的格兰其山综合学校为背景，处理欺凌、学习困难、师生关系和冲突等与学校有关的问题。

[5]《东区人》(*EastEnders*)，英国电视肥皂剧，讲述了在伦敦东区阿伯特广场周围的居民的故事。

[6] 有很多参演过《格兰其山》的演员后来也出演了《东区人》。

《花园宝宝》(IN THE NIGHT GARDEN) [1]

一个冻得冰冷的小混混在一条迷失于海上的小船中睡觉。星星在夜空中闪耀，变成了花朵。这些花其实是开在大花园当中的一棵树上的，花园中间有一个舞台，周围环绕着一圈非常大的树篱，这样人们就看不见里面发生了什么。明白它要干什么了吗？我也没明白。

小混混有一个女朋友叫哎哟 [2] 什么的，还有一个朋友，就像垫子做成的瓦力 [3]，它收集石头，就好像机器人沙发做这种事理所应当似的。节目里还有一个类似于甜心宝贝 [4] 的演出组合，名叫"摇摆的胸部"[5]，其中一个乘着你在海边看到的那种火车观光，[6] 只不过开车的是个精神错乱的疯子，剩下两个都是住在树干上的阿米什人 [7]。

节目中的每个人都做过多次整容手术，以致他们几乎没什么表情 [8]。我不确定这样是否给年轻女孩树立了好榜样，反正我也不看这节目，而且说不定现在的孩子对鳟鱼嘴 [9] 和私处整形没那么在意。

---

[1] 英国儿童电视剧，每集开头均有一个小孩在母亲的引导下睡着，然后化身为角色进入花园世界。

[2] 这个角色真名叫唔西·迪西（Upsy Daisy），而 Whoopsy（哎哟）与她的名字 Upsy 发音相近。

[3] 瓦力是指影片《机器人瓦力》（*WALL·E*）虚构的特大型美国公司 BnL（Buy n Large）生产的一系列清扫型机器人，但到了片中故事发生的年代，全世界的瓦力除了片中的这台外都已报废退役，故"瓦力"专指这最后的一台。

[4] 甜心宝贝组合（Sugababes），一个英国三女孩团体。

[5] 这里原本说的是节目中三个穿着条纹和斑点服装的角色，名叫 Tombliboos。作者将它们的名字写成 wombliboos，而 wombliboos 与 wobbly boobs（摇摆的胸部）发音相近。

[6] 这里说的火车是片中的叮叮车，一列由五节不同大小和形状的车厢组成的火车。

[7] 阿米什人，是美国和加拿大安大略省的基督新教再洗礼派门诺会信徒，通常拒绝汽车及电力等现代设施。

[8] 因为所有角色都身穿玩偶服，所以没有其他表情。

[9] 在丰唇手术中，唇内被放入过量胶原蛋白而形成的大嘴唇。

《海底小纵队》(OCTONAUTS) [1]

一部惊险刺激的探险动画，可以说就是水下的《天龙特攻队》[2]，成员是三只总是生活在海里的动物：猫、北极熊和企鹅，其中企鹅是一名有资质的医生。[3] 他们拥有特殊的交通工具，[4] 就像历来的英雄一样——除了纳尔逊·曼德拉 [5]，他刚刚才拥有一辆不错的家庭轿车。他甚至就连教皇那样的“雪糕车”[6] 都没有，我想这就是他成为英雄的原因：与逆境抗争（没有雪糕车）以获取伟大成就（甭管他干了什么）。

《小猪佩奇》(PEPPA PIG)

咯咯笑的小猪一家生活在平行宇宙中的一座山上，那地方从来没人提起过香肠。它们像猪一样哼哼，却像人一样讲话，不过它们从来不提香肠。中国禁播了这部动画，所以它肯定传播了什么不可告人的信息。[7] 不过，显然与香肠无关。

---

[1] 英国海洋探险动画，以海洋作为故事上演的舞台，融合了动作、探险、海洋生物科学课程，以及学龄前团队协作等内容。

[2]《天龙特攻队》(*A-Team*)，美国电视剧，讲述了四名因审判不公而组成“天龙特攻队”的退伍军人，惩奸除恶，维护正义的故事。

[3] 这里是指动画中的三个角色，分别是橘色小猫呱唧，北极熊巴克队长和企鹅皮索医生。

[4] 动画中出现过多种供主人公们执行任务的舰艇等工具。

[5] 纳尔逊·曼德拉(Nelson Mandela)，曾任南非总统，是首位黑人总统，被尊称为“南非国父”。

[6] 这里是指教皇座驾（popemobile），是为教皇在户外公共场合乘坐而特别设计的机动车，它能让教皇在成千上万的欢迎人中更容易被看见。

[7] 事实上，中国并没有禁播该动画片。

《辛普森一家》(THE SIMPSONS)

一部温馨的动画片，故事发生在一个美丽的美国小镇上，那里的人都得了黄疸[1]。本片根据真实事件改编，之所以这么说，是因为唐纳德 · 特朗普在某一集里就任总统[2]，而这一集正是在他当总统前播出的，所以它是基于尚未发生的真实事件，而且还是根据人类有史以来最接近时空穿越的事件改编。难怪孩子们喜欢它，他们总想知道以后会发生什么，他们对惊喜没兴趣。

[1]《辛普森一家》里的人物皮肤都是黄色的，而黄疸的常见症状就是皮肤发黄。

[2] 该集中巴特找占卜师看到了 30 年后（也就是 2030 年）的未来，妹妹丽莎当选为美国总统，而丽莎的上一任总统就叫特朗普，并且他给美国造成了严重的财政危机。

中国
China

中国是世界上最熙熙攘攘的国家，因为那里人最多，而且所有东西都是那里制造的，奶酪除外——如果奶酪软软的，就是法国产的；硬硬的就是英国产的；像黄色金属的，就是意大利产的。

中国人制造一切是因为他们发明了一切。他们是世界上最聪明的人。他们发明了纸、火药、指南针、铁器、印刷术，还有糖醋酱。

糖醋酱是继番茄酱以来最令人叹为观止的酱汁，说白了，就连番茄酱也是放凉的糖醋酱。点中餐的时候，总是会碰到各种调味汁，它们都是糖醋味的，只不过名字不同而已。沙茶酱是加了花生的糖醋酱，宫保酱是加了辣椒和大蒜的糖醋酱，四川酱是加了酱油的糖醋酱，咖喱酱就是咖喱。我觉得那不是中国产的，所以只能把它撒在薯条上。

糖醋酱的妙处在于它将甜与酸这两种对立的口味融合在了一起。谁会想到，甜味（太妃糖、棉花糖和百利甜[1]的精华）与酸味（柠檬、醋栗和腌菜的精华）结合起来，居然没有变成腌制棉花糖或者柠檬百利甜这种怪异的东西？然而中国人做到了，他们简直太聪明了。

如今，糖醋酱是中国的“国菜”，相对地，英国的国菜就是套餐（三明治、汽水、薯片和巧克力），可能中国的每个街角都设有“糖

[1] 百利甜（Bailey's），属于爱尔兰威士忌，该酒采用新鲜优质的爱尔兰奶油、纯正的爱尔兰威士忌，以及马达加斯加的香草和天然可可豆制作而成。

醋酱机”。我不知道，我还没去过那里。我不想去，感觉好像怪挤的。

老实说，多亏了中国人的聪明才智，我们才可以把他们的各种发明结合起来，做点最具中国特色的事：浏览一份印刷（中国发明的）在纸（中国发明的）上的菜单；用 iPhone（中国组装的）点一道糖醋菜（中国发明的）的外卖（几乎可以肯定是中国发明的[1]）；送餐小哥骑着钢铁（中国发明的）制成的摩托车，背后贴着“新手上路”的牌子，在去看焰火表演（中国发明的）的路上依靠指南针（中国发明的）找到了你的家，而你正在吃盘子（中国制造的）里的糖醋鸡。

当然，还有面条。

---

[1] 随着生活节奏的加快和科技的发展，外卖在中国变得日益普遍，以至于外国人将外卖称为中国的“第五大发明”。

拍手

Clapping

多年来，人类能发出声音的部位只有屁股和嘴巴，然后，很久以前的某一天，一个原始人发现他用手也可以发出声音。

如今，拍手成了理所当然的事，就像鞋子和门一样稀松平常。我们会因为各种理由拍手：为了精彩的演出拍手；为了引起注意拍手。

自从拍手被发现以来，相继出现了各种用手发出声音的方式。掰手指的咔咔声，说唱歌手打出的响指，还有用双手挤出放屁的声音——每个人都有那么一段时间沉迷于干这事。除此以外还有击掌，这是带有社交性质的一种拍手——不是用你自己的双手，而是用你的一只手和别人的一只手相击，这样一来，就没有人能声称噪声是由他们单独发出来的了。对那些手根本发不出声音的人来说，这尤其是件好事，尽管发不出声不是他们的错。遗憾的是，有些人为此饱受折磨，而且静默手现在依然是无法治愈的。[1]

音乐家在拍手方面总是自命不凡，他们坚持不允许你在一拍和三拍的时候拍手，而要在二拍和四拍时拍才行。[2] 所以，不要和音乐家共进午餐，他们永远都拿不到自己那一半账单。

---

[1] 静默手（quiet hands）是一种常见的刺激抑制手段，用于自闭症的一些早期干预，如应用行为分析（ABA）。

[2] 这里说的其实是跟着音乐打拍子，通常都在第二拍和第四拍的时候拍手。一般说来，第一拍和第三拍是强拍，而第二拍和第四拍是弱拍，用手打在二、四拍上会更有律动感，更能体现拍手人的参与感。

气候变化

Climate Change

地球正在发生变化，而且并非向着好的方面——比如说变成蝴蝶或者巨大的魔法鞋。它正在朝着“气候变化”的方向发展，而我们都要对此负责。

气候变化改变的不仅仅是气候，还有它的称谓。它一直在变。以前叫“全球变暖”，再之前叫“臭氧层空洞”，后来又叫“酸雨”。而在我小的时候，它叫作“天气预报”。怪不得人类难以阻止它的进程，因为没人知道它到底叫什么，它自己也毫不在乎，就像乌龟或者船一样。

气候变化对于我们所有人来说都是一场巨大的挑战，就好像明天看起来要下雨了，于是你穿上一件大衣出门，结果天气却变得特别热，你只好一整天都带着大衣，把它垫在屁股下面坐着。不同的是，这次的气候反常波及的是整个地球。

气候变化一直与我们同在，在远古时代，它是自然形成的，不是人为的，这一点跟袜子很像。[1]19 世纪以前，曾经爆发过一场工业革命。当时一切都是靠煤运转的，煤是一种化石燃料，四舍五入一下烧煤就等于在烧恐龙。燃烧的过程中，恐龙体内的气体就会释放出来，聚积在空中，这种肮脏的死亡恐龙的气体才是气候变化的罪魁祸首。烧这么多恐龙就是为了驱动蒸汽机车，如今，除了深埋

---

[1] 远古时代没有人工制成的袜子，只有“泥巴袜子”。

地球中心和侏罗纪公园里的恐龙以外，几乎不再有恐龙了。

气温升高是全世界的问题，我把这句话录进了手机里。现在外面 11 摄氏度，如果科学家的判断准确，那么 50 年后今天的气温将会达到 13 摄氏度。不过到那时我会拥有一部更好的手机。

我们的工业革命已经结束，然而现在别的国家也想搞一个。他们可真自私。由于风力发电场的存在，其他国家的气候变化很可能会被吹到任何地方，难怪人们这么担心。随着地球温度的升高，两个北极的冰川都会融化，[1] 海平面也会上升。对不想生活在海里的人来说，这是个坏消息。比如人类，比如海的女儿——她很讨厌住在海里，肯定不会就此罢休的。

我们每个人都应该对气候变化负责，也包括原始人。政府说，我们要在 2050 年前减少温室气体的排放，但是，如果你像我一样没有温室的话，他们又会建议你不要坐飞机、多多步行来减少所谓的碳足迹 [2]。但是，我走路的时候把脚崴了，所以只好搭飞机去伊维萨岛。毕竟地球根本不需要我那肿胀的、处处留碳的大脚印。

我们能为气候变化做些什么？

我们可以做一些力所能及的小事。我们应该尽量少“用”气候。所以，下雨的时候就应该赶紧回屋待着，确保所有人都能“雨露均沾”。我们可以用桶来接雨水，用太阳能电池板采集阳光，然后把它们迅速传送给全世界，送到有需要的地方。这种简单的小事能够发挥重大作用。

[1] 当然不会有两个北极，这里指的是南极和北极，作者有意写错。

[2] 碳足迹（carbon footprint），标示个人或者团体的碳耗用量。碳耗用得越多，排放的二氧化碳就越多，碳足迹就越大。

气候变化与我们使用多少能源直接相关。因为我们开启的东西越多，它们就会变得越热。即使是正常的灯泡也会变热。像开灯不关这种小事就会影响北极的冰层。不信可以看看你家的冰箱，你一关上门，它的灯就灭了，这样才能保证冰箱里都是冰。这正好印证了我的说法。

全球变暖不仅意味着炎热的天数增多，同时寒冷的日子也会更多。这一下子增加了两种天气，那么一年就会变得更长。所以，等我 50 岁的时候，我其实是 70 岁。这下问题严重了，因为老年人大都足不出户，还需要开着暖气，这会加速全球变暖。

但是，并非所有人都认为气候真的会变化，这个热门话题将科学圈一分为二：90∶10。有的科学家，比如杰里米·克拉克森和唐纳德·特朗普[1]，认为化石燃料是维持经济发展的唯一途径，所以我们应该尽快用完它。但是，如果他们错了，而且气候正在发生变化的话，我们就会面临噩梦般的场景——子孙后代可能再也见不到彩虹了，除非去动物园。[2]

认为气候变化是“人为的”和认为气候变化是“人编的”是有区别的。可我想不起来区别是什么了，因为我太热了。这可能就是对我们的警告——全球警告。[3]

---

[1] 杰里米·克拉克森（Jeremy Clarkson），英国媒体人、作家，《疯狂汽车秀》的主持人之一。他与前任美国总统唐纳德·特朗普并不是科学家，显然这是反讽。

[2] 作者这里把彩虹比喻成濒危动物。很多濒临灭绝的动物在野外都看不到了，只能去动物园或者专门的基地。

[3] 全球警告（Global Warning）与全球变暖（Global Warming）拼写十分相近。

颜色

Colour

颜色是由光（或者是其他的什么玩意）在某种长度（或者是什么其他的条件）范围内，在什么东西上的反射或者吸收产生的一种现象。这是专业的说法。但是对大多数人来说，颜色是了解世界的一种途径。无论是红绿灯、衣服还是薯片口味（大部分情况还是薯片口味），颜色都是我们的向导，它指引我们是停下脚步还是继续向前，告诉我们自己是属于哪一队的，以及是选择奶酪洋葱味还是醋盐味（我选奶酪洋葱味）。

过去只有七种颜色，正好对应一个星期的七天。之所以我们清楚这一点，是因为彩虹的缘故。彩虹第一次出现在《圣经》的第 26 页，上帝将它当作礼物送给诺亚，相当于表示“抱歉啊，老兄”，用来弥补他吐在这个可怜人的“动物船”上的巨大洪水。[1]

关于哪种颜色对应哪一天的争论很多。我们都知道彩虹的顺序——红橙黄绿进攻失败[2]，显然，红色应该属于最好的那一天，所以它不可能对应星期一。红色要么是星期五（喝酒），要么是星期六（睡懒觉），它不可能是星期日，因为那天要播《古董巡回秀》，这就

[1] 挪亚方舟的故事出自《圣经》，传说是一艘巨船，其建造的目的是为了让诺亚与他的家人，以及世界上的各种陆上生物能够躲避一场上帝因故而造的大洪水灾难。在洪水过后，挪亚方舟搁浅在了阿勒山上，最后，上帝以彩虹为立约的记号，不再因人的缘故诅咒大地，并使各种生物存留，永不停息。

[2] 彩虹的颜色顺序应为红、橙、黄、绿、蓝、靛、紫（Red, Orange, Yellow, Green, Blue, Indigo, Violet），英国人通常会用“纽约的理查德进攻失败”（Richard Of York Gave Battle In Vain）来帮助记忆。

表示快乐即将结束，要重返明天的工作了。

1958年，绘儿乐[1]的研究人员发现了更多颜色，包括茶色、薰衣草紫、金菊黄、栗色、绿松石色和银色，突然间，我们可以画出树木和薰衣草之类的东西了，在那之前你想都别想，除非把它们画成剪影。

这样一来就出现了黑与白的难题。显然，黑色和白色既是颜色，又不是颜色，它们可以说是“反颜色”。据我们所知，它们已经存在了好几百年，因为钢琴键就是黑白的。但是，我们不知道它们是怎么混进颜色当中，又是为何被排除在彩虹队伍之外的。我们知道它们是多年的死对头，也许展开过一次又一次的较量——想想如今的国际象棋——但是，它俩当初翻脸的理由却消失在了时间的迷雾之中。雾，是灰色的，正如黑色与白色的混合。

有的颜色可以表示一些简单的含义，比如，红色通常代表危险——难怪公交车和狮子都是红色的；[2]蓝色则与水有关，所以校服和合作社食品店[3]是蓝色的；黄色会让人联想到自然之光，所以推土机和报春花是黄色的。

有些人天生色盲，他们看不到颜色——所以在他们眼中，一切都像老旧的黑白画面。这肯定很令人惊讶，想想看，买了最新的任天堂Switch游戏机，结果它看起来就像是台老旧的游戏机，那时你会感觉自己仿佛是来自未来的机器人。

---

[1] 绘儿乐（Crayola），蜡笔品牌，由美国Binney&Smith公司生产，迄今已有百年历史。

[2] 英国经典的双层巴士确实是红色的，不过当然也有车身是其他颜色的；红狮出自苏格兰的国徽。

[3] 英国合作社集团（The Co-operative Group，UK）是世界上最大的消费者合作组织之一，它是由消费者控制的，不以为其会员赢利为目的，仅是为会员提供服务并产生合理经济回报的组织。它的品牌标识是蓝色的“COOP”。

电脑

Computers

我们的周围尽是电脑。办公室，电脑城，电脑维修点，很难想象还有什么东西里面没有电脑，除了牛——没准现在它们身体里也有了。

电脑已经成为我们文化的一部分，人们盯着手机不看路的情况已然成了常态。但是，你肯定会提出这样一个问题：到底是我们在看电脑还是电脑在看我们？尽管答案显而易见，但它听上去还是挺瘆人的。

电脑是查尔斯·巴贝奇[1]在1822年发明的，不过当时没有显示器，所以没人知道它在干吗。1936年，康拉德·楚呜呜呜泽[2]在德国发明了一台正常的电脑，但是被英国炸毁了。于是乎，我们英国人又有机会重新发明一次，多亏了第二次世界大战时期布莱切利庄园[3]那个叫艾伦·图灵[4]的人。

与如今的电脑不同，早期的计算机是由晶体管、纸和管子组成的，它们十分庞大。起初没有鼠标，就算有，也会跟汽车差不多大小，那你就得像驾驶碰碰车一样坐在鼠标里，开着它点击 YouTube 视频。

---

[1] 查尔斯·巴贝奇（Charles Babbage）制造了一台小型计算机，能进行8位数的数学运算。

[2] 这里的 Konrad Zoooooze，真名叫作康拉德·楚泽（Konrad Zuse），德国工程师，于1941年首次设计完成了使用继电器的程序控制计算机。

[3] 布莱切利庄园（Bletchley Parks），位于英格兰米尔顿凯恩斯布莱切利镇的一处宅第。第二次世界大战期间，布莱切利庄园曾经是英国政府的密码解读中心。

[4] 艾伦·图灵（Alan Turing），英国数学家、逻辑学家，被称为计算机科学之父，人工智能之父。

电脑的发明让一类特定人群——电子游戏玩家——成为主要受益者。在电脑出现之前，我们只能用纸笔或者彩色面团来玩超级马里奥。如果豆子不停地从桌子上滚下去，那么一局《吃豆人》的游戏可能需要三天才能摆好。电脑改变了这一切。

在电脑出现之前，如果你想发一封邮件，就必须先打印出来再装进信封里寄出；如果想要假装偷车，就只能到电视剧《法案》[1] 里过过瘾，而不是像现在这样，打开《侠盗猎车手》[2] 就能体验。

如今，几乎没有什么人能做电脑做不到的事了（骑马除外），所以很多工作都被电脑取代了。也许有一天，我们会有一个“电脑女王”，而真正的女王只需要在骑马的时候现身就行了。

尽管现在的电脑已经十分先进，但说白了它还只是个做快速求和的机器，就像你一边被鲨鱼追赶，一边不得不做加法运算，这时候你就需要一台电脑。电脑里面有很多“1”和“0”。[3] 之所以用的是“1”和“0”，是因为它们是最小的数字，在有限的空间里能装得下更多。而且电脑也变得越来越小，很快你就能买到手机大小的电脑了。或者比那个还小，比如跟一部老式手机差不多大。

电脑的思考速度比人还快，比如，我刚刚想到了薯片，但是电脑甚至在我写下“我刚刚想到”这句话之前就能“想”到薯片。总有一天，我们根本不再需要想到薯片，或许那时我们会彻底向机器人屈服。光想想就觉得可怕。

[1]《法案》（*The Bill*），一部英国警察法律程序题材的电视剧。

[2]《侠盗猎车手》（Grand Theft Auto），一款以犯罪为主题的游戏。

[3] 这里指的是电脑采用的二进制计数制，它仅使用两个数码 0 和 1，所以四则运算规则十分简单，可以节省设备。

艾伦·图灵，那个发现了电脑的怪人，现在成了国家英雄，人们排着长队等着抚摸图灵的裹尸布[1]。如今，有的电脑甚至是用“云”做的。[2] 接下来还会出现什么？能吃的电脑，还是能打架的电脑？电脑音乐吗？谁知道呢，没准电脑知道。就算它不知道，总有一天它也会知道。这就是电脑的神力。

关于电脑的几个无解问题

- 科学界能发明有烧水壶一半功能的电脑吗？
- 如果电脑承担了在广场上装扮成机器人的人的工作，那会怎么样？
- 什么时候才会有数字薯片？

[1] 这里指的是都灵裹尸布（Shroud of Turin），它与艾伦·图灵（Alan Turing）的名字发音相近。据说，耶稣在十字架上被钉死之后、复活之前，尸体就是用都灵裹尸布包裹下葬的。

[2] 这里的“云（cloud）”是指作为接受服务的对象，是云端，不管何时何地，人们都能享受云计算提供的服务。

杰里米·科尔宾
Corbyn, Jeremy

曾经有一部动画片《摩夫的神奇历险》，里面有一个棕色皮肤的裸体男人，他有一个住在盒子里的白色皮肤的裸体朋友，一起同住的还有一把刷子和一张女孩形状的锡纸。这是用不同颜色橡皮泥象征跨种族和谐共处的典型例证。还有一个角色名叫摩夫爷爷，他是个喋喋不休、脾气暴躁的老人，可能是奥克尼郡的佃户，也可能是离异的图书管理员什么的，属于非常次要的角色，基本上很难被当作是故事的中心。[1]

杰里米·科尔宾是英国工党的领导人。[2]

---

[1]《摩夫的神奇历险》（*The Amazing Adventures of Morph*），一部英国黏土定格动画，主人公摩夫是一个棕色的黏土小人。白色的黏土小人名叫查斯（Chas），是摩夫的另一个自我。“一把刷子”和“女孩形状的锡纸”指故事中的两个人物：甲刷（Nailbrush）和锡纸女孩弗莉（Folly），前者外形像刷子，但其实相当于摩夫的“宠物狗”。摩夫爷爷（Grandmorph），是一个留着长胡子的老人，爱玩滑板，还经常发明东西。

[2] 2020 年 4 月 4 日，杰里米·科尔宾卸任英国工党领袖。

犯罪

Crime

每 20 个人中就有一个人是犯罪受害者，也就是说，每 20 个人中就有 19 个罪犯。这真是一个可怕的统计结果，难怪我们离不开警察。

在过去没有警察的时候，如果有人做了坏事，人们除了给罗宾汉写信或者和邻居组团追杀坏人之外，别无他法，就像生活在克罗伊登[1]部分地区的人们仍然在做的那样。但是如今我们还有别的选择，多亏罗伯特·皮尔爵士在 1829 年发明了警察[2]。

警察出现以后，犯罪受害者马上就明白该向谁求助，因为他们戴着特殊的大帽子，遭到袭击的人离着老远、隔着重重大雾也能看到他们。

警察的职责是阻止犯罪，但是如果没有犯罪，也就不需要警察了。如果没有犯罪，他们除了整天用锤子在自行车上刻地址外，[3]还能干什么？如果没人偷自行车，那么这些地址就成了装饰，这不就糟蹋了纳税人的钱了吗？

当然，如果我们不知道什么样的行为属于犯罪，那么打击犯罪就没有意义，所以必须制定规则——法律。

---

[1] 克罗伊登（Croydon），英国大伦敦南侧的一个区。

[2] 罗伯特·皮尔爵士（Sir Robert Peel），组建了伦敦第一支训练有素的警察队。

[3] 算是一种自行车防盗方式，不过一般是在车架上刻上邮编。

世界上最初的法律条文就是十诫[1]，是上帝留在山上的。即使上帝已经死了，其中大部分条文——杀戮[2]、神圣不可侵犯[3]和不得打扰牛[4]——至今仍在使用。那是因为它们被刻在石板上，永远不能被遗忘，就跟埃德·米利班德写在石板上的内容一样。[5]

如今，法律涉及方方面面，不管是抄袭音乐还是偷衣服，明摆着都是违法行为，哪怕你穿着 Topshop[6] 的衣服走出店门，辩解称自己忘记了还在试穿也不行。

人们认为惩罚的力度应该与罪行相当，但是，如果你偷的是火车呢？这样他们就得从你那里偷个火车回来才能扯平。可是如果你原本就有火车，那么一开始就不会去偷了，这样一来，他们只好把自己的火车带回去了事，然后你就无罪了。这事听起来总觉得有哪里不太对。

如果社会认为某种行为是错误的（比如偷窃或者谋杀），而你却不同意社会的观点，那么所有赞同你的人，连同你在内，都会被关进监狱。这样就皆大欢喜了。

想想看，如果没有警察，我们就可以做自己喜欢的事，那多好啊。但是，如果那样，警察就没法做他们喜欢的事了（当警察）。这

---

[1] 十诫（Ten Commandments），是《圣经》记载的上帝借由以色列的先知和众部族首领摩西向以色列民族颁布的十条规定。

[2] 出自第六诫：不可杀人。

[3] 出自第三诫：不可妄称耶和华——你神的名字；因为妄称耶和华名字的，耶和华必不以他为无罪。

[4] 出自第十诫：不可贪邻居的房屋；也不可贪邻居的妻子、仆婢、牛驴，以及他所有的一切。

[5] 埃德·米利班德（Ed Miliband），曾任英国工党领导人。工党在 2015 年英国大选期间委托制作了一块大石碑，名叫“埃德石”（EdStone），上面刻着六条竞选誓言，以及工党标志和领导人埃德·米利班德的签名。

[6] Topshop，英国快时尚品牌。

侵犯了他们的人权。

关于犯罪的几个无解问题

- 如果警察触犯了法律，他能逮捕自己吗？
- 超市伏特加酒瓶上的那些防盗扣直接连着警察局吗？
- 为什么警察不再使用他们的塔迪斯[1]了？

[1] 塔迪斯（TARDIS），英国科幻电视剧《神秘博士》中的时间机器和宇宙飞船，外形是英国伦敦的警察亭。

菲洛梅娜·康科

Cunk, Philomena

如果你连自己都不了解，那么知道再多所谓的知识也没有用。于是我填写了这份问卷。这没法帮助你了解自己，因为里面的内容都与我有关，而它确实帮助我了解了自己，所以没准也能帮到你，尤其是你可以无视我的答案，自己在脑海中作答。就这么简单。我不知道佛教徒对此有什么好小题大做的。[1]

名字？康科。

姓氏？菲洛梅娜。

生日？是的，每年都过。

身高？ 5.1 米。[2]

体重？ 5 英尺 10 英寸。[3]

星座？白杨座。[4]

最喜欢的食物？果冻和冰激凌。

什么时候最快乐？就刚才。想着果冻和冰激凌的时候。

如果能任意选择生活的地方，你会住在哪里？斯蒂夫尼奇[5]，或

---

[1] 修习佛教的目的就在于了解自我，发现生命和宇宙的真相，最终超越生死和苦、断尽一切烦恼，得到究竟解脱。

[2] 原文如此。

[3] 5 英尺 10 英寸约为 1.78 米。

[4] 作者有意写了一个十二星座中没有的名字 Aspel。

[5] 斯蒂夫尼奇（Stevenage），位于英格兰赫特福德郡的足球俱乐部。

者某个火山。

曾经希望长大后成为什么人？埃姆林·休斯[1]。

最喜欢的目的地是哪里？楼上。

如果房子失火，你会抢救哪一样东西？我的房子。

最近看过的电影是？《肥佬教授2：孪生变》。

有史以来最喜欢的电影？《肥佬教授2：孪生变》。

你会讲另一种语言吗？为什么要会？

上一次哭是什么时候？看《肥佬教授2：孪生变》的时候。

家里有其他的动物吗？烤鸡和蜘蛛。

哪首歌对你来说意义非凡？狮子王唱的《艾尔顿·约翰》。[2]

在现存和已逝的人中，你会邀请谁来参加你的梦幻晚宴？卡罗尔·沃德曼[3]和《极地战将》[4]里那个雪怪。还要有一个会做饭的人（可能是毛毛骑手[5]之一）和一个懂餐具的人（不是毛毛骑手，他们看起来好像是用脚吃饭的）。

你的初吻发生在何时何地？ 1986年。胳肢窝。

---

[1] 埃姆林·休斯（Emlyn Hughes），英格兰的足球运动员。

[2] 艾尔顿·约翰（Elton John），英国歌手，电影《狮子王》（*The Lion King*）主题曲 *Can You Feel the Love Tonight* 的演唱者。

[3] 卡罗尔·沃德曼（Carol Vorderman），英国媒体人，主持人。

[4]《极地战将》（*Abominable Snowman*），科幻恐怖冒险电影，该片讲述了一群探险队员到喜马拉雅山去探险，意外地遇上了一头雪怪，并且逐一死于雪怪及自己的恐怖的故事。

[5] 毛毛骑手（Hairy Bikers），大卫·迈尔斯（David Myers）和西蒙·“西”·金（Simon "Si" King），英国电视台的厨师。

Cunk on Everything

黑暗时代[1]

Dark Ages, The

我们对黑暗时代并不了解，几乎没有什么记录，它就像是那个时代的 BBC 第四频道。

对于黑暗时代，我们几乎一无所知，我们甚至不知道它到底黑不黑，是不是持续了很多年，对于我们来说它就是一个谜，而它的名字没有反映出这一点来很不正常，它应该叫“谜之时代”才对。从某种程度上来说，它就像是没有访客记录的爱彼迎民宿，或者猫途鹰点评网站上没人评价过的地方。在黑暗时代，任何事都有可能发生，也可能不会，或者早就发生过了。

[1] 黑暗时代，指的是中世纪前期，这一时期战争频发，帝国灭亡，经济和文化衰退。

民主

Democracy

自然界中的一切（可能雏菊和瀑布除外）都会经历残酷的权力斗争。动物和怪物为了决定谁是主宰者而不断斗争，但是与动物和怪物不同，人类不必为了权力而战：我们都是用投票来解决问题的——如果不是为了所谓的民主，投票简直是浪费时间，因为要在一所你甚至都不会去上的小学里站上半天。[1]

英国常常被称为世界上最古老的民主国家，回顾近百年的历史，我们举办过大约 20 次全民都可以参加的选举。我们很难想象遥远的过去，也很难将莎士比亚、巨石阵和亨利老八[2]的故土与漫长而自豪的民主时代联系在一起。想象一个没有蒸汽火车和电脑等现代化便利设施的国家很简单，但是想象没有英式民主的国家却很难。

但是，如果基本学程第二级历史（修订版）（the Keystage 2 history revision）的比特塞斯[3]测试页面可信的话，那么民主的历史甚至可以追溯到更早的时期。民主、酸奶[4]和三角形[5]一样，诞生于希腊，也是由罗马人发明的。“民主”一词源自希腊语“democratic”，意思是它已经存在很久了。[6]

[1] 英国选举时各选区会设立投票站，一般都设在教堂、学校等场所。

[2] 即亨利八世（Henry Ⅷ），后面有关于他的章节。

[3] 比特塞斯（Bitesize），英国广播公司为英国学龄学生提供的免费在线学习资源。

[4] 一般认为酸奶起源于小亚细亚游牧民族，他们为了保存羊奶而发明出制作酸奶的方法。而目前普遍流行的希腊酸奶水分含量较少，口感丰厚，较普通酸奶有更多的蛋白质。

[5] 这里指的是古希腊数学家毕达哥拉斯证明的毕达哥拉斯定理（勾股定理）。

[6] Democratic 中的词根 demo- 和 -crat 都源自希腊语，意思是“由人民统治”。

民主有可能是跟着老鼠来到英国的，在过去，东西都是这样进行传播的，说不定它们把一些民主给吃了。老鼠什么都吃。

不过，民主是什么呢？

所谓民主就是说，你是谁并不重要，你的选票也一样——不重要。

现代非希腊式的民主诞生于800年前的盔甲骑士时代，在兰尼米德（听起来比它本身更糟）。和现在一样，英国过去是由国王或者女王统治的——只不过在那时，他们被视为神一般的存在，而不是某个由《切尔西制造》[1]打造出来有点小钱的人。你看看历史就知道了，皇室的行为简直烂到了家，最后人民起身反抗，逼着约翰国王签署了一个叫“大岩浆”[2]的东西。

根据谷歌翻译，“Magma Carta”是拉丁语，意思是“卡纸火山”[3]。没人知道其中缘故，但它就像卡纸火山一样动摇了英国。如果它在莱斯特[4]爆发，就会让所有人淹没在瓦楞纸岩石中，然后连串的碎纸摧毁整个地区，导致紧急救援很难展开。

“大岩浆”本身并不是卡纸火山，而是一种功能菜单，告诉人们可以享有哪些权利和“反权利”。[5]它是在一棵紫杉树下被签署的。

---

[1]《切尔西制造》（*Made In Chelsea*），英国一档真人秀，记录英国各地有钱而肤浅的年轻人的生活，以及他们在世界各地的旅行。

[2] 这里所说的“大岩浆”（Magma Carta）其实指的是“大宪章”（Magna Carta）。1215年6月15日，英国国王约翰在英国泰晤士河的兰尼米德草地被迫签署了宪法性文件《大宪章》。该文件在历史上第一次通过法律限制了封建君主的权力，确立了“王权有限，法律至上”的原则。

[3] Magma Carta，这里作者是取其字面意义。Magma的本义是“岩浆”“熔岩”，Carta的本义是“书信”“纸牌”，结合下文中作者关于“cardboard volcano”的恶搞，故这里直译为“卡纸火山”。

[4] 位于英格兰中部，是英国一个历史悠久的城市，过去一直是英国中部繁盛的商业中心。

[5] 原文是right and left，right也有“权利”之意。

当时的紫杉树还没被赋予其他含义，它只是一棵树，而不是电台性变态的综合消息。[1]

很快，英国便有了自己的议会，通过简单而正式的“砍头程序”，就可以阻止国王为所欲为。但是到了1605年，议会变得十分可恶，甚至差点被叉子的发明人盖伊·叉子[2]炸毁。不过英国议会最终得以幸存，坐落在世界上最具标志性的建筑当中——民主之家：霍格沃茨。[3]

在英国，人民给代表人民的人——比如吉祥物——投票。每个吉祥物都被称为“国会议员”（MP），可以代表议会。一个“议员收留所”里有100个MP。[4]过去，只有男人可以投票，但是有一天，一个名叫“受难者喷气机”[5]的女士被骑着马的国王撞倒了，为了补偿她，女性获得了投票权，可以决定最终国家由哪个男人来主宰。自打女性获得选举权以来，曾出现过11个工党政府、10个保守党政府和两个联合政府。现在，英国人人都可以投票，不过未满18岁的、正在蹲监狱的，以及失踪人口除外。

反对民主的人是阿道夫·希特勒。他曾试图入侵英国，并以独裁者的身份统治那里，尽管他只是为了拿回自己的“蛋蛋”——双

[1] 这里指的是“紫杉行动”(Operation Yewtree)，这是一项针对英国媒体人吉米·萨维尔(Jimmy Savile)和其他人的性虐待指控（主要是虐待儿童）的警方调查。后文有关于他的介绍。

[2] 真正的名字是盖伊·福克斯（Guy Fawkes），天主教“阴谋组织”的成员，为了完成刺杀任务，准备在1605年议会开会期间炸掉上议院。但是，任务尚未完成就被发现了。

[3] 霍格沃茨（Hogwarts），是小说《哈利·波特》中的魔法学校。英国议会的所在地位于威斯敏斯特宫。

[4] 英国议会由上院（贵族院）、下院（平民院）和国王共同组成，行使国家的最高立法权。其中下院议员由选举产生，共650个席位。这里作者刻意把议会说成“议员收容所”，把议员席位错说为“100个”。

[5] 受难者喷气机（Sufferer Jet），是指妇女参政论者（Suffragette），她们是20世纪初叶英国和美国妇女争取选举权团体的成员。

重间谍将它放在国家音乐厅，却通知他“蛋蛋”在阿尔伯特音乐厅。[1]现在我们仍然不清楚他的“蛋蛋”到底是怎么遗失在那里的——可能是他在打高尔夫的时候下手太重——幸运的是，希特勒不曾来到英国，而且临死前还在打高尔夫，最后死在了沙坑里。[2]

英国是一个民主国家，但是仍然有三分之一的人不愿意投票，于是，他们行使自己民主权利的方式便是抱怨。抱怨和投票有点类似，只不过不需要跑到小学校站在橱柜跟前，你想什么时候抱怨就可以什么时候抱怨。对于腿脚不好的人和狗来说，这倒是很方便。

民主有点像游戏《收割机》，你可以随心所欲地选择自己想要的东西，否则你就会一无所有。这就是民主的绝妙之处，你不必用一堆沙拉来掩饰碗里有五根香肠的事实。你不必站起来参与其中，只要你愿意，就可以选择坐下来被人忽视，因为这是你的民主权利：你可以选择轻于鸿毛，而这一选择本身重于泰山。只要你愿意，全都取决于你。

为什么要用叉号？

没人知道为什么投票的时候要在选票方框里画叉号而不是勾号，也许这是因为画一个叉号需要两笔，花的时间比只有一笔半的勾号要长。也就是说，你会花更多的时间来考虑一个重要决定：让谁来成为国家里最有权的人。

[1] 源自二战时期的一首英国歌谣：“Hitler has only got one ball. The other is in the Albert Hall. His mother, the dirty bugger. Cut off the other, when he was only small.”大意为：希特勒只有一个“蛋蛋”，另一个“蛋蛋”被扔在阿尔伯特厅。在希特勒小的时候，他的母亲割掉了他的一个“蛋蛋”。

[2] 一般认为，希特勒于 1945 年 4 月 20 日在柏林地堡中开枪自杀。

消化

Digestion

和所有动物一样，人需要食物才能生存。食物被分解成一种身体可以吸收的形式，这个过程就叫作“消化”，也就是“吃饭”的专业说法。

消化是从我们头部的通道——嘴巴开始的，如果没有嘴巴，消化系统的其他部分就很难获得食物，因为食物被装在盘子里，隔得太远，哪怕是最强壮的胃也够不着。某种程度上也可以说消化是从手开始的，因为我们要用手拿刀叉。我和一些人出去吃过饭，他们直接把脸伸进餐食里吃。他们是“人”，不过我只和他们吃过一次饭，因为他们的吃法被我当成一种警告——不过，科学界还是得把这些怪人考虑进去。

食物在嘴里经过牙齿的咀嚼（如果是果冻，就会从牙缝间滑进去），并与唾液充分混合。有趣的是，假如上菜之前，有人在你的食物里加了唾液的话，就会被视为一种卑劣的侮辱——不过如果你是迈克尔·温纳[1]的话，那就另当别论了——而且还会令他们在猫途鹰的评分至少损失一颗星。不过这样做是不会让你的食物消化的，除非多吐点口水在上面。

沾了口水的食物随后会来到“鸵鸟道”[2]，这是以鸵鸟命名的部

[1] 迈克尔·温纳（Michael Winner），英国电影导演和制片人，《星期日泰晤士报》的餐厅评论家。他对食物的辛辣点评让很多餐馆都将他列为不受欢迎的客人。

[2] 鸵鸟道（ostrophagus），指食道（oesophagus），二者发音相近。

位，因为它们总是把椰子卡在脖子里，就像漫画里画的那样。鸵鸟道是一根管子，向下直达胃部，食物从嘴巴到胃部一路上都是由肌肉来推动的。如果这根管子能短一点，比如说，胃长在肩膀那个高度的话，就不会那么累了。不过幸运的是，我们可以为“吃食物”所需要的肌肉提供动力，而“吃食物”所需要的肌肉动力来源，正是我们正在吃的这些食物。

人体内有很多管子，它们并非全都是用来吃东西的，有的是用来保证血液流通的，有的是用来呼吸的，还有的是用来做互联网宽带的。当食物被咽下肚时，有个盖子[1]会封住我们的气管，阻止食物

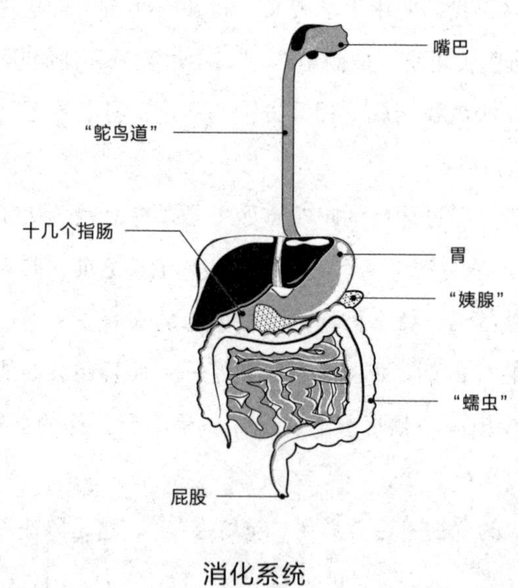

消化系统

[1] 指会厌软骨。

因进错管子而误闯我们的肺，那里不需要食物。没人希望那样的事情发生。试想一个装满蔬菜汤的气球，如果在长颈鹿餐厅吃完冰激凌后你的肺也变成这样，那你得多难过呀。

食物在经过胃之后就会去往别的地方。图中的这部分东西有点挤，很难看出来到底是什么，这有点像某种全套英式早餐。有的部分看起来像肥硕的蠕虫，还有的长得跟靠垫一样，但似乎它们都蛮重要的。上面标注了它们的名称，可是我看不清线条所指都是哪里。有肝脏、“姨腺”、“十几个指肠”，食物经过上面所有这些器官来发挥作用。最后，我们吃的食物就消失了，它完成了自己的使命，没人知道它去哪儿了。

位于消化系统图下方的是最好的部位——屁股，或者用科学家的话来说，叫“肛门”。这个拐弯处就是生产“巧克力”的地方（牛奶、牛奶、柠檬水等）[1]。没人知道“巧克力”是从哪里来的，这是人体的众多奥秘之一，它能毫无来由地产生那么多恶心的东西。

[1] “牛奶，牛奶，柠檬水”源自一首儿歌：“Milk, Milk, Lemonade, Push the Button, Fudge is Made”。大意是：牛奶，牛奶，柠檬水，按下按钮，软糖就做好了。孩子们在唱歌的同时会做一系列动作：“牛奶，牛奶”分别指自己左右两侧的胸部，“柠檬水”则指自己的生殖器，“按下按钮”即按下自己的肚脐，“软糖做好了”则指向自己的屁股，表示完成。作者在这里把“软糖”换成了“巧克力”。

恐龙

Dinosaurs

在真正的远古时代，甚至远在远古时代之前，地球上唯一的居民就是恐龙。恐龙是一种巨型的咆哮怪兽，就像《公主新娘》里的那个大家伙一样。[1]

恐龙的种类繁多，主要分为“横爬恐龙”和“直立恐龙”。“横爬恐龙”吃草，“直立恐龙”吃“横爬恐龙”，就像狮子和被狮子吃的琴键条纹马一样。

横爬恐龙

直立恐龙

[1]《公主新娘》（*The Princess Bride*），冒险喜剧电影，这里说的“大家伙”是指绑架公主的歹徒之一，巨人菲兹克（Fezzik）。

恐龙统治了一个又一个时代，就这一点来说，它非常像我们的女王。后来它们被胆小无趣的老鼠一般的生物所取代——这些生物大部分时候都躲在草里，就像我们的查尔斯王子。

恐龙被干掉了，我们不知道是谁干的。有的专家认为，恐龙之所以灭绝是因为它们在地底下爬行，钻进岩石，搞得自己呼吸困难。这样的怪物也未免太傻了，还活个什么劲儿呀？干掉了恐龙的那东西，就像电影里的某种恐怖生物一样，最终把它们全变成了石头。不管那东西是什么，我们都希望它永远别再出现。

有的科学家说，恐龙转化成了鸟，可是恐龙那么重，根本飞不起来，它们可是石头做的。所以，这只是一种疯狂的说法而已，应该与“地球是扁平的”和“地球是圆的”归为一类。

如今，我们不必跑去美国的侏罗纪公园也能见到恐龙。和大多数东西一样，我们英国也有了自己的公园，只不过不怎么样。伦敦有一家名叫“自然历史陈列馆”的维多利亚动物园，里面就有恐龙。不过，如果你目睹了它们恶劣的生活环境——它们饿得只剩下骨头了，真的——就会为竟然还有几只恐龙能留下来这件事而感到惊讶。知名影片《象人》讲述的就是恶毒的维多利亚人虐待这样一只恐龙的悲惨故事。

神秘博士

Doctor Who

《神秘博士》是一档电视节目，讲的是20世纪六七十年代为英国广播公司工作的怪人的故事。

这个身着奇装异服的男人，用果汁软糖诱惑小孩，并承诺为他们定制梦想旅行，带他们认识名人和重要人物，以此来劝说他们跟他一起进入壁橱[1]。他领着他们离开了家，孩子们和他在一起的时候总是身陷险境，所以尖叫个不停。他所做的每一件事都是针对孩子的，然而奇怪的是，因为孩子们真的很害怕，而且他所做的事又会深深烙进他们的记忆里，所以他们长大后都变得怪怪的，无法考虑其他事情。

这个故事纯属虚构而且十分牵强，而这也是它的乐趣所在。因为它有点吓人，所以幸好它并不会发生。

[1] 这里指的是时间机器塔迪斯里的壁橱，用来放各种有用的东西。

末日审判书[1]

Domesday Book, The

1086年，有一本书出版了，它就是当时的《当代五十度灰》。只不过它的名字更不吉利，听上去就像是僵尸统治下的生存手册。

《末日审判书》并没有那么阴暗，尽管它听上去特别阴暗。“没关系，没什么好担心的——只不过叫作《末日审判书》，我只需要知道你的一切信息……”因为这本书就是这样，一份涉及全国所有人的古老而又冗长的清单——他们住在哪里，拥有什么东西，它就是中世纪的“脸书”。它知道每个人的每件事，也是由每个人的每件事所写成的。

委托编写这本书的是国王威廉一世，他算得上是马克·扎克伯格的大前辈。但与如今的马克·扎克伯格不同，他对税收非常感兴趣。这就是他要求编写《末日审判书》的理由，尽管他并不需要理由。当国王唯一的好处就是有权要求一些蠢事。

《末日审判书》上列出了两种主要职位：农民和非农民。农民们住在满是鸡屎的茅草屋里，水很脏，于是大家都喝啤酒，唯一能吃的就是面包。对于麸质不耐受的人来说，这段时期一定十分难熬，但幸好那会儿还没人是中产阶级，所以他们就忍受了这一切。

这本“伟大的英国大盘点”记录了一切：田地，绵羊，虫子，

---

[1]《末日审判书》，正式名称为《土地赋税调查书》或《温彻斯特书》，又称“最终税册”，是英王威廉一世下令进行的全国土地调查情况的汇编。编写目的在于了解王田及国王的直接封臣的地产情况，以便收取租税，加强财政管理，确定封臣的封建义务。

甚至云彩，它就像谷歌街景一样，编写完成之后，却早就过了时。尽管如此，《末日审判书》还是凭借自己的独门技术，单枪匹马地将又哭又闹的英国拽进了中世纪。

如今，《末日审判书》仍在出版，这实在不是明智之举，因为它难以阅读，也没人读完它。它简直就是那个时代的互联网。

盛装舞步[1]

Dressage

让马跳舞，不可思议。他们应该多举办点这样的活动。比如，让奶牛写小说，或者让驴子比赛看谁的蛋糕做得最好。我不知道如果没人骑在马背上，马还会不会这样跳舞。这只能去马的“迪斯科舞厅”一探究竟了，不过我不知道那地方在哪儿。很可能它们只向其他跳舞的马做宣传，以防被“马警察”知道后勒令它们关门。

[1] 盛装舞步，又称“花样骑术”和“马场马术”，是马术运动的基础，为奥运会的比赛项目。

丹尼·戴尔
Dyer, Danny

丹尼·戴尔可能是他那个时代最伟大的演员。

生于1977年某一天的丹尼尔·花花公子·丹·戴尔[1]成名了，他首次出演的就是热门电影《周末狂欢》，他在其中饰演“半个剧名”。[2]但是，令他一举成名的可能是他在没完没了的电视剧《东区人》中饰演房东米克·卡特时的炸裂演技。

戴尔将自己敏锐的悟性和驾驭多种角色的能力注入工作当中。在史诗级浪漫电影《奔跑·脱单》[3]中，他饰演的约翰·史密斯完全没有辜负你的期待。他以本人的身份出现在《客从何处来》[4]中，发现自己也有祖先时的感人一幕得到了人们的大加赞赏。

他也是一位众所周知的直言不讳的评论家，他曾提议：割破前女友的脸是忘记她的一个好办法[5]；原谅马克·克莫德的方式就是撞破他的鼻子。[6]他肯定会成为下一个詹姆斯·邦德。

---

[1] 原名是丹尼尔·约翰·戴尔（Daniel John Dyer）。

[2]《周末狂欢》的英文片名为*Human Traffic*，作者这里说他饰演“半个剧名”，应该是吐槽他演的是human（人类）。

[3]《奔跑·脱单》（*Run for Your Wife*），英国电影，这部电影自上映起就遭到猛烈抨击，被称为有史以来最差的电影之一，票房口碑都很糟糕。

[4]《客从何处来》（*Who Do You Think You Are?*），一档关于家族寻根的系列纪录片，每集会请一位名人踏上旅程寻找其家族谱系。

[5] 戴尔曾经表示，年轻男性可以通过“割破前女友的脸，让她没人要”来结束恋情。这一评论受到英国媒体和公众的广泛批评。

[6] 戴尔表示想与影评人马克·克莫德（Mark Kermode）正面交锋——原话用的是“headbutt”一词，它的本义是“故意用头撞人”——因为克莫德曾在直播节目中批评并模仿戴尔。

E

Cunk on Everything

电
Electricity

电是一种能让东西发光、运转、移动，让头发立起来的东西。理解电最简单的方法就是用针织套衫摩擦气球，然后把气球放在头上，头发就会竖起来。那就是电。

因为气球很贵，所以发电站都用原子来发电。近距离观察，你就会发现，原子长得跟小气球一样，因为它们更小，所以也更便宜，我们买得起更多的原子，就能发更多的电。

如果没有电，头发就会一直贴在头皮上，太没劲。如果把充足的电收集在一起，就能变成一个灯泡，直接使用，要不然它的主要作用就只能是用来竖头发。之所以这么说，是因为如果你把手指伸进插座，那么首先竖起来的是你的头发，接着炸掉的才是你。坦白地说，这可能是为数不多的听起来比动手实践更有趣的实验。

电的单位有伏特、安培和瓦特。伏特表示有多少电，安培表示电跑得有多快，而瓦特表示你在意用了多少电。

“electricity”（电流）一词由两部分组成，“electric” 指的是 “与电有关”，而 “city” 指的是 “有很多电的地方”。为了把电送到有需要的地方，便有了电线。电线就像金属材质的头发，为了防止它竖起来——事实证明这是徒劳——人们把它藏在家中的墙壁里，或者缠在乡下的电缆塔上——电缆塔就是某种巨大的 “充电树”。

当然，所有科学家都会说，电能做到的可不止“气球竖头发”

这么简单，电还可以做成里面有闪电的玻璃球[1]，它们也能让你的头发竖起来；还有吹风机，它能用电吹干你的头发，就像从气球里吹出的空气一样，也能让你的头发竖起来。

不过，电也有可怕的一面——气球会破坏环境，会让海鹦窒息而死，还会被乌龟吞入体内。我们可以用更天然的方式来发电。风力涡轮机在不需要气球的前提下，就能让人们的头发竖起来，或许它们就是电的未来。总有一天，我们会有电动汽车，甚至电动电视，多亏了能让头发竖起来的风。

[1] 这里指的是静电球。

世界末日

End of the World, The

有些东西看上去似乎会永远持续下去：爱情，生活，还有电影《大开眼戒》[1]——但没有任何事物会永远存在。一切都会结束，总有一天，世界也会走到尽头。

一百万年前，一个名叫诺查丹玛斯[2]的科学家预言，世界将以一种名为“末世”的巨大混乱终结。“末世”一词是“世界末日”的书面说法，它指的就是太阳下山，这我们天天都能看见，难怪世界并没有像诺查丹玛斯说的那样终结。

但是，认为末世会到来的不止诺查丹玛斯一个，还有制作了《我的世界》的古代玛雅人，[3]他们曾经预言，世界将在2012年终结。然而事实证明，那一年终结的是Ceefax[4]。如果当时你年过六旬并且喜欢宅在家里，那么Ceefax倒确实是你的全部世界。

在维多利亚时代，一个来自约克郡的神秘主义者——希普顿修女[5]，预言了另一种末世。她住在山洞里，反正在当时看来总比住在约克郡要好，其实现在也一样。她写道，“世界将于1881年终结”，这一说法最近遭到了专家的驳斥，因为他们仔细观察四周后发现世

[1]《大开眼戒》(*Eyes Wide Shut*)，美国情色电影。

[2] 诺查丹玛斯（Nostradamus），16世纪法国籍犹太裔预言家。

[3]《我的世界》(Minecraft）是一款3D游戏，并非由玛雅人制作，而是通过三维动画软件Maya（玛雅）制作的。

[4] Ceefax，世界上第一个投入商用的图文电视系统。随着英国电视的数字化，Ceefax于英国时间2012年10月23日23:32:19彻底停止服务。

[5] 希普顿修女（Mother Shipton），据说是英国的预言家和先知。

界仍然存在。

预测世界末日是件很难的事，最好交给专业人士。这一方面最厉害的专家或许是耶和华见证人[1]，他们预言出1914年、1915年、1918年、1920年、1925年、1941年、1975年、1994年和1997年都是世界末日，所以他们真的越来越擅长预测了。有趣的是，他们并没有预言1986年至1991年间会出现世界末日，而在那段时间里，英国广播公司正好在播出粉刷装潢类情景喜剧《癫狂漆画》。

与末世有关的最著名的记载出自“畅销历史惊悚小说”《圣经》。就像电影《七宗罪》[2]一样，《圣经》也是以基于数字7的大规模杀戮终结的。一只七角七眼的羔羊打开了七个“海豹”[3]。第一个“海豹”里有四个末世骑士。你以为海豹不会吃马，然而末世总是充满了令人讨厌的惊喜。第二个海豹里有一匹红马，第三个海豹里有一匹黑马，而第四个海豹里是一匹灰马，所以事实证明，海豹最喜欢的食物就是马。[4]

第七个海豹里有七把小号，[5]当它们被吹响的时候，世界起火，有东西从空中开始落下——不是雪花或者鸟粪这类常见的东西，而

[1] 耶和华见证人，是19世纪70年代由美国人查尔斯·泰兹·罗素（Charles Taze Russell）所发起的一个宗教组织。他宣称能够算出世界末日的时刻，最初的资料来源于《圣经》的《启示录》。目前该教已被多个国家列为邪教。

[2]《七宗罪》（*Se7en*），美国惊悚悬疑片，该片以罪犯约翰·杜制造的连环杀人案件为线索，从警员沙摩塞和米尔斯的视角，讲述了“七宗罪”系列谋杀案的故事。

[3] 实为“七印”（seven seals），seal也有“海豹”的意思。七印是《圣经》中描述有关末世的一个概念，那时七印将要被揭开。

[4] 七印中的前四个是骑士。第一印是白马骑士，象征瘟疫；第二印是红马骑士，象征战争；第三印是黑马骑士，象征饥荒；第四印是灰马骑士，象征死亡。

[5] 第七印被打开后，七位天使被赐予七只号，他们挨个将号吹响，带给人类各种灾难。

是像山啊、星星啊这种庞然大物。这些东西不断地落下来，然后又是“七个什么”“七个什么”的[1]，简直比《金球》[2]还复杂。它就像是《一掷千金》[3]，每个箱子里都装着丑陋的农场动物，它们眼睛长错了位置，真的很吓人，比最初的邦戈熊[4]还要可怕。

也许《圣经》的作者把“世界终结”和“圣经终结”搞混了，因为《圣经》就是这样终结的。

想知道世界将如何终结就必须依靠科学。科学说，世界末日终究不会是一场带有巨大破坏力的乘法表。它很可能是人工智能——Speak & Spell[5]、Game Boy[6]和蓝牙音箱——发动起义，统治地球，或者是“人为的”气候变化——除非我们决定只使用“自然的”气候，或者是小行星的猛烈撞击，也有可能是超级火山爆发。很显然，美国下面就藏着一座超级火山。[7]但愿没人找到它，否则将会付出惨痛代价。

虽然我们曾经有过多次世界末日的感觉，但至少到目前为止，我们还没有经历过末世。不过，等这本书出版的时候，一切说不定都会发生变化，你可能会在一个满是碎玻璃渣的烧焦的坑里阅读这

---

[1] 这里说的应该是由七号引出的对七碗的审判。《圣经》中的七印、七号、七碗，指的都是上帝对罪恶世界的审判，在天上每揭开一印，地上就是一样灾难。七印、七号、七碗彼此关联，七印是七号的前奏，七号引出七碗，随着末世的接近，审判日益加重。

[2]《金球》(*Golden Balls*)，英国一档益智类综艺节目，考验参赛者的算计能力和人性。

[3]《一掷千金》(*Deal or No Deal?*)，一档源自荷兰的电视游戏节目，节目中的关键道具就是手提箱。

[4] 邦戈熊(Bungle)，英国儿童节目《彩虹》(*Rainbow*)中的一个人物。最初，它的脸很突出，肚子也很白，因为一些年轻观众对它的外表感到恐惧，所以从第二部开始它的造型就更接近卡通人物了。

[5] Speak & Spell，一款手持式的儿童计算机。

[6] Game Boy，日本任天堂公司的第一代便携式掌上游戏机。

[7] 这里指的是美国黄石公园地下的超级火山，其喷发的碎屑能够埋没半个美国。

本书，大家互相抠着伤疤充饥，为了争抢一个带有放射性的蒂娜·特纳[1]而打架。如果真是如此，那么或许我只能说："保重——最后再看一眼我们美丽的世界。"

---

[1] 蒂娜·特纳（Tina Turner），美国女歌手，人称摇滚女王。

环境

Environment, The

环境就是我们周围的一切事物，不过不包括那些有趣的东西，它指的是天空、土地、彩虹、山丘、黄蜂还有蘑菇。当你开车经过它们的时候并不会留意，可是一旦它们（比如天空）不见了，你马上就会希望它们回来，担心万一需要飞到什么地方度假，没了天空可就飞不成了。

在城市出现之前，“环境”并不存在，因为它就是人们生活的地方，不需要被冠以特别复杂的名称，也不需要受到过多关注。可一旦人们进入城市，发明了“前门”这样的现代设施，环境就有了用武之地。[1]

诗人是最先注意到环境的人，他们很像从前的嬉皮士，只不过更招人烦。有的诗人不甘只写《前门颂》这样的烂诗，于是打算外出寻找新的创作灵感，[2] 所到之处——用他们自己的话来说，“孤独地漫游，像一个小丑”[3]——就是如今被我们称为“环境”的城市之外的地方。他们看到鲸鱼、刺猬、卷心菜和粉笔的处境十分糟糕，而

---

[1] 在作者看来，“环境”就是乡村原野，没有城市的时候，“环境”到处都是，有了城市，有了房屋，那么房屋外面的非人居住的地方才叫“环境”，所以“前门”就是“环境”和“非环境”的分界线。

[2] 这类诗人被称为“湖畔派诗人”，他们喜爱大自然，描写农村生活，厌恶资本主义的城市文明和冷酷的金钱关系，他们远离城市，隐居在昆布兰湖区和格拉斯米尔湖区，由此得名“湖畔派”。

[3] 出自英国诗人威廉·华兹华斯的诗《我孤独地漫游，像一朵云》（*I Wandered Lonely as a Cloud*），作者有意把 cloud（云）写成了 clown（小丑）。

人们却坐在椅子上，由四个戴假发的管家扛着四处转悠。他们认为必须要做些什么，而这个“什么”就是写诗。难怪直到今天，环境状况一直都没变过，因为唯一关心它的人是一群“嬉皮士”。

例如，过去在城市里，人们会直接向河里拉大便，也就是说，喝水的时候，你必须像吃果冻一样用牙齿把那些“精华”给撇出去。很快医生就发现，河里的粪便引起了多种像水球那样的疾病[1]，所以，当初保护环境采取的第一步，可能就是让人们使用带有下水管道的马桶，以阻止他们拉在河里。即使在今天，为了防止海水受到维多利亚时代疾病的污染，给便池里尽可能多地放入漂白剂和化学物质仍是很重要的一件事。

20 世纪 80 年代，为了帮助修补臭氧层空洞，所有人——涂鸦艺术家、西格西格人造卫星[2]，还有为罗兰·鼠[3]制作蛋奶馅儿饼的人——都不再使用喷雾罐了。[4]这一举措倒是挺成功的，毕竟空洞没有扩大至臭氧二层，如今的环境好得不能再好了，我们大可放心。

想想看，如果我们没有及时发现环境问题，结果会有多么糟糕。简直太可怕了！

[1] 此处的水球（water polo），应该是指水体污染（water pollution）。

[2] 西格西格人造卫星（Sigue Sigue Sputnik），一支朋克乐队。

[3] 罗兰·鼠（Roland Rat），英国电视节目中的木偶形象。

[4] 因为制作喷雾罐通常会用到氯氟烃（CFCs），它受到紫外线照射后，会生成氯原子（氯自由基），对大量臭氧分子产生破坏作用。

进化
Evolution

地球上最早的人是生活在海洋中的动物，直到它们中的一个——我们不知道它叫什么——发明出了腿。

虽然一种动物转化为另一种动物的方式解释了世界上有这么多不同种类生物的原因，但解释得不怎么样。为什么猴子变不成螃蟹？如果鱼能长出腿来，为什么不再多长四张脸或者一个螺旋桨呢？

所以，到底是谁制定了动物转化的法则呢？你可能会说是上帝，不过你错了，其实是另一个留胡子的老头——查尔斯·达令[1]。

1859年，在肯特郡的花园里，达令看见一颗苹果从树上掉下来，他就想，树上是不是有只猴子，那只猴子是从哪儿来的。于是，达令乘坐一艘名叫甲壳虫号[2]的游轮，收集了好多乌龟。与猴子不同，乌龟的行动非常缓慢，所以他能亲眼观察到它们的进化过程。

达令找到了一个新的爱好：思考。度假的时候，我们往往会思考各种奇怪的事，那是因为收不到邮件，思绪在漫无目的地转来转去。达令回到家后，就在花园里摆了一个大圆圈，这样他就可以绕着它不停地走，直到想出点什么。转啊转啊，达令说自己迷失了。

---

[1] 这里指查尔斯·达尔文（Charles Darwin）。

[2] 达尔文乘坐的其实是贝格尔号（HMS Beagle），也叫小猎犬号，不是甲壳虫号（HMS Beatle）。

可是，这不过是个圆圈而已，除非笨到不可救药，否则不可能会迷路。怪不得他只是个动物科学家，而不是圆圈科学家。

不管怎么说，达令是个裸体主义者[1]，也就是喜欢露屁股的人。猴子也喜欢，他的灵感没准就是从这儿来的。

达令是这样想的：人是猴子变的，猴子是鱼变的，鱼嘛……来自海边，还带着海藻之类的东西。数百万年来，甚至数千年来，所有动物都在忙着变来变去，那简直就是当时的互联网。他的想法也进化成了一本书。

起初，达令只给妻子看了他的书。原因是什么，你懂的，因为它非常无聊。换作是我，就会在里面多搞点恐龙，不过这样可能有风险，恐龙可不好搞到。

因为进化的过程是看不见的，所以很难令人信服，就像电或者骷髅一样。又因为进化大约需要好几百年，每一个经历过它的人都已经死了，所以很难证实。即使是现在，人类对进化的理解也没比猴子强多少，但是说不定有一天，我们会进化出能看见进化的眼睛，这就可以证明进化的存在了——用我们自己的眼睛。

在那之前，还会有人一直说，“拿出证据啊”，就跟那些在学校把我逼到垃圾箱跟前的人说的话一样。但是在某种程度上，我们能从身边找到证据，每一只我们遇见的猴子和恐龙都是这一过程的见证者；而毛毛虫进化成蝴蝶的瞬间，也是最美丽的证据之一。

谁知道蝴蝶迟早会变成什么，一个人？一只刺猬？一只超级毛

[1] 这里是作者对自然主义者（naturalist）的戏称，因它与裸体主义者（naturist）发音相近。

毛虫？甚至是彩虹？这就是生命的奇迹。

总之，有一件事是明摆着的：如果没有进化，我们人类今天就不会存在。或者即便存在，我们也不过是长臂猿。没人想当长臂猿，就连长臂猿自己也不想。看看它们的屁股你就懂了。

进化心理学[1]
Evolutionary Psychology

进化心理学是一门非常重要的学科。它很重要，以至于教授都为它写书，但它又没那么重要，以至于在学校就能学到，跟数学（或者午餐）一样。

进化心理学自称可以解释我们基于以往生活——也就是我们还是原始人时候的生活——行事的原因。这乍听起来很有道理，但是它的确也很有道理。

所以，举个例子，为什么我们在突然听到巨响时会跳起来？响声本身并不可怕，它没有尖牙利齿，也没举着电击枪，更不会贴停车罚单。但是，进化心理学（这几个字现在好打多了，我已经从网上复制粘贴下来了）认为，我们之所以会跳起来，是因为担心那声音是恐龙爆炸发出来的。在我们还是原始人的时候，恐龙才是真正的威胁，特别是它们快爆炸的时候。

我们可以把这种原始人思维应用到各种行为当中。比如，人们为什么要跑着上班？可能你会说早上起来的头等大事就是锻炼身体，但是进化心理学告诉我们，这么想的人很傻。这是一门很难的科学。人们奔跑是为了躲避危险，所以跑着上班的理由就很明显了：他们害怕自己的家呗。

[1] 进化心理学是现代心理学原则和进化生物学的结合，它试图用进化的观点对人的心理的起源、本质，以及一些社会现象进行深入的探讨和研究。

我们为什么要拍手？是为了发出声音表示认可吗？当然不是。拍手是因为我们有喜欢的东西，而我们不喜欢苍蝇落在我们喜欢的东西上，所以拍手是打死苍蝇或者吓跑它的最好方法——所以有句话说，“你身上没有苍蝇”[1]。

为什么我们喜欢 Tizer[2]？因为它是最好喝的饮料吗？不是（没有证据表明它是最好喝的饮料，尽管它确实是），是因为它将我们与原始人重新联系在了一起。原始人在猎杀怪兽后，一定会在冒泡的溪流中冲洗他们血淋淋的手，于是得到这种浅红色、冒着气泡的液体，它会让我们联想到活儿干得漂亮！（我要出去买点 Tizer。）

进化心理学甚至可以解释为什么我们憎恨自己的邻居（万一他们搬到隔壁是为了杀掉我们，就会让我们的家变得更可怕）和为什么人要生孩子（好让自己疲惫不堪，这样就没那么怕死了）。我还能继续写下去，不过这会儿我满脑子都是 Tizer。

---

[1] No flies on you（字面意思：你身上没有苍蝇），俚语，是指“你很精明，不会受骗”。

[2] 英国一款红色的柑橘味饮料。

F

Cunk
on Everything

脸书

Facebook

脸书就是一种开在电脑里的酒吧，你可以在上面与朋友会面、争吵，既用不着为酒水零食买单，也不需要忍受周围吵闹的酒吧游戏。

人们向脸书倾诉一切，但是有一件事它永远都不知道，那就是人的气味。因为脸书上没有洗澡或者吹风的按钮，所以我们无法真正了解脸书上的人——你可以把他们的气味想象得很美好，比如杏仁或者空气清香剂的味道，这会令你更喜欢他们。不过，接触过现实生活中的人，你就知道他们是什么味了——人味而已，很普通。这令他们少了几分神秘感。

等脸书想办法能让人闻见气味的时候，所有人都会大失所望，就跟他们现在一样。不过说不定那样更好。

虚假新闻

Fake News

虚假新闻是一种即使没有证据也能说服人们的东西。它骗你说世界充满危险，或者腐败不堪，或者是圆的。

以往虚假新闻只会出现在 4 月 1 日那天，报纸会假装发生了一些无聊的事情，主播会在《BBC 早餐》节目中将它们播出来，假装很可乐。但是，如今不止在 4 月 1 日那天，虚假新闻时时刻刻都会出现。这是个比圣诞节更糟糕的“使命偏离效应”。[1]

虚假新闻最初起源于互联网。在网上你可以造谣，不用承担任何后果，但是，如果一份报纸在头版造谣，那么几周后（有时是几年后），他们就得在另一份报纸里印上写着“致歉”的小方框，这起到了很大的震慑作用。

唐纳德·特朗普说主流媒体上都是虚假新闻，因为那上面报道的都是他做过的事。这很有道理，因为其中大部分听起来都像编的，可能是为了拍一部关于“熊要当总统”的电影吧。

老实说，就算是虚假新闻也没关系，真的，因为真实新闻太无聊了，所以才没人看。而且虚假新闻更好，因为都是你想到过的东西，所以没必要去看，读读标题就行了，这样还能节省时间读别的——虽然我们并不会去读。

[1] 使命偏离效应（mission creep），指行动偏离原定目标。这里言外之意是现在人们随时都过圣诞节，或者把所有节日都过成了圣诞节。

奈杰尔·法里奇[1]

Farridge, Nigel

2010 年 5 月，奈杰尔·法里奇像该死的雷神一样从天而降，于是世界变了。

法里奇——长得像个会尖叫的布偶[2]烟灰缸，说起话来就像吃了晚饭的希特勒——讨厌落选的欧洲政治家，尽管他自己就是个欧洲政治家，而且接连落选。不过，他对此倒是十分坦诚，领着工资却几乎不露面，以此来表现自己对这份年薪 10 万欧元工作的蔑视。

法里奇说自己是人民公仆（man of the people），可能因为他是个男的（man），而且属于人类（of the people），所以这门槛有点低。讽刺的是，这样的人满大街都是。

人们之所以喜欢他，是因为他是个勇敢的失败者。他没能在伊斯特利、索尔兹伯里、巴特尔、萨尼特、布罗姆利、白金汉宫[3]，以及第二次的萨尼特中当选议员。他曾经是英国独立党的领导人，但是在 2015 年辞职，接着复出，随后再次辞职，不久在新领导人辞职时又一次回归，此后又是辞职。他留下和离开的比例差不多也是 52：48。[4]

电视制作人不断地邀请法里奇上节目，向人们传达好消息。他

---

[1] 这里指的是奈杰尔·法拉奇，英国独立党领导人，曾于 2006 年至 2009 年、2010 年至 2016 年两度担任英国独立党领袖，属脱欧派。

[2] 布偶（Muppet），这里指的是《大青蛙布偶秀》（*The Muppet Show*）中的布偶形象。

[3] 皆为选区。

[4] 这个比例和英国支持脱欧 / 留欧的公投结果一样，作者在这里故意讽刺他。

喜欢受人关注，好像没有高台他就会彻底丧失安全感似的，像一个偏执的火车站。

他的宿敌是一群阴暗的人，跟光明会[1]有点像，他们被称为“大都会精英”[2]——这听起来就像一款电子游戏[3]，在其中你可以驾驶列车飞到遥远的星球学习制作手工面包；或者就像一家有点破旧的旅店，尽管竭尽全力装点门面，但是房间里仍然有冒充奶精盒的塑料顶针帽。[4]

法里奇想打败大都会精英，因为他和其他许多体面勤劳的前伦敦公学的普通学生一样，在成为国际精英政治家之前曾在伦敦金属交易所工作，而且现居西伦敦，所以他眼中所能看到的不只是大都会泡沫一般的好光景。祝他好运。

---

[1] 光明会（Illuminati），是启蒙运动时期成立于巴伐利亚的一个秘密组织。

[2] 是指生活在大城市，有教育、财富等方面优势的一群人，通常被认为不了解其他地方普通人的问题和观点。

[3] 有一款太空交易的电子游戏叫作“太空精英”（Elite），玩家可以自由地在太空中塑造他们自己的生活。

[4] 一次性奶精盒与塑料顶针帽在外形上相似。作者可能是说那些大都会精英表面上体面勤奋，但还是有很多露怯的地方。

时尚
Fashion

时尚指的是你现在该穿什么，不该穿什么，而不是你永远不该穿的东西，比如卡骆驰[1]或者男士比基尼，这关乎另外一种东西：品味。时尚和品味的区别在于，时尚总是在变化，而品味通常不会改变——除非他们把巧克力毁了，让“双层巴士”[2]尝起来跟毛线一个味儿。

时尚的作用在于，它让你过一段时间就对自己所有的衣服都感到失望。可能它在新衣服里下了药，就跟被下药的土耳其软糖一样，让你发自内心地想要拥有它，可一旦真把它买回家，你反而不想要了，因为土耳其软糖就是垃圾。（老实说，那些孩子在纳尼亚待了那么久，真令我吃惊。换作是我，肯定会回到衣橱边，试一下午的衣服。）

如今，时尚的变化日新月异，几周前才买的衣服，有可能就让你在今天看上去像个彻头彻尾的傻冒。真可惜，毕竟那件衣服还好好的。或许时尚的保质期应该再久一些，就像罐头或者路虎汽车那样。

不过，有些东西永远不会过时，比方说牛仔裤。人人都穿牛仔裤，除了女王。而且牛仔裤自打问世以来就没怎么变过，但是大家仍然

[1] 卡骆驰（Crocs），一家美国鞋业公司，主要生产运动休闲凉鞋，最大的卖点就是轻便、耐穿、防水。

[2] 双层巴士（Double Deckers），吉百利出品的英国巧克力。

喜欢穿，除了女王。也许女王不愿意穿与自己头衔读来押韵的衣服吧，[1] 难怪我们见不到女王穿着豆子或者机器。她应该融入现代社会，穿上属于自己的“女王牛仔裤”亮相。她可以穿绿色的牛仔裤，裤子上留出一个口袋，用来装皇冠，并在上面缝一个零钱袋——虽然她从不带钱。

[1] 牛仔裤（jean）和女王（Queen）发音相近。同样地，下文中的豆子（bean）、机器（machine）、绿色（green）也与女王（Queen）发音相近。

电影

Films

电影通常比一集电视剧（比如《淘宝记》）要长，但是不会长过一整部电视剧，比如《淘宝记》。

与普通的电视片不同，电影不会主动上门，除非你再也不关注它。你不得不去电影的“家”里拜访它，那是一个名叫“电影院”的大热狗摊。那里的热狗比你在家里用真香肠做的大，但不如家里做的好，所以吃起来更费时。这样一来，他们就得给你找个坐的地方。又因为没人喜欢看陌生人吃东西，所以所有的座位全都互不照面。然后，为了让你有东西可看，他们会放一部电影。

下面说说几部实际存在的电影。

《大白鲨》（JAWS）[1]

几个人出海去追捕一些桶，[2] 可能因为他们以为桶里有啤酒。接着故事发生了转折，桶下藏着一条鲨鱼，它知道人类喜欢桶，于是用桶做诱饵来捕人。这条机智的鲨鱼企图趁人们接近时自爆并杀死他们，但是这些人躲在水下消失了。对于所有人来说，这都是不幸

[1]《大白鲨》，1975 年的美国惊悚电影。

[2] 鲨鱼捕手用鱼枪猎捕鲨鱼，并将几只黄色的木桶用绳子拴在鲨鱼身上，一方面为了方便定位鲨鱼行踪，一方面利用木桶的浮力，防止鲨鱼潜入深海。

之中的万幸，除了他们当中的一个人，他真的逃出生天了。[1]

《四个婚礼和一个葬礼》(FOUR WEDDINGS AND A FUNERAL) [2]

很难理解这部电影的剧情：一些上流人士要去参加一连串活动，不过幸好他们有好多西装和连衣裙，[3] 所以洗衣店里什么都没有。重点不在这儿。我查了查，电影里明摆着是三场婚礼和一场葬礼，然后是另一场婚礼，这么说岂不是更好理解？ [4]

《炮弹飞车》(THE CANNONBALL RUN) [5]

只看过片尾，真的很棒！屏幕的一边滚动的是用人名写成的诗，另一边则播着像《你被陷害了》节目 [6] 一样的视频 [7]。

《公民凯恩》(CITIZEN KANE) [8]

黑白片。

---

[1] 真实的影片结尾是鲨鱼腾跃上了快要沉没的渔船，鲨鱼捕手跌进了鲨鱼口中，不幸惨死。警长将炸药丢进鲨鱼嘴里，并用枪引爆炸药炸死了鲨鱼。身着潜水服的海洋生物学家一直在水下，躲过了一劫。

[2]《四个婚礼和一个葬礼》，英国爱情轻喜剧电影，该片讲述了主人公查尔斯在参加四场婚礼和一场葬礼的过程中，与女孩凯莉相识、相恋的故事。

[3] 影片开头是一群人起床、穿衣打扮，准备参加朋友的婚礼。

[4] 按照电影中事件发生的时间顺序来看，确实先是三场婚礼，然后一场葬礼，最后又是一场没能进行下去的婚礼。

[5]《炮弹飞车》，香港动作片，成龙等领衔主演，影片讲述了一群来自世界各地的赛车手参加一场非法赛车的故事。

[6]《你被陷害了》(*You've Been Framed*)，英国的一档电视节目，观众可以向节目贡献家庭幽默视频，供大家娱乐。

[7]《炮弹飞车》的片尾除了列出演出人员名单以外，还播出了拍摄中的 NG 花絮。

[8]《公民凯恩》，1940 年拍摄的一部纪传体的黑白影片，该片以一位报业大亨孤独地在豪宅中死去为序幕，围绕他临死前说出的“玫瑰花蕾”一词，讲述了他一生不平凡的经历。

《向上帝调头寸》(NUNS ON THE RUN) [1]

如果你看过《音乐之声》或者《修女也疯狂》就会知道，修女在电影中开口唱歌是多么招人烦的一件事，因为它耽误了剧情发展，而且修女从来不会参与把艾伦·里克曼推出窗户[2]或者与恐龙战斗[3]这样的精彩片段。这部电影很有趣，因为里面没有唱歌，但它也没有什么精彩片段，所以它可能就是为了证明修女和电影不搭而存在的——来自上帝的警告。

《星球大战 2：星球大战反击战》(STAR WARS 2: STAR WARS STRIKES BACK) [4]

如果你看过第一部《星球大战的威胁》[5]，也许就能看懂这一部，但是有人跟我说那一部太烂——去他的吧——我直接看了他们说的最好看的那一部，然而它并不好看。首先，这一部里福兹熊[6]真的很老，而且也不搞笑，他们还错给他安了张科米蛙[7]的脸。所以，这

---

[1]《向上帝调头寸》，又名《被通缉的修女》，英国电影，主要讲述了两名犯罪团伙成员，与同伙一起成功抢劫毒品交易团伙的一百万后，打算吞下这笔巨款远走高飞，永远告别这种犯罪生涯的故事。

[2]《修女也疯狂》(*Sister Act*) 的主演玛吉·史密斯 (Maggie Smith) 在“哈利·波特”系列电影中饰演麦格教授。在《哈利·波特与死亡圣器（下）》中，麦格教授与艾伦·里克曼 (Alan Rickman) 饰演的斯内普教授正面决斗，斯内普教授后从窗户逃出。

[3]《修女也疯狂》的主演乌比·戈德堡 (Whoopi Goldberg) 曾出演电影《恐龙特警》(*Theodore Rex*)。

[4] 真名应为《星球大战 5：帝国反击战》(*Star Wars: Episode V – The Empire Strikes Back*)，是正传的第二部。

[5] 真名应为《幽灵的威胁》(*The Phantom Menace*)，这是前传的第一部，正传的第一部应为《星球大战 4：新希望》(*Star Wars: Episode IV – A New Hope*)。

[6] 这里指的是尤达大师，他的配音是弗兰克·奥兹 (Frank Oz)，此人也为《布偶大电影》的福兹熊配音。

[7] 科米蛙 (Kermit the Frog)，《大青蛙布偶秀》中的角色，是一群活蹦乱跳的布偶蛙。

个制作实在太不认真了。结局也很奇怪，就像杰里米·凯尔的节目一样，[1]说什么谁是谁的爸爸，[2]然后他就掉进一个洞里，他们抓住了他，这就结束了，他们甚至都没说发生了什么。他们应该在片尾搞点那种旧照片，配上文字，说说谁进了监狱，谁死了，或者放点花絮，就像《炮弹飞车》那样。

《驱魔人》(THE EXORCIST)

还没看。

《炮弹飞车 2》(CANNONBALL RUN II)

还没看。

《甘泉玛侬》(MANON DES SOURCES)

外国片。还没看。

《冰河世纪 3：大威龙驾到》(ICE AGE 3: THE NUT JOB)

动画电影。还没看。

《布劳恩直发器演示视频》(THE BRAUN ELEGANCE HAIR STRAI-GHTENERS DEMONSTRATION VIDEO)

这种东西我看了好多。想要在介绍的时候不剧透很难，但是这

---

[1] 杰里米·凯尔（Jeremy Kyle），英国广播和电视节目主持人，主持脱口秀节目《杰里米·凯尔秀》，帮助嘉宾试图解决生活中的重要问题和冲突。

[2] 影片最后交代了达斯·维德与卢克是父子关系。

片子值得你拷回去看。它从未在电影院上映过，我那份是在巴纳多儿童之家[1]的录影带里找到的，这是除《诺比特》以外我最喜欢的影片。

《诺比特》(NORBIT)[2]

不对，等一下。不是《诺比特》，我刚想的是《超级妈妈》。[3]这部还没看。

《超级妈妈》(BIG MOMMA' S HOUSE)

非常不错的电影。

《鸡鸡手爱德华》(EDWARD PENISHANDS)[4]

好得不能再好。别再翻拍了。

---

[1] 巴纳多儿童之家（Barnardo's），英国一家慈善机构，旨在照顾弱势儿童。

[2]《诺比特》，美国爱情喜剧电影，讲述了生性懦弱的诺比特被迫与凶悍的拉丝普提娅结婚，婚后备受欺凌的他重遇自己的梦中情人凯特，便千方百计地想要从痛苦的婚姻中解脱出来的故事。

[3] 因为《诺比特》中的拉丝普提娅是一个超级大块头女黑人，而《超级妈妈》中的“妈妈”也是一个超过 90 公斤重的人，所以作者才说自己记错了。

[4]《鸡鸡手爱德华》(*Edward Penishands*),《剪刀手爱德华》(*Edward Scissorhands*) 的恶搞影片。

弗兰金斯坦[1]

Frankingstein

很多人认为弗兰金斯坦是怪物的名字，然而并非如此，它是一本书的名字。

《弗兰金斯坦》一书是玛丽·雪莱在19世纪初度假期间写的。当时天气糟透了，所以和她一起度假的人都只好窝在房间里写书——也可能是因为他们忘了可以在机场拿一本。

玛丽的丈夫是非常有名的作家雪莱先生[2]，因为他名气最大，于是便由他来决定被困在室内时该玩点什么——尽管大多数人想玩的不过是“你画我猜”。他要求每个人写一个鬼故事，这有点霸道，因为玛丽可能想写情爱小说，但是他们全都上楼取出了打字机，而玛丽的那台最好。

别人写了些什么我们都不记得了，哪怕他们是名人。这些人的故事可能都符合要求，内容简短而且与鬼有关，但是玛丽搞砸了，她写的是电气和怪物。当时她才十几岁，如果你让一个十几岁的孩子回自己的房间，那么要是她吊儿郎当，不按要求做事的话，那你只能怪你自己。

《弗兰金斯坦》一书是历史上最早的科幻小说之一，甚至比角色

[1] 这里作者故意写错，实际应为《弗兰肯斯坦》(*Frankenstein*)。

[2] 珀西·比希·雪莱（Percy Bysshe Shelley），英国著名作家、浪漫主义诗人，被认为是历史上最出色的英语诗人之一。玛丽·雪莱是其第二任妻子，两人在外经历了多年的旅居生活。

都穿着睡衣的“老《星际迷航》”[1]还要早。在书中，维克多·弗兰金斯坦——以《回到未来》中的博士为原型，只不过他驾驶铁皮车回到了玛丽·雪莱的时代[2]——用死人的肢体制造出了一个肉体机器人，并且给它通电，让它动了起来。（当时的电只能靠电线将天上的闪电引下来。）这本书居然预测出我们从“云端下载”所需要的东西，真是令人震惊，不过这就是科幻小说的魅力所在。

如果你嫌《弗兰金斯坦》是用古英语写的而不想读它的话，那么我推荐一部不错的黑白电影，可以帮助你了解这个怪物长什么样。YouTube 上就有资源，记得搜索“Munsters”[3]，因为有人上传的时候把“Monster”给打错了。

---

[1] 《星际迷航》（*Star Trek*），美国派拉蒙影视制作的科幻影视系列，由 7 部电视剧、1 部动画片、13 部电影组成。在原初系列中，男舰员们穿着氨纶材质的半高领紧身衣，下身配以黑色修身长裤，女舰员们则一律穿着紧身超短裙。

[2] 电影《回到未来》（*Back to the Future*）中热衷发明的布朗博士将 Delorean DMC-12 汽车改装成了一台时光机器。

[3] 这里指的是《芒斯特一家》（*The Munsters*），美国情景喜剧，讲述一个善良的怪物之家的生活，其中男主角就是一个弗兰肯斯坦造型的怪物。这部剧与电影《科学怪人》（*Frankenstein*）是两码事。

充实学 [1]

Fullosophy

一位伟大的“充实家”曾经写道:“淘气，淘气，非常淘气。”[2]他知道自己在说什么，因为和所有优秀的“充实家”一样，他把所有时间都花在了思考上——只不过思考的是思想本身。

人类是唯一会提问的动物——猫头鹰除外，它总是想知道谁在那儿。[3]人们提出的问题有:“生命有意义吗？”“我来到世间是为了什么？”“那双鞋是怎么进到冰箱里的？”诸如此类。而最奇怪的问题莫过于“我是怎么想到这些东西的？”。

当你在思考这一问题时，思考思想是最难的一种思考，它会迫使你思考。这可能比写诗或者记住所有蓝精灵的名字还要难。幸运的是，有些黑白照片时代的人倾其一生都在进行这样的思考，以至于他们的大脑变得如此充实，于是被称为“充实家”。“充实家”的头脑比我们的强大，因为他们总在思考，就像你会让男人来帮你搬冰箱一样——不过他们只能用思想来搬。

第一批“充实家”诞生于古希腊，他们的名字大都类似于赫拉

[1] 这里其实指的是哲学（philosophy），作者故意写成 fullosophy。

[2] 出自苏格兰电子舞蹈乐队 The Shamen 的歌曲 *Ebeneezer Goode* 中的歌词：“A great philosopher once wrote: Naughty, naughty, very naughty.”

[3] 因为猫头鹰的叫声“hoo”和“who”（谁）的发音相近。

克利特[1]、皮特帕皮兹[2]和毕达哥拉斯[3]。后者的伟大想法就是世界上的一切问题都可以通过数字来解决，就跟在爱顾商城（Argos）一样。然而讽刺的是，希腊的 Argos 只囤了些毫无价值的东西，这主意是一个叫伊阿宋的家伙想出来的。[4]毕达哥拉斯最众所周知的发明就是三角形[5]，但是如果没有他的思想，世界将不可想象。因为那样就不会有 Dairylea[6]，我们也打不成斯诺克了。

毕达哥拉斯死于公元前 495 年，当时“充实学”非常流行。苏格拉底、亚里士多德、柏拉图，他们三位就像单向组合[7]一样，只不过留了胡子。他们在下巴上蓄着胡子，为了给脑子保暖——如果那里长了脑子的话。

柏拉图发明了“柏拉图式爱情”，在他之前，男人和女人不可能只做朋友，还得做爱。当然，处于柏拉图式关系的人实际上也非常想做，甭管他们嘴上怎么说。也许柏拉图发明的是假装不想做爱，这样反而能从中得到更多。他肯定就是这么做的，这个狡猾的渣男。

假装不想做爱这样的想法肯定损伤了人们的大脑，因为后来一直没有好的思想出现，直到 16 世纪勒内 · 笛 · 卡尔[8]出生。笛 · 卡

---

[1] 赫拉克利特（Heraclitus），古希腊哲学家，被认为是辩证法的奠基人之一。

[2] 其实是彼得 · 帕菲德斯（Peter Paphides），英国记者和播音员，父母都是希腊人。作者这里借他的名字来说古希腊人的名字。

[3] 毕达哥拉斯（Pythagoras），古希腊数学家、哲学家。

[4] 伊阿宋（Jason）是古希腊神话中的英雄，他率领 50 位阿尔戈英雄（Argonauts）去科尔基斯的阿瑞斯圣林取金羊毛。这里说“希腊的 Argos 只囤了些毫无价值的东西（noughts）”其实是因为 Argos 和 noughts 与 Argonauts 的发音相近。

[5] 这里所说的是毕达哥拉斯定理（勾股定理）。当然，毕达哥拉斯的成就远不止这个。

[6] 一种三角形的奶酪。

[7] 单向组合（One Direction），一支来自英国与爱尔兰的男子组合。

[8] 真正的名字应为勒内 · 笛卡尔（René Descartes）。

尔有句名言，“Cogito ergo sum”，拉丁语，“我思故我在”的意思。幸好他是用拉丁语说的，否则大家可能会以为他是个大力水手[1]，那样就没人会搭理他。

笛·卡尔想说的是，如果一切都存在于我们的大脑之中，那么我们怎么知道自己是否存在呢？答案当然是通过脚印。但是，我们怎么知道那就是自己的脚印，而不是别人的脚印呢？或者是画出来的脚印呢？就像机场地板上指示用的那种。而且我们怎么知道机场是真实存在的？毕竟大多数飞行都出现在梦中，所以很难说。

德国“充实家”弗里德里希·尼采甚至试图用“超人”的概念来解释现实，[2] 这太傻了，因为人眼发射不了激光，也不能徒手举起摩天大楼。难不成他们可以？

试图解释现实实在是太复杂了，即使是最聪明的“充实家”，解释起来也难免会让常人感到无聊。或许这是因为思考思想就像演唱一首关于唱歌的歌，或者观看一档关于电视节目的节目——比如《临时演员》[3]，反正不如最初的“临时”报纸[4]——一样无聊。

或许“充实家”应该想点来劲的事，比如失窃或者篝火之夜[5]。但是，思考篝火之夜并不能帮助我们理解现实，它只是帮助我们理

[1] 动画人物大力水手有一句名言：“I yam what I yam an' tha's all I yam”，意思是“我就是我，那就是我”。

[2] 尼采曾提出过“超人”哲学，宣称“超人”是在“上帝死了，要对一切传统道德文化进行重估”的基础之上，用新的世界观、人生观构建新的价值体系的人。

[3]《临时演员》(*Extras*)，英国情景喜剧，讲的是电视、电影和戏剧中的临时演员。

[4] Extra 除了表示“临时演员”，还有“号外”的意思，即针对重大新闻和特殊事件而临时编印的报刊。

[5] 篝火之夜（Fireworks Night），又称盖伊·福克斯之夜（Guy Fawkes Night），是指每年 11 月 5 日在英国举行的庆祝活动。

解焰火。也许笛·卡尔是对的，我们思考，因为我们存在。因为，你仔细想想的话，我们可能是存在的，如果我们不存在，那也就无所谓了。

关于“充实学”的几个无解问题

- 当人们改变想法的时候，旧的想法上哪儿去了？
- 为什么没有人像史蒂夫·马丁[1]那样拥有两个大脑？
- 如果你思考思想，你用的是脑子还是心思？是不是因为脑子里想着心思，所以它才没那么忙呢？如果脑子里想的是脑子呢？它会不会像打开太多窗口的低端笔记本电脑那样死机？
- 奶牛会尴尬吗？还是只有人才会感到尴尬？胡萝卜会有什么样的情绪？你能让欧洲萝卜感到羞愧吗？

[1] 史蒂夫·马丁（Steve Martin），美国演员，曾出演过电影《双脑人》（*The Man with Two Brains*）。

G

Cunk on Everything

权力的游戏

Games of Throne[1]

《权力的游戏》改编自莎士比亚的戏剧《指环王》[2]，是一部激动人心的史诗级连续剧，在电视、电脑和手机上都能看。故事发生在龙灭绝之前，和第一部《黑爵士》[3] 差不多的时代。

它带给人的观赏体验很诡异，因为大部分时间它都跟中世纪版的《切尔西制造》什么的差不多，只不过里面的人都在生彼此的气，看起来很严肃，还总用古话讲出很多虚构的东西。它太古老了，搞不好演员们的剧本都是挂毯做的。就在你厌倦了他们聊天、聊天、散步、聊天的时候，他们会和一些僵尸怪兽来一场壮观的大型战斗，或者龙飞下来对他们展开攻击，你会觉得耐着性子听完所有聊天或许还算值得，然后里面的人物又开始聊上了。

可能你以为这是档儿童节目，就像《哈利·波特》一样，因为里面有龙，但问题是它里面也有很多乳房，于是你明白了它是部成人片。关于乳房唯一值得一提的是，它们不是用来给婴儿喂奶的。剧里出现的乳房太多，仿佛你置身于某个古代的女子更衣室里。有人说这些镜头大可不必，但我觉得，它让我明白，虚构的中世纪女人的乳房和现代人的看起来差不多。这个知识点还是挺重要的，他

---

[1] 作者故意写错，正确拼写应为 Game of Thrones。

[2] 莎士比亚的戏剧应为《李尔王》（*The King Lear*），《指环王》（*The Lord of the Rings*）是英国作家约翰·罗纳德·瑞尔·托尔金（John Ronald Reuel Tolkien）创作的长篇奇幻小说。

[3]《黑爵士》（*Black Adder*），罗温·艾金森主演的英国情景喜剧，第一部背景是中世纪的英国宫廷，在英格兰玫瑰战争末期。

们肯定花了很长时间进行研究，不过还好有人研究得这么彻底——从剧里你就能看出来。

其中有位主角名叫琼恩·雪诺，当然，他那会儿还没去播新闻。[1] 年轻时的他是一个饱受折磨的战士，有一头亮丽的秀发，这可相当了不起：想想看，在一个充满暴力斗争的幻想世界中——加上龙和乳房的不断干扰，在暗淡的烛光下，要保持过得去的男性仪表是多么不容易的事。

《权力的游戏》讲述的不仅仅是琼恩·雪诺在踏入新闻界之前的中世纪奇幻故事，它还涉及许许多多的人，基本上都是英国演员，[2] 你应该在《骇人命案事件簿》[3] 和《摩斯警长》[4] 中见过，只不过讲的都是他们以前做的事，那会儿还有龙，所以这能让我们增长见识。如果你正在大学攻读历史学位，学习《骇人命案事件簿》中的嫌疑犯在他们还是妖精时所作所为的相关知识，这倒是个不错的复习方法。这部剧很受欢迎，很可能有一天会为此举办一场《大学对抗赛》，或者做一档一次性的特别节目，由身穿罩衫的杰里米·帕克斯曼主持。[5]

[1] 琼恩·雪诺（Jon Snow）是《权力的游戏》中的人物之一；乔恩·斯诺（Jon Snow）是英国的新闻播音员；两人同名。

[2] 参演《权力的游戏》大部分都是英国演员，因为原著《冰与火之歌》的创作灵感来自英国历史上的“玫瑰战争”。

[3]《骇人命案事件簿》(*Midsomer Murders*)，英国推理电影集，讲述总督察和他的年轻拍档凭借机智抽丝剥茧，悉破复杂凶案的故事。

[4]《摩斯警长》(*Inspector Morse*)，英国警察系列电视剧，讲述了牛津区的总监摩斯和他的同事侦缉警长解决许多神秘谋杀案的故事。

[5]《大学对抗赛》(*University Challenge*) 是英国一档智力竞赛节目。英国播音员杰里米·帕克斯曼（Jeremy Paxman）则一直担任该节目的主持人。

博弈论[1]

Game Theory

博弈论是对狗屁行为进行解释和辩解的一种方式，因为你已经在方格纸上全画出来了。

理解这一理论最简单的方法就是通过“囚徒困境”[2]的概念。首先，假设有两个囚犯，现在想象他们被隔离在不同的房间，然后想象警察对每个囚犯提出相同的条件：只要你承认罪行，就可以被无罪释放，而你的同伙要在监狱里蹲得更久。现在想象你已经全听明白了，如果你对博弈论感兴趣，那么这就是你的命运。

很诡异，对吧？可能你已经有黑白电影里杀人犯穿的开襟毛衣和眼镜了。

囚徒困境的问题在于，它忽略了真正的“囚徒困境”，也就是如何在扭曲的底层等级体系中守住你的地位。任何像这样脱离了现实的理论都没有理解的必要。幸好如此，因为我就没理解。此外，它还忽视了“大鼻子”的流通作用。在监狱里，谁有“大鼻子”谁才是老大。

（我说的“大鼻子”指的是香烟，可不是猪脸上突出的部位，否则监狱要比我想象的更糟。）

---

[1] 博弈论，又称为对策论、赛局理论等，既是现代数学的一个新分支，也是运筹学的一个重要学科。

[2] 囚徒困境（prisoner's dilemma）是指两个被捕的囚徒之间的一种特殊博弈，说明为什么甚至在合作对双方都有利时，保持合作也是困难的。“囚徒困境”是博弈论的非零和博弈中具代表性的例子，反映个人最佳选择并非团体最佳选择。

气体
Gas

世间万物要么不是气体就是液体，要么既不是气体也不是液体。液体很简单，就是水、普洛赛克[1]和Yazoo[2]。而气体则更加神秘一些，因为你看不见它，除非是有颜色的气体，比如坏蛋朝蝙蝠侠脸上喷的那种东西。

保卫尔牛肉汁[3]是解释气体最简单的方法。如果是装在小罐里的保卫尔，那它就是固体，可以放在烤面包上。但是，如果给它加入液体，比如开水，保卫尔就会变成一种液体，你可以直接喝，只要你不介意它那股尝起来就跟泡过麦当劳烤盘的水一样的味道。如果你要把这可怕的保卫尔饮料画出来，那么就要在杯子上方添上波浪线。这些波浪线就是“保卫尔气体”。

没人会喝“保卫尔气体”，你也没法把它放在烤面包上，但是这并不代表它不存在——尽管它难以被发现，也没人真正想要它，就像第五频道的《老大哥》节目[4]。

像“保卫尔气体”这样的气体其实是有用的，你可以拿它来做饭，而且如果你是黑白电影时代的人，还可以用它给飞艇充气。如

[1] 普洛赛克（Prosecco），一种意大利白葡萄酒。

[2] Yazoo，一种瓶装风味牛奶。

[3] 保卫尔牛肉汁（Bovril），英国的一种浓缩的肉酱汤料，可以用来做汤和炖菜，或者当果酱一样涂在面包上。

[4]《老大哥》（*Big Brother*），社会实验类的游戏真人秀，一群陌生人以“室友”身份住进一间布满了摄像机及麦克风的屋子，所有举动都将被记录下来剪辑处理之后在电视上播出。

今大多数人都用电，就更离不开保卫尔了。保卫尔也有深棕色罐子的包装，而且只有它和马麦酱[1]才会被装在这样的罐子里——多亏了一些古老的传统，比如说健力士黑啤酒[2]是唯一的黑白饮料，或者说After Eight是唯一的薄片方形薄荷巧克力[3]。这一切仿佛约定俗成似的，并非有谁特意要求如此。

如果你用了足够多的气体，就会收到账单，有时这就成了气体存在的唯一凭证。如果有人可以想出办法给尼斯湖水怪寄账单的话，或许我们就能知道它是否真的存在了。

---

[1] 马麦酱（Marmite），盛行于英国、新西兰等地的一种酵母酱。

[2] 一种带白色泡沫的黑啤酒。

[3] After Eight，英国知名的巧克力品牌，之所以叫After Eight是因为Eight和Ate（eat的过去式）发音相同，意思是说“饭后吃的巧克力”。

基因工程
Genetics

每个生物的体内都有一张如何建造它的说明书，就像宜家的毕利书架一样，这些说明书被称为“DNA”，可以说是某种密码。研究人员花了很长时间来破译密码，然而它明摆着就是把字母顺序写倒了而已，如果你破解了这一点就不难发现，它其实就是“AND”。这密码并不难，但是科学家有时候“见树不见林”，谁让他们总是低头盯着显微镜看。

DNA 密码拼出了“和”（and）这个字，因为基因工程就是把一个东西“和”另一个东西放在一起。当一个人“和”另一个人一起生孩子时，婴儿的基因就是一个人“和”另一个人基因的混合物，只不过搅和在一起，就像在同一个杯子里做草莓“和”香蕉雀巢巧克力饮料一样，这是一种全新的口味，可以说是“香蕉莓”。这就是基因工程。

在 20 世纪四五十年代，两个男人——弗朗西斯 · 克里克和当时已经不再为福尔摩斯工作的华生医生 [1] ——发现了 DNA。他们发现，每个 DNA 的形状都像一架双直升机 [2]，与数百年前莱昂纳多 · 达 · 芬奇在他的一幅作品中所画的一模一样。[3] 克里克和“华生

---

[1] 与弗朗西斯 · 克里克（Francis Crick）一同发现 DNA 双螺旋结构的是詹姆斯 · 沃森（James Watson），沃森博士（Dr Watson）与福尔摩斯的助手华生医生（Dr Watson）名字相同。

[2] 这里是指双螺旋结构（Double helix）。

[3] 达 · 芬奇曾设计绘制过螺旋飞行器的草图，与如今的直升机很相似。

医生”因此获得了诺贝尔科学和平奖[1]，可莱昂纳多·达·芬奇却没有得到任何荣誉，因为他已经死了——不过他究竟死没死至今仍存在争议。如果莱昂纳多·达·芬奇早早开始研究基因工程，说不定我们现在不仅能克隆羊，还可以把老鼠的耳朵安在它的背上，然后送它上月球。

出于某种原因，科学家是用A、G、C和T这四个字母来记录DNA的，[2] 这些并不都是字母表上最开始的几个字母，看上去他们的思想似乎已经开了小差，惦记起杜松子酒（Gin）和奎宁水（Tonic）了。

DNA的每条双直升机都是由这些字母串成的。现在我们还不清楚这些字母是如何跑进身体里的，也许它们像绦虫一样，只不过是用达美条码打印机做出来的那种不干胶条（独居的老头总爱用它们来给屋子里的东西做标记）的“达美绦虫”。

如果你精确复制了DNA中的所有字母，就可以复制出一个完整的人，这便是“克隆”。克隆人和原来那个人一模一样，因为他们的“AGCT”是一样的。如果他们并排站在一起，根本无法看出分别，就像初期的安特与戴克[3]，或者宣言者乐队，只有当他们其中一个人唱高音，另一个唱低音的时候，你才能认出谁是克隆的那个。

我不知道为什么还有人想要克隆宣言者乐队，他们已经是两个人了，只有疯子才会尝试克隆宣言者乐队。我觉得应该规定这种行为是非法的，以防万一。克隆只有一个的人更有意义，比如克隆席

[1] 他俩荣获的是诺贝尔生理学或医学奖。

[2] 这里指的是 DNA 的四种碱基：腺嘌呤（A）、鸟嘌呤（G）、胞嘧啶（C）和胸腺嘧啶（T）。

[3] 安特与戴克（Ant & Dec），英国一个喜剧组合。

尔[1]，省得其中一个被公交车撞倒或者被乱棍打死。在未来，“克隆人”将变得极为普遍，你甚至都察觉不到。到时候人人都有两个自己，宣言者乐队除外，他们本来就是两个人。

[1] 席尔（Seal），英国灵魂歌手和作曲家，他脸上有疤痕，作者这里故意认为他可能受过伤，但事实上他的伤疤是患红斑狼疮导致的结果。

政府

Governments

政府是在古代就产生出来的，为了防止国王为所欲为。这挺好的，因为有些国王就是爱干傻事，比如“金刚国王”[1]非要打下那架飞机，爬树的罗洛国王[2]弄得满裤子泥巴。

如今，政府机构通常十分庞大，而且做的都是大街上普通人不愿意做的事——从帮助超支的银行摆脱困境，到有意让人们无家可归。有人说，这样看来还是建立小型政府比较好。事实上，那也无济于事，因为政府理解不了像我这种正常人的需求，他们会把公交车门做得很小，就像他们做的城堡门一样，而且所有硬币都会跟5便士一样小，只会害你不停地把钱弄丢。

在乡下的小村子里，政府就是帮灰头土脸的普通百姓实现自己愿望的一种途径。每组肮脏的乡巴佬会选出一个人，叫作“国会议员”，他会把想法放进袋子之类的东西里，然后骑马前往最大的村子（通常是伦敦）中的一栋大楼，大家在大都会泡沫般光景中平静地讨论这些想法。在互联网诞生之前，这就是讨论住房、道路，以及谁是种族主义者等重要问题的最佳方式。

除非我们能把所有人在网络新闻下面发表的评论全部摘录出来，并将其纳入法律，否则政府必须存在。这做法虽然不怎么理想，但

[1] 在电影《金刚》（*King Kong*）中，最后大猩猩带着女主角爬上帝国大厦的楼顶，为了保护心爱的人而与飞机战斗。

[2] 罗洛国王（King Rollo），儿童绘本中的人物。

是总比让国王或者女王继续掌权要好，在 21 世纪，在像英国这样的现代国家里，这是不可想象的。

关于政府的几个无解问题

- 狗有没有政府？
- 有没有那种每个人都能拥有自己的大本钟的政府？
- 为什么“governmental”（政府的）这个词是以“mental”（精神病）结尾的？这算不算一种警告？

重力
Gravity

重力的存在意味着，如果没有墙的阻挡，那么在唐卡斯特[1]扔下一颗葡萄柚，它会一直向下滚动直到南安普敦[2]。如果葡萄柚滚进了当地的一艘船，那么它还会一直滚下去直到澳大利亚，到那里后它就会停下来，因为没别的地方可以继续滚了。幸好我们发明了墙，否则我们所有的东西都会滚到澳大利亚，那就麻烦了，而且不少好东西（冰激凌啦，麦芽糖啦）都会融化。

意外发现重力的是艾萨克·中子爵士。[3]他坐在一棵苹果树下，被苹果砸中了头。头部受到撞击后，他就变得格外聪明，像有些动画片里的情节一样，他利用这份智慧想出了重力的概念。等他的头再次遭到撞击，一切又恢复了原样，不过他已经解决了宇宙中的大部分问题。这是所有科学领域中最鼓舞人心的一个故事。

没有人知道重力是打哪来的。不管我们丢下多少东西，似乎总也用不完它，所以，明摆着在什么地方正在不断地制造重力。或许最好不要去想它是什么做的，是怎么做出这么多来的，尽情享用就行，就像享用烤肉串一样。

---

[1] 唐卡斯特（Doncaster），英国英格兰南约克郡的一个城镇，同其周围的小镇共同构成唐卡斯特都市区。

[2] 南安普敦（Southampton），英国南部港口城市，面向英吉利海峡，是重要的客船和集装箱港口城市。

[3] 这里说的其实是艾萨克·牛顿（Isaac Newton），牛顿（Newton）和中子（Neutron）英文发音相似。

伟大的博览会[1]

Great Exhibition, The

维多利亚女王时代的人想要炫耀自己擅长的事，而他们最擅长的就是炫耀。于是，1851 年，他们举办了一场伟大的博览会，并且就称之为“伟大的博览会”。（他们明明能提出那么多关于蒸汽机的好点子，却不怎么会起名字。）可以说，这是一场大型发布会，就像日本为新上市的 PlayStation[2] 所举办的一样，只不过这是为所有东西举办的。

维多利亚帝国的技术非常先进，以至于世界的其他地方看起来就像一片树林。置身“伟大的博览会”就如同进入未来世界，只不过是相对于维多利亚时代的未来，对于现代来说就已经是过去了。维多利亚人自信他们的帝国会永垂不朽，所以为了证明这一点，他们在一幢建筑中出尽了风头——这幢建筑所使用的是当时人类已知的最坚固的材料：玻璃。[3]

“伟大的博览会”原本是为了展示令人惊叹的工业制品，可它基本上就是一个搭在棚子里的爱顾商城。它跟千年穹顶[4] 差不多，只不过人们确实想要进去看看，而且那里也确实收藏了一些有意思的东西，而不是令孩子失望的国宝。

---

[1] 这里指的是“万国工业博览会”（Great Exhibition of the Works of Industry of All Nations），是 1851 年英国维多利亚时期真正意义上的第一次世界性的博览会。

[2] PlayStation，日本一款家用电视游戏机。

[3] 这幢建筑就是作为展览场地的水晶宫。

[4] 千年穹顶（Millennium Dome），英国政府为了迎接 21 世纪而兴建的标志性建筑。

玻璃屋和帝国都已经不复存在了，但是我们可以把自己想象成维多利亚时代的人，并且想象自己对一切都理解无误，这样就能对当时的情景多少有点了解。

H

Cunk on Everything

毛发
Hair

毛发是人体的装饰品，说白了，就是身体的“拉花彩条”。大多数毛发都集中在人体最重要的部位——生殖器周围，有的还从脑子里长出来。

动物也有毛发，但是由于它们的毛发数量要比我们多得多，所以就被称为“毛皮”，也就是“多得多”的古老说法。[1]（马长的是毛发，因为它们被当成人来算，原因明摆着。[2]）遗憾的是，无法用“毛皮”（fur）造出“everywhair”[3]这样的词，来反映它们到处都是的特征。况且动物不具备人类的想象力，它们想不到那么有才的词。唯一称得上聪明的就只有乌鸦和海豚，但是它们又不需要形容“到处都是毛发”的词，因为它们没那么多毛。

总有一天，科学会告诉我们“毛发”与“毛皮”应该如何界定，就像它会证明如何分辨“工棚”和“仓房”，如何分清“霭”和“雾”，以及“鞋子”和“滑雪板”的区别一样。

头发有各种形状和色彩，很多颜色都是以食物命名的，比如姜黄、草莓红和土豆棕，不过我只在一英镑店里见过一盒爱沙尼亚染发剂是土豆棕的，而且他们还把土豆写成了“士豆”。发型的种类几乎多如头发，烫发、漂染、爆炸头、长波波头、鲻鱼头——听起来

[1] 英文中，“毛皮”（fur）与“更多的”（further）二词相似。
[2] 因为马都留着“马尾辫”。
[3] 自造词，利用 everywhair 与 everywhere 的形似来表示“头发到处都是”的意思。

都像是被禁儿童节目中的角色。

最糟糕的发型是某些白人男士的专利，你甚至不想跟他们困在同一节抛锚的火车车厢里。唐纳德·特朗普和他的“金色棉花糖”，吉米·萨维尔和他那“油腻的大白钟”，诺埃尔·埃德蒙兹和他的“荷兰小屋”……精致而吓人的鸡冠头是自然发出的警告，让你尽快远离。

显微镜下的毛发多得惊人，就像所有显微镜下的东西一样。通常我们看不出它们的伟大，那是因为我们认为它们是理所当然的存在，就像水和父母一样。每根头发都有一个长长的部分，也就是头发，还有一个很小的脂肪末端，它长在身体里，叫作“毛袋”。头发会吸收汗液和皮肤油脂，所以我们不会拿它们当宠物来养。人类头上的毛发多达 15 万根，将它们接起来，足以从特拉法加广场[1]延伸至沃金[2]（如果是卷发波波头的话，就能拉到圣奥尔本斯[3]）。

有人说，即使不洗头，头发也能自我清洁，然而并非如此。事实上，它们会缠结在一起，散发出 Wimpy[4]快餐的气味，公交车上的人会躲你躲得远远的，最后你不得不洗头。不信问问米克·哈克纳尔[5]。

---

[1] 特拉法加广场（Trafalgar Square），英国伦敦著名广场，坐落在伦敦市中心。

[2] 沃金（Woking），英国萨里郡西部的一个市镇，距离伦敦市中心（查令十字）37 公里。

[3] 圣奥尔本斯（St Albans），英格兰赫特福德郡一镇，距伦敦 32 公里。

[4] Wimpy 是一家跨国连锁快餐店的品牌。

[5] 米克·哈克纳尔（Mick Hucknall），英国歌手和词曲作者，有一头代表性的红色卷发。这里是影射女星玛汀·麦古基安曾吐在米克·哈克纳尔头发上的事件。

热寂[1]

Heat Death of the Universe, The

专家估计，宇宙总有一天会停止运转。当它的最后一丁点能量都耗尽，整个太空中的每一处都会寂静无声并且毫无生气，就连时间也会戛然而止。那情景就像在巴西尔登的JJB Sports公司[2]工作一样，只不过更糟。

显然，宇宙中的能量就只有那么多，每当我们烧水、赶公交车、打嗝或者玩指尖陀螺，都会消耗掉一些能量。这是无法避免的。即使像保护鸽房那样给宇宙加上防冻保暖层，能量依然会泄漏。我们不清楚它会漏到哪儿去，毕竟宇宙太大了。它有可能会漏进另一个宇宙，那里的人肯定暗自窃喜，就跟咱们偷偷连上了邻居家Wi-Fi的心情一样。

但是，一切都在放慢速度。

将宇宙的起点想象成一个忙忙碌碌的周一，那么我们正不可避免地走向周日的下午，那时候人人吃着烤肉和酥皮水果甜点，看着《古董巡回秀》节目，没人愿意做正事。一切就会这样结束。宇宙中每个原子都在坍落，而我们正有一搭没一搭地看着电视里那些身穿

[1] 热寂，猜想宇宙终极命运的一种假说。根据热力学第二定律，作为一个“孤立”的系统，宇宙的熵会随着时间的流逝而增加，由有序向无序，当宇宙的熵达到最大值时，宇宙中的其他有效能量已经全数转化为热能，所有物质温度达到热平衡。这种状态称为热寂。这样的宇宙中再也没有任何可以维持运动或是生命的能量存在。

[2] JJB Sports 公司，英国最大运动用品零售商，因经济衰退而经历重大重组和变革，于2012年倒闭。

短大衣的老年人——他们正在博利厄汽车博物馆外排队，等着去见身穿马甲、对托比壶[1]了如指掌的男人。这就是我们所能期待的，它足以让人彻底放弃期待。

[1] 托比壶（Toby jug），一种人形陶罐，罐身通常是一个头戴三角帽、口叼香烟的老头的造型。

亨利老八

Henry of Eight

1509 年，亨利老七在结束统治之后，重生变成了亨利老八——一个大块头。“国王脸”汤姆·贝克[1]，他就长了一张那样的脸，只要你画国王，一定会画成他那样——不是他就是金刚。

亨利老八喜欢两腿分开站立，大喊大叫，写点朗朗上口却又重复乏味的歌——如同都铎王朝当时的现状。如果你在巴西尔登当地按过门铃，就会明白他写的是个什么玩意儿。[2]

他有八位老婆，个个都叫凯瑟琳，[3] 这样他在床上就不会喊错名字了。他是个“凯瑟琳迷”（Catherine-aholic），有时被简称为“天主教徒”（Catholic）。他的第一任老婆是阿拉贡的凯瑟琳，因为她机能失常，生不了孩子，所以他把她退还给了教会——就像我们在爱顾商城退掉有瑕疵的直发器一样。他的第二任老婆，安妮·博林的凯瑟琳，机能好一些，差点生了个孩子，可是听闻亨利摔下马的事情后，她颇为震惊，导致“生娃机能”关闭。亨利对她十分恼火，于是和珍·西摩的凯瑟琳上床。为了避免被安妮·博林的凯瑟琳发现，他砍掉了她的头。

珍·西摩的凯瑟琳是他第一个机能正常的老婆，1537 年，她在自己的床上生下了儿子，爱德华王子。遗憾的是，她刚当上母亲，

---

[1] 汤姆·贝克（Tom Baker），英国演员，在科幻剧《神秘博士》中出演第四任博士。

[2] 这里作者意在吐槽亨利八世写的歌就跟巴西尔登的门铃声一样。

[3] 亨利八世经历过六次婚姻，其中有三位妻子名叫凯瑟琳。

就机能失常，十二天后去世了。亨利悲痛欲绝，只好又找了个老婆——他在一幅画中找到了一位，她的名字是克里维斯的安妮的凯瑟琳。[1] 事实证明她只是临时的“止痛药”，所以这段婚姻最终还是结束了。

亨利沉迷于老婆的毛病一时半会儿治不好，于是又找了一个——凯瑟琳·霍华德。他俩特别像，都喜欢在外面乱搞男女关系，于是他砍了她的头，让她对其他男人不再具有吸引力，然后娶了凯瑟琳·帕尔。

但是，亨利周旋于各个女人之间这事给教皇带来了麻烦，教皇十分反感亨利每每在城里有了新欢就甩掉自己妻子的行为。于是，亨利便甩掉了天主教，开始着眼于新的信仰——英国国教。[2] 尽管他从未娶过“英国国教”（很可能因为它的名字不是凯瑟琳），但是余生都与它有染。

在生命的最后几年，亨利的身材近乎球形。那个时代的国王喜欢胡吃海塞，而亨利的汉普顿宫厨房提供的饮食尤为夸张。不幸的是，他吃得太多，终于把自己给撑爆了。

所以，亨利老八到底有什么了不起的呢？凭什么他家喻户晓，而理查德五世[3] 和深红之王[4] 却不行？这个嘛，首先他很胖。胖子总是比瘦子更令人难忘，因为他们所占据的空间更大——所以我们一

---

[1] 在看过画家汉斯·荷尔拜因所绘的《克里维斯的安妮公主》之后，亨利八世决定娶这位公主为妻。

[2] 亨利八世欲与阿拉贡的凯瑟琳离婚却遭到教皇的拒绝，这件事成为英国宗教改革的导火索。亨利改革的目的就是让英国教会摆脱与教皇的联系，建立独立的英国国教。

[3] 历史上并没有理查德五世。

[4] 深红之王（King Crimson），英国摇滚乐队。

直都记得圣诞老人，即使他早已离开人世。其次，亨利令人印象深刻是因为他性欲旺盛，在他还没把自己吃成球的时候，总是乱搞男女关系。从某种程度上来说，他就是奥古斯塔斯 · 格卢普[1]和拉塞尔 · 布兰德[2]的结合体。

此外，他还具有一种荒唐的幽默感，为了寻开心，他连孔雀都吃，还曾经活活煮死过一个人。[3]他还留下两处令人惊叹的房产，英国最大的花园（里士满公园，那里仍然存活着鹿的祖先，就是因为他太胖了没法狩猎）和汉普顿宫（一座专门为他自己建造的主题公园，和迪士尼乐园差不多，就是多了大键琴演奏的音乐）。

亨利老八是有史以来最像国王的国王。我们很难想象会再出现一个亨利老八，很可能因为到时候只能管他叫“亨利8S”“亨利9”“亨利X”什么的。

---

[1]《查理与巧克力工厂》中第一个得到金奖券的小男孩，非常爱吃糖果。

[2] 拉塞尔·布兰德（Russell Brand），英国演员、歌手，性瘾者。

[3] 在亨利八世执政期间曾通过一项法令，用活活煮死人的方式来执行死刑。

打嗝

Hiccups

人体能做到的最奇怪的一件事就是打嗝，或者用准确的医学术语来说，“打个嗝”。

几个月来，科学一直在想方设法解释打嗝的原因。有的理论认为，这是身体的闹钟响了，还有的说，这是内部某个小器官在时不时叫唤，自打我们还是青蛙的时候它就长在身体里了。不过，这没什么可担心的，就像每周五办公室的火灾演习一样，根本没人当回事。

但是，如果打嗝跟火灾演习一样，那你该如何得知哪一次才是真正的“火灾”呢？是不是因为它着火了就得尖叫着脱离自己的身体？这又是一个科学还没来得及回答的问题。除此以外，还有“感冒和着凉有什么区别”以及“如何清理烤三明治机接缝里的奶酪”等问题。

也许“hiccups”（打嗝）一词里就包含着关于打嗝的线索。“hic”显然指的是打嗝的声音，不过“cups”是指什么呢？没人知道。所以，也许“hiccups”里并没有关于打嗝的线索，可能是我错了。

也许我把一切都搞错了，也许整本书都是在浪费时间，也许我一直以来花在用手机口述记录的时间原本可以拿去做一些更有价值的事，比如用手机播几首关于医生的歌。为什么关于医生的歌那么少？你肯定觉得人们需要这样的歌，然而我只能想到一首，或者一首都想不起来。你肯定以为有好多首吧，世界的奇妙之处正在于此。总之，这就是打嗝。

人类的思想

Human Mind, The

科学界最神秘的旅程既不是横跨海洋，也不是登上月球，而是来到人脸之后，大脑之中。

大脑约占人体平均体重的 2%，也就是说，如果你轻于平均体重，那么你的大脑占据身体的比重就更大。难怪我们会听名人（比如演员）的话，因为他们通常都比较瘦，所以比我们聪明。

大脑是人体最“难懂复杂”的部位，与大脑相比，手可能就跟屁股差不多。大脑就是这么“难懂复杂”。

想要了解大脑，可以想象一棵花椰菜。这玩意儿看起来有点像大脑。因为你正在想象一棵花椰菜，所以你的大脑此刻就像一棵花椰菜，只不过里面是另一棵花椰菜——一棵有思想的花椰菜。

形成“有思想的花椰菜”的过程非常神奇。人类大脑中含有数百万个名叫“神经元”的小零件，能够储存想法，也就是思想。如果你能在不会死亡也不会让大脑长出叶子的前提下摘掉头顶，就会看到那棵花椰菜上有一些小闪电在穿梭，这些便是你的思想。不过为了看到脑袋里的这一幕，你必须把眼睛安在自拍杆上，但这样一来很可能它们就什么都看不见了。

这些微小的闪电能够结合在一起，于是，微不足道的简单想法（比如伸出手指然后说出来）就会变成更大、更复杂、更有层次的想法：在我手指的地方开一家店，出售用旧透析仪制成的再生表，这是目前非常畅销的垃圾产品，说不定能赚点钱。不过等一下，上哪儿能买到一堆旧透析仪呢？而且制造钟表机芯挺难的，我既没有技术也没有工具。其实这事我还没想好，要不我假装自己指的是开泰基[1]，所以如果我说“一起去那儿吃东西吧”，这样还可以拿点蘸酱，我很喜欢蘸酱。可是不行，之前喝醉的时候我把剩下的奶酪通心粉放冰箱了，我应该吃那个才对，所以蘸酱这个想法也不好。现在，我就只是站着用手指着前方，不知道该说什么。噢，有了，一只鸽子，我假装自己指的是一只鸽子，终于可以把什么透析仪和蘸酱的问题抛到脑后——幸好避开了它们，瞧，一只鸽子。这是大脑做过的最棒的事。

未解之谜没有止步于大脑，因为大脑内部就是一个更大的谜——人类思想。这东西我们看不见，摸不着，也舔不到——就算你能舔到，它尝起来可能就像花椰菜和某种神奇东西的混合物，比如火焰冰激凌，或者“鬼才相信不是黄油！”[2]。

据说思想涵盖了我们的一切。想想这句话吧。行了，甭想了，因为它没道理。我们的一切都是大事。其中一些是我们身上的东西：我们的记忆，我们的梦想，还有我们的密码。

但是，我们还有很多东西并不在我们的思想里。我们的驾照不在我们的思想里，我们的平底锅不在我们的思想里，我们的理发师不在我们的思想里。（除非你有一个假想的理发师，就像小孩有假想的朋友一样。这主意倒是不错。就算其他同事不感兴趣，这个人也会跟你聊起你的假期见闻，我觉得。）

用自己的思想来研究思想的科学家得出了一些残酷的结论：要

[1] 开泰基（Chicken Cottage），英国一种清真快餐。

[2] “鬼才相信不是黄油！”（I Can't Believe It's Not Butter!），是联合利华所生产的黄油代替品。

么人类思想无法理解人类思想，要么理解人类思想会引起人类思想爆炸。

但是，对于人类思想来说，人类思想怎么会如此难以理解呢？毕竟，人类思想能够理解某些最荒谬“难懂复杂”的事物，比如：网球、食谱和保险。也许这是人体的一个缺陷，就像你永远无法正视自己的眼睛，品尝自己的舌头，抑或是把头轻轻靠在自己的胸口上，为尝不到自己的舌头而痛哭流涕。

很多人不惜浪费时间，试图理解人类思想。这其中不仅仅包括科学家和爱因斯坦，还包括“充实家”。他们和科学家一样——只不过科学家不会费心做任何事——几个世纪以来不断提出“思想是干吗的”这样的问题，而且从来没有想出任何合理的答案，或许这个结果正好回答了他们的问题：思想就是用来思考合理事情的，比如“你是否想要蘸酱而不是别的垃圾食品”，反正净是一些思想自己也想不出结果的事。

法国的“充实家”伦尼·笛·卡尔[1]有句名言：“我思想，所以我。”[2]虽然这话既没有“我会回来的”或者“逗你玩儿”那么有趣，也没有被印在贴纸和杯子上，但它仍然很受欢迎——尽管这句话并没有说完，我们也不知道“所以他怎么样”了。这句话之所以受欢迎或许就是因为它的意思可以由你自己来补充完整，想怎么接都可以：“我思想，所以我饿了”，或者“我思想，所以我就是亚当·伍

---

[1] 这里说的还是勒内·笛卡尔。

[2] 原话为“我思故我在”，其英文是“I think therefore I am”，直译就是“我思想，所以我（存在）”。

德亚特[1]”。它为我们留下了思考自己思想的空间，而这就是大脑的用处。

令人惊奇的是，一百万年前的我们还不会利用大脑进行读写，因为我们只会想到恐龙和咕噜声。所以，谁知道再过一百万年我们能用大脑干什么呢？也许我们能知道别人想的是哪张牌，或者让勺子变弯，或者把一位女士锯成两半。我们的大脑或许会变得极其先进，以至于真的可以想象一切。咱们想象一下吧。

或许有一天，思想会变得十分强大，强大到足以理解人类思想。不过在那之前，它就像卢肯伯爵的下落[2]或者西蒙·考威尔[3]的成功一样，仍然是美如花椰菜般的未解之谜。

[1] 指的是第七代卢肯伯爵理查德·约翰·宾厄姆，在1974年11月7日晚家中发生凶案后失踪。警方怀疑他因对婚姻状况不满企图杀害妻子，却误杀了保姆。

[2] 卢肯伯爵案是一起发生在英国伦敦的刑事案件，凶手理查德·约翰·宾厄姆（第七代卢肯伯爵）在事发后不知去向。

[3] 西蒙·考威尔（Simon Cowell），英国唱片制作人、电视制作人。他因常常发表对参赛者非常刻薄、直白、有争议的评论而受到关注。

Cunk on Everything

冰激凌

Ice Cream

在过去，事情要简单得多。冰激凌只有一种口味——原味。后来，研究人员发现了树莓旋涡冰激凌，这跟当年发现了“大型强子滤锅”一样伟大。老实说，他们应该用这个“强子滤锅”去寻找新口味的冰激凌。不过据我估计，瑞士主要盛产酸奶，[1] 所以他们没有这样的传统。

原味冰激凌有两种，一种是“标配”黄色的，可以在商店买到；一种是白色的，在街边才能买到。冰激凌可能是唯一一种开着货车满街寻找消费者的食品。真奇怪，这么受欢迎的食物竟然如此缺乏自信——不受欢迎的食物才需要沿街叫卖，不是吗？说不定有了卖抱子甘蓝的叫卖车，冰激凌就会更受欢迎。

冰激凌装饰

大部分人喜欢给自己的冰激凌上加点“料”。最常见的冰激凌装饰就是巧克力棒。如果你在冰激凌中加入一根（尽管实际上只有半根），它就成了“99”[2]，因为不管你有多少麻烦，冰激凌都不会成为其中之一。[3] 另一种最常见的就是彩色糖粒，在欧盟数过它们并意识

[1] 大型强子对撞机就坐落于日内瓦附近瑞士和法国的交界侏罗山地下的隧道内。

[2] 99 Flake，一种锥形冰激凌筒，上面插有一根巧克力棒。

[3] 出自美国说唱歌手 JAY-Z 的一首歌《99 个问题》（*99 Problems*）的歌词：“I got 99 problems and a bitch ain't one”，大意是：我有 99 个麻烦，而婊子不会成为其中之一。

到还存在“亿”这个单位之前，它们被称为“成千上万”，不过每个冰激凌上只有几十颗彩色糖粒，所以这个名字被取消了。冰激凌上还可以加酱汁，尤其是巧克力和草莓味的，不过主要还是草莓。不会被用来装饰冰激凌的有紫外线灯、赛车条纹和合金。

到了20世纪80年代，冰激凌的世界变得格外疯狂。“千层雪”[1]问世了。从来没人见过这种东西，就连做梦也没见到过。这简直就像是婚礼当天提供的冰激凌蛋糕。突然间，冰激凌上了头条。它让人们忘记了爱尔兰共和军和艾滋病，上网搜索有关历史的内容你就会发现，上面根本没有关于20世纪80年代战争或者政治家的信息，基本上全都是“千层雪”！[2]

如今，冰激凌里什么都可以放，而且越怪越好：盐、龙舌兰酒，甚至芥末——疯狂的查尔顿·赫斯顿·布卢门撒尔[3]做出了芥末口味的冰激凌，为的就是助那些企图通过呕吐毁掉一顿丰盛晚餐的人一臂之力。

---

[1] 指千层雪蛋糕冰激凌（Viennetta），是联合利华生产的冰激凌产品。千层雪有多种口味，包括巧克力、薄荷和开心果。

[2] 前提是你必须搜索“千层雪”。——作者注

[3] 这里提到的是两个人：赫斯顿·布卢门撒尔（Heston Blumenthal），英国名厨，精通冰激凌知识，并以在菜单中引入美味的冰激凌口味而闻名；查尔顿·赫斯顿（Charlton Heston），美国影星。

工业革命

Industrial Revolution, The

维多利亚时代的人发明了一种改变世界的东西，而这种东西就是叫作“蒸汽”的东西。把水“激怒”之后，就可以得到蒸汽。它十分滚烫又难以预测，威力强大又非常致命，就像梅尔·吉布森一样。

维多利亚人用蒸汽驱动巨大的发动机，并将它们摆在工厂、火车，以及科学博物馆里。在蒸汽出现之前，所有苦活只能靠马来做，然而与马不同，蒸汽可以通过管道泵输送并且储存在开水壶中，而且还不会惹恼“皇家防止虐待动物协会”（RSPCA）。

有了大发动机，维多利亚人就可以建造大工厂了。那地方非常宽敞，满是噪声和机器，只留有最基本的休息空间，而且没有Wi-Fi。

人们一天工作12至14个小时，没有午休，还得自己清洗设备，有时甚至会遭到老板的刁难——对于如今不为国家医疗服务体系（NHS）效力的人来说，这种情况是无法想象的——你可能会因为聊天、吹口哨或者离开工位而被扣工资，这就像是一场极为严格的大型普通中等教育证书考试（GCSE）。他们甚至会把工人的耳朵钉在桌子上来惩罚他——这在如今是难以想象的。

工业化的崛起也意味着贫困的增加，生产方式的改变（劳力由人变成了机器）导致很多人失业。比如说，以前你是做家具的，现在机器就能做，于是你失业了。你唯一能做的工作就是制造一台制造家具的机器，只不过没有什么机器看起来像是椅子或者大坐垫，于是你的技能毫无用武之地。你可以试着找一份“机器的工作”，但是机器比你更适合，而且可以工作更长的时间。就连开膛手杰克这样的传统杀手也遭遇到了威胁，因为出现了像“火车相撞事故”这样的新型杀人机器。最后，人们只好去做烟囱清洁工、守财奴或者“熊孩子”，因为这些活儿机器干不了。太可怕了。

工业革命期间，交通设施升级了，道路得到了改进，不会再被泡在水里，人们还特地修建了泡在水里的路，并称之为“运河”。当然，还有铁路。铁路使得用火车搬运东西这事比从前更轻松了，那会儿只有火车没有铁路。

火车可以载着货物行驶很长的路程，而且它们比马更勤劳也更迅速。与马不同，它们的前面总是挂着大大的笑脸，还能用林戈·斯塔尔的声音讲话。[1] 让它们如此拼命工作似乎很残忍，但是这群快乐的家伙并不介意。可以说，火车是人类驯养过的最具划时代意义的“动物”，直到菲比娃娃 [2] 的出现。

铁路还可以将乡下的人——他们过去是农民、马或者小农场主（也就是没有多少地的农户）——送进城市。人们一旦入住城市，就会面临都市精英的生活现实：拥挤不堪，贫民窟，济贫院，缺乏卫生设施，霍乱，还有大帽子。

工业沾了所有新发明的光：电报——无疑就是当时的互联网；

[1] 这里指的是儿童系列剧《托马斯和他的朋友们》（*Thomas & Friends*），里面的主人公托马斯就是一个挂着笑脸的火车头，而甲壳虫乐队成员林戈·斯塔尔曾为托马斯配音。

[2] 一款玩具娃娃，会说笑话、跳舞、眨眼、玩游戏，还能识别主人的声音，并能用英语回答问题。

电话——无疑就是当时的互联网；还有打字机和邮票，它们的结合，无疑就是当时的互联网。

当然，这并没有持续多长时间。很快，工业革命停止了工业化的转变，人们把所有工厂迁至乡下干道附近的田间，靠近园艺中心，并重新找到了大自然的乐趣。如今，这些工厂和磨坊里已经没有人了，除了鬼魂，而且它们只上夜班。

但是，如果没有工业革命，就没有自行车和罐装豆子，宜家也将空空如也。我们会乘坐手工制作的公交车四处打鱼，自娱自乐，而不是在推特上举办扎稻草人大赛。如果真是那样，可就太糟了。

苹果电话

iPhone

过去，在电话还小（指年纪）的时候，它的个头很大，里面有铃铛，外面有螺旋排列的数字。而且事实上，它还属于建筑物的一部分，被挂在墙上，或者被装在大街上铸铁厕所一般的隔间[1]里。后来，它像人一样长大离家，而你可以把它装进口袋里。再后来，它像人一样慢慢老去，身材开始缩水。再再后来，它像人一样，也会死去。

当电话死去的时候，诞生了一个全新的电话，这个电话就是iPhone。它的名字开头是一个小写字母，就跟"phone"（电话）一样，只不过紧跟着的是一个大写字母，以此来表明这个东西非常重要，仿佛它是个名人或者 Volvo[2] 一样。

iPhone 不仅是一部电话，还是一台照相机、一本日记、一台电视、一本通讯录、一个记事本、一本地图册、一台收音机、一个手电筒、一部计算器、一个时钟、一套高保真音响、一个装满游戏的橱柜、一堆遥控器、一个小型出租车公司、一家书店、一名健身教练、一位导游、一名翻译、一个天气预报员、一个旅行代理，也是一个天才。它是我们背包里随身携带的物品再加世上所有其他东西的混合体。

它让我们注意力的范围彻底发生了变化，变得比以往任何时候

[1] 这里指的是公用电话亭。

[2] 沃尔沃，著名汽车品牌。

都要狭窄。如今，即便没有喝醉，我们也能一头撞上灯柱；如今，我们没必要再盯着电视看了；如今，我们可以坐在舒服的电影院和千里之外的朋友聊天；如今，我们可以在注意到前方来车的最后一刻将视线从脸书上移开，以此来训练自己的反应能力。

不过，尽管 iPhone 是自那个什么以来——我也不清楚，木头什么的吧——最伟大的新发明，但它也并非无所不能。至今仍然没有一个 App 能告诉我，一包薯片里究竟有多少片薯片，尽管我每次去英国手机零售商店都会跟那里的人提建议。

显然，和大家一样，我把重要的数据都暗记在心——一包 Hula Hoops[1] 有 53 片，一包 Quavers[2] 有 25 片，一包怪物蒙克 [3] 有 17 片，一包迷你切达干酪 [4] 有 31 片，一包 Wotsits 有 42 片——但是，如果店里出售的是自主品牌的薯片，或者酒吧提供的是包装上印着田地图片和配料的高档薯片，那怎么办呢？这时候，要是有了我的“康科数薯”App 就会非常方便。说不定它还能救命。假如有人吃下超过 10 片多力多滋 [5] 就会过敏，而他并不知道一包里有 15 片，那么这多出来的 5 片很可能就是“劲辣享受”与死亡的差别。

[1] Hula Hoops，一款环状休闲膨化食品。
[2] Quavers，一款芝士味休闲膨化食品。
[3] 怪物蒙克（Monster Munch），一款休闲膨化食品。
[4] 迷你切达干酪（Mini Cheddars），一款休闲饼干。
[5] 多力多滋（Doritos），美国推出的第一个玉米饼薯片。

铁器时代[1]

Iron Age, The

铁器时代是在原始科学家发现新材料的时候到来的。原始人像丢石头一样砸开岩石，于是得到了金属、青铜，然后是铁。于是，“钢铁侠”便诞生了。

但是，这个“钢铁侠”不具备电影里那位侠士的超能力——他不会飞，也容忍不了格温妮斯·帕特洛[2]，于是，他只好采取费力的手段来保护自己。幸好原始科学家发明了长钉，而且之后不久，他们就发明了“互刺”。

为了确保刺中对的目标，这些英国原始人便组成了原始帮派，称为“部落”。这是一场战争，只不过是一场很烂的战争。“钢铁侠”不只是动用武力，他先把自己涂成蓝色，就像一个米尔沃尔的球迷[3]。他不是蓝人乐团[4]、阿凡达或者莽撞先生[5]那种“好蓝人”，而是一个愤怒忧郁的“蓝人”，就像一个狂暴的蓝精灵。

但是，骇人的并非只有他们的脸，还有山坡。铁器时代的山坡

---

[1] 考古学上继青铜时代之后的一个时代，它以能够冶铁和制造铁器为标志。

[2] 格温妮斯·帕特洛（Gwyneth Paltrow），在电影《钢铁侠》中饰演钢铁侠的女助手维吉尼亚·波茨。

[3] 指米尔沃尔足球俱乐部（Millwall F.C.）的球迷，米尔沃尔是英国伦敦一家职业足球俱乐部，其传统服装包括蓝色衬衫、白色短裤和蓝色袜子。

[4] 蓝人乐团（Blue Man Group），美国一家表演艺术公司，其注册商标就是黑衣蓝脸（涂着厚重的钴蓝色妆）。

[5] 莽撞先生（Mr Bump），英国作家罗杰·哈格里夫斯创作的《奇先生妙小姐》（*Mr. Men*）中的人物，外形是缠有绷带的蓝色小人。

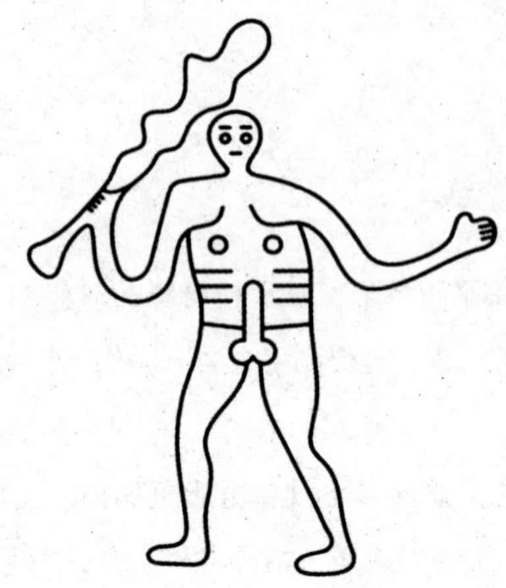

塞那阿巴斯巨人像

上覆盖着一幅巨大的画——一个长着硕大“鸡鸡”的人，让人都不知道该往哪儿看好。

在社交软件 Snapchat 出现之前，山坡是散播“鸡鸡”图片最有效的途径。这座山坡简直就是当时的互联网。现在，这些“职场不宜”的山坡仍然会令你目瞪口呆。右图这个塞那阿巴斯巨人像[1]，原本一直是英国最出名的“山坡鸡鸡”，直到 2009 年克里斯·莫伊尔斯接受了攀登乞力马扎罗山的训练[2]——不过它仍然是英国历史上仅次于

[1] 塞那阿巴斯巨人像位于英国多塞特郡北方塞那阿巴斯村附近的山脚，是由在山坡上凿出的 30 厘米深、30 厘米宽的线条组成，巨人像整体 55 米、宽 51 米，右手持一根巨棒。其最明显的特征是巨大的生殖器，据说已存在 2000 多年。

[2] 克里斯·莫伊尔斯（Chris Moyles），英国广播电视节目主持人。原文 dick 一词除了有阴茎的意思，还可以指人渣，作者这里在暗讽克里斯·莫伊尔斯口碑差。

“本尼”的第二粗俗的“山”[1]。

至于塞那阿巴斯巨人到底有多少岁，人们说法不一。毋庸置疑的是，他是英国艺术诞生的标志，是我们古往今来随处可见的崇高视觉传统的典型例子。

趣闻：没人知道钢铁侠从哪儿找到了铁，可能是楼梯下面的储物间，我通常都去那儿找。[2]

---

[1] 这里指的是本尼·希尔（Benny Hill），英国著名喜剧演员，其节目《本尼山鬼马表演》（*The Benny Hill Show*）以闹剧、诙谐模仿、语带双关及色情笑话为卖点。而他的姓氏 Hill 本身也是“山坡”的意思。

[2] 原文 iron 除了铁的含义，本身还有“熨斗”的意思。

J

Cunk on Everything

爵士乐

Jazz

爵士乐是一种很高明的音乐，虽然它没有古典音乐那么高明，需要通过考试才能掌握，但是它比 Grime[1] 或者酷玩乐队 [2] 要高明得多。

爵士乐是 20 世纪初在美国被发现的，隐藏在奴隶们吟唱的悲伤蓝调中。[3] 奴隶是一种只用付一次钱的工人——而且付的钱还不给本人。这样的命运令他们十分伤心。他们坐在门廊前（因为付不起乐队演出的场地费），弹奏吉他唱歌（因为买不起管弦乐器）。

爵士乐的关键在于它是现编的。音乐都是编出来的，但是通常只编一次——你写一首歌，然后把它唱出来就行了。爵士乐不同，每次演奏你都得现编，这肯定特累，而且有可能造成音符的浪费。世界上就那么几个音符，迟早会被用光。到时候，后人看待爵士乐可能就跟现在的我们看待塑料一样——这是对资源的严重浪费，大量的音符被丢进垃圾堆，萨克斯和喇叭声污染地球。希望有一天，科学家能想出回收音符的办法，说不定可以将它们变成新的音乐，但是可别被斯汀 [4] 拿去用了。

萨克斯和小号是爵士乐的主要组成部分，爵士乐中常见的还有

---

[1] Grime 是 2000 年初在东伦敦出现的一种音乐类型，由早期的英国电子音乐风格发展起来。

[2] 酷玩乐队（Coldplay），英国摇滚乐队。

[3] 爵士乐于 19 世纪末 20 世纪初源于美国，讲求即兴，音乐根基来自蓝调（Blues）和拉格泰姆（Ragtime）。

[4] 斯汀（Sting），英国音乐家，歌手，歌曲作者和演员。

长号（它看起来就像小号和火箭发射器的结合体）、低音提琴（巨人拉的小提琴）和钢琴（钢琴大家都知道，所以我就没查）。按照规定，有些乐器是不允许演奏爵士乐的，比如竖琴、木琴和教堂风琴，用这几种乐器来演奏爵士乐听起来会十分搞笑，而且会让“爵士警察”[1] 气势汹汹地扑上来制止他们。

爵士乐甚至拥有自己的语言，叫作“拟声唱法”——千万别去谷歌上搜它，搞得我现在连焦糖脆饼都不想吃了。[2]

著名的爵士乐手有埃拉·菲茨杰拉德、戴夫·酿酒狗[3] 和艾灵顿公爵殿下[4]。

---

[1] 出自加拿大音乐人莱昂纳德·科恩（Leonard Cohen）的一首歌《爵士警察》（*Jazz Police*）。

[2] 拟声唱法（scat），一种即兴的歌唱表演方式。scat 一词也有动物粪便的意思。

[3] 这里说的其实是戴夫·比尔（Dave Beer），英国音乐人，主要音乐风格为朋克摇滚等。酿酒狗（BrewDog）是一家位于苏格兰的跨国啤酒和酒吧连锁店。因为 Beer 也有“啤酒”的意思，所以作者故意把名字写成 Dave Brewdog。

[4] 真名为爱德华·肯尼迪·艾灵顿（Edward Kennedy "Duke" Ellington），美国著名作曲家、钢琴家、乐队队长，同时还是首位将爵士乐元素、即兴演奏与传统音乐形式相结合的作曲家。

K

Cunk on Everything

亚瑟王[1]

King Arthur

亚瑟王是英国最伟大的虚构国王。15 岁那年，他从一块虚构的石头上拔出一把不存在的名为“圣剑”的剑，然后当上了国王。[2] 在那个年代，你必须证明自己有资格才能干大事。

他住在名叫“亚瑟王宫”的城堡里（其实他并没有，因为城堡不存在），有一个名叫梅林[3] 的巫师（其实并没有）发明了一张圆桌，类似于某种旋转餐盘，这样一来，骑士们不用穿着盔甲走来走去，也能拿到自己想要的小吃，只不过骑士和桌子都是不存在的。[4]

几个虚构的骑士去寻找圣杯——一件非同寻常的东西，其中一个骑士精神失常，做了隐士，还有一个死了[5]——尽管事实上他们并没有。

当他知道自己快要死的时候（其实他并不会，因为他不是真实存在的），他把自己那把虚构的剑送给了贝德维尔——这家伙其实也

---

[1] 亚瑟·潘德拉贡（Arthur Pendragon），统称“亚瑟王”，是传说中的古不列颠最富有传奇色彩的伟大国王。

[2] 国王尤瑟王过世后，主教召集所有的贵族骑士，用一把插在石块中的“石中剑”来选定新的国王，规定“拔出此石中剑者，即为英格兰之王”。后来亚瑟拔出了剑，成为了新国王。

[3] 亚瑟王传说中的伟大魔法师。

[4] 这里指的是“圆桌骑士”，他们是传说中亚瑟王所领导的一群优秀骑士。圆桌的含意是“平等”和“团结”，骑士们在战场上冲锋陷阵，在圆桌上议论国内事务，每个人都被允许自由发言。

[5] 在圆桌骑士中，贝德维尔在亚瑟王逝去后在某间修道院隐居并度过余生；另一个是加拉哈德，最纯洁的圆桌骑士，也是唯一一个能够捧起圣杯的骑士，在他捧起圣杯的刹那，无数光辉的天使降临，带他的灵魂进入了天堂，他随之死去。

不存在，还把剑丢进湖里，以为那里的女人绝对用手抓不到它。[1]

这些可能都是胡说八道，但并不妨碍它是个好故事，如果没有它，就不会有罗西音乐的《阿瓦隆》[2]或者《巨蟒剧团之布莱恩的一生》[3]。如果没有亚瑟国王的存在，很难想象英国会是什么样子。但是，正因为他并不存在，我们不得不去想象英国是什么样子。也许这就是我们如今存在于此——不管是在哪里——的原因。

---

[1] 亚瑟王将死时，命贝德维尔将王者之剑归还湖夫人（The Lady of the Lake），贝德维尔因这个举动会直接导致亚瑟王不治身亡曾两次放弃，两次回头都遭到亚瑟王责备，最终他在第三次尝试时将王者之剑投入湖中。

[2] 罗西音乐（Roxy Music），英国摇滚乐团。阿瓦隆（Avalon）是亚瑟王传说中的重要岛屿。

[3]《巨蟒剧团之布莱恩的一生》（*Monty Python's Life of Brian*），英国喜剧电影，讲述了与耶稣生于同日且住在耶稣隔壁的布莱恩·科恩（Brian Cohen），被众人认作“弥赛亚”的故事。

布鲁内尔的伊桑巴德国王[1]

King Isambard of Brunel

布鲁内尔的伊桑巴德国王是维多利亚时代最优秀的工程师之一，他修建了桥梁、隧道、船只，以及英国最大的“自立式高顶礼帽”。[2] 如果有人需要前往某地，布鲁内尔总会改变他们的出行方式——比如乘船去美国，穿过隧道横渡泰晤士河，过桥前往布里斯托尔[3]，戴着高顶礼帽走过低矮的门廊。

布鲁内尔最著名的船就是“大不列颠号”，之所以叫“大不列颠”，是因为它和大不列颠一样有分量。它不是用那种像船一样漂在水面上的木头做的，而是用无法漂在水上的铁做成的。这是因为布鲁内尔发现，能够流芳百世的船都是“沉船”，如果他也能造出一艘来，那么他的名字将会永垂不朽。他的想法没有错，而且尽管他的船没有沉，但我们都觉得它应该沉没。现在人人都知道了“布鲁内尔的伊桑巴德国王”的名字。

遗憾的是，他后继无人，“布鲁内尔王国”发生巨变后，[4] 他便成了布鲁内尔历史上最后一个国王。

---

[1] 这里其实说的是伊桑巴德·金德姆·布鲁内尔（Isambard Kingdom Brunel），他是英国工程师，皇家学会会员，主持修建了大西方铁路、系列蒸汽轮船和众多的重要桥梁。因其全名中有 kingdom（王国）一词，作者在这里将他的名字恶搞为 King Isambard of Brunel，直译即布鲁内尔的伊桑巴德国王。

[2] 布鲁内尔的典型形象就是叼着雪茄烟，戴着高顶礼帽。

[3] 布里斯托尔（Bristol），英国英格兰西南区域的名誉郡、单一管理区、城市，是英国西南地区的最大城市。

[4] 布鲁内尔在 1859 年得了中风，53 岁生日过后不久就去世了。

L

Cunk
on Everything

语言
Language

据我们所知，人类是除蓝精灵以外，唯一进化出复杂语言进行思想交流的生物。但是，蓝精灵的语言用一个词（“smurf”[1]）就能指代一切，而人类却有各种词来指代不同的事物，所以我们得以统治整个地球，而不仅仅是一小群蘑菇屋。

人类语言不仅为所有事物都安排了对应的词，而且根据所在地不同，对应的词还不一样。例如，英国人所说的“a chauffeur”（一个司机），在法国就叫作“un chauffeur”（一个司机），我们说的“table”（桌子），在他们来说也是“table”（桌子）——只不过说的时候要加上耸肩和抽烟。如果你试图在法国餐厅点一杯科隆之水[2]，他们是很难理解的。相信我，我试过。

多种不同的语言使人类之间变得更加难以理解，这对武器制造商和种族主义者倒是件好事。曾经有几个傻冒试图开发一种通用语言，然而人人都必须学习，如果大多数讲外语的人能够接受英国人说话大声又爱比画的话，开发通用语言就显得有点多此一举了。

科学家还研究过人类语言到底是后天习得还是天生就有的，不过他们并没有对这个问题深入研究，反正坐过长途火车的人都知道，婴儿只会讲一个词，也就是哇哇大叫。他们就像只有一个人的单身

[1] “蓝精灵”的英文翻译是“The Smurf”。

[2] 科隆之水，可以当低浓度酒精饮料，尤其在它的诞生地德国更常见。法国后来把科隆之水做了改良，一直用作香水。

女子聚会。那不算是语言。如果他们生来就会使用语言，我们也不必用手指着东西，像英国游客买肥皂一样，用那种脑子坏掉一般的声音跟他们慢慢讲话了。

研究这类问题的科学家被称为“语言学家”，当他们参加科学家聚会，硬着头皮跟研究黑洞和医疗方法的人闲聊时，可能会感觉有些傻。

—— 你是研究什么的？

—— 语言。

—— 那不就是慢慢地读吗？

—— 是。你说是就是。

大型强子滤锅[1]

Large Hadron Colander

大型强子滤锅是有史以来最贵的滤锅，也是最大的，如果你想滤点强子[2]出来，别的滤锅都放不下。强子的特点就是它们很大，所以叫“大型强子”。你需要很大的空间才行，小的滤锅根本装不下强子，它们跟豌豆可不一样。[3]

大型强子滤锅建在瑞士，因为那里有研究“滤锅孔”的世界级专家，这要归功于他们长期以来对“奶酪孔”的研究。这个滤锅上的孔是最好的，它们不会让任何强子漏出来，掉在地板上，滚到橱柜下面。滤锅上的孔简直就是“孔中的法拉利”。相比之下，普通厨房滤锅的孔就是一辆马车。

大型强子滤锅每年都要耗费7亿多英镑来维持运转。这笔花销似乎挺大的，但是一旦你明白它在做什么，就会多一些理解，我猜的。它一定很重要，否则人们不会建造它。也许普通外行人很难想象，如果不把所有强子放在一个滤锅里会有多糟，但这并不代表研究人

---

[1] 这里指的是大型强子对撞机（Large Hadron Collider），粒子物理科学家为了探索新的粒子和微观量化粒子的机制设备，是一种将质子加速对撞的高能物理设备。作者故意写成“Large Hadron Colander”，取“Colander”滤锅的意思恶搞。

[2] 强子（Hadron），属于现代粒子物理学中的概念，也是量子力学中的重要概念。所有受到强相互作用影响的亚原子粒子都被称为强子。强子，包括重子和介子。按现代的粒子物理学中的标准模型理论而言，强子是由夸克、反夸克和胶子组成的。胶子是量子色动力学中的基本粒子，它将夸克连在一起，强子是这些连接的产物。

[3] 大型强子对撞机之所以需要很大，是为了有足够空间给粒子加速，并不真的是因为强子很“大”。这一段是作者的恶搞。

员就应该停手。祝他们好运，我想说，反正花的又不是我的钱。

除非花的是我的钱……那样的话，赶紧停下！

或许了解一下什么是强子会有所帮助，但是我查过了，它只会令我头大。我想，只好相信那些知识分子了。当然，除非花的是我的钱——或许我们都应该查查银行对账单，如果你看到一笔意料之外的“滤锅账单”或者“科研账单”，一定要站出来发声啊！

关于大型强子滤锅的几个无解问题

- 如果花的是我的钱，那么我能坐进去试试吗？
- 用这笔钱去造一个同样好的但普通人能够理解的东西是不是比较好，比如建个水滑梯？那该多棒啊！
- 是不是该让强子清静一会儿了？

谎言
Lies

谎言注定是不好的，在《圣经》中，它是人们能做的与牛无关的最坏的事情之一。[1] 尽管我们都知道说谎不对，可还是有很多人靠说谎过活：魔术师、演员、唐纳德·特朗普。

魔术师撒的是善意的谎言，比如“我能看穿你的心思”。演员也一样，他们假装自己是其他人。亚当·伍德亚特就不是真正的伊恩·比尔，尽管饰演这一角色确实是他成年后做过的唯一的事。可以说，对亚当·伍德亚特和对我们来说——在某种次要意义上，他的一生就是一个善意的谎言。

唐纳德·特朗普对说谎的认知与大多数人不同，就像他对性侵、思考或者头发的定义也和常人不同一样。只要他说了谎，就会指着别人说他们在说谎，试图将大众的注意力从他所做的事情上转移开来，就像你指着一个大胖子想要转移大家的注意力，免得被人知道你拉了裤子。

或许真相已经不时兴了，因为有太多无视真相的骗子逃脱了惩罚。理查德·尼克松、比拉里·克林顿[2]、杰弗里·阿切尔[3]，而其中

[1]《圣经》提到，人们会宰杀牛来献祭，作者这里意指，谎言是除了杀戮之外，最坏的事情之一。

[2] 这里是把比尔·克林顿和希拉里·克林顿混在一起说的。

[3] 杰弗里·阿切尔（Jeffrey Archer），英国保守党政治家、作家，2001 年被控伪证罪入狱，2003 年被假释出狱。

最糟糕的或许就是兰斯·阿姆斯特朗[1]，他曾是位美国英雄。但事实证明他一直在撒谎，而且很难说哪个谎言更糟——是服用大量兴奋剂，还是从未真正去过月球[2]。

木偶匹诺曹也许是最差劲的撒谎者，他只要一说谎，电影就会加长一些。至少我陪侄女一起看的时候感觉是这样。

[1] 兰斯·阿姆斯特朗（Lance Armstrong），美国职业自行车运动员，因服用机能辅助类违禁药物而遭到终身禁赛。

[2] 这里说的是另一个“阿姆斯特朗”，尼尔·奥尔登·阿姆斯特朗（Neil Alden Armstrong），第一个踏上月球的美国宇航员。很多人根据 NASA 发布的月球照片、影片认为，美国阿波罗登月计划并未实施，而是 NASA 编造的故事。

光
Light

光是世界上跑得最快的动物，甚至比猎豹还快。有的科学家说光不是动物，但是你问他们光到底是什么，他们又答不上来。相信我，我问过，他们一点头绪也没有。他们只是开始争论光是特别的（particular）[1]还是波动的，或是上帝知道些什么，而你只能傻眼看着，心想早知道就问点别的了。

万物不是动物、蔬菜，就是矿物。我们已经知道光不是蔬菜，因为它不是绿色的——绿灯是绿色的，但它不是蔬菜，它会变色，蔬菜可不会。光也不是矿物，因为它不是石头做的，所以，显然光是一种动物。这个理论是我想出来的，如果有科学家愿意采纳，我十分欢迎，不过别忘了以我的名字来命名它，而且务必把我的名字写对。

光不仅是跑得最快的动物，也是个头最小的。它能像蜘蛛一样钻进你的眼睛，还能像老鼠一样钻进门缝。不过它既不是蜘蛛也不是老鼠，因为腿的条数对不上——它没长腿。

光实在太快了，甚至人们用它来命名某种速度——光速。光速就是所谓的“常数”，也就是说，不管在哪儿它都是一样的，就像麦当劳。所以光在宇宙中任何地方都以完全相同的速度传播——除了

[1] 这里原本想说的是，光是粒子的（particle），因为这个词与“特别的（particular）”相近，作者才故意说错。

在水下，那里的速度不一样。

为了帮助人们理解光而又不必担心需要潜入水下，科学家在“吸尘器”[1] 中把它测量出来了。光不是唯一能在“吸尘器”中被测量的动物，仓鼠也可以。如果有一群仓鼠在房间里跑来跑去，你可以用吸尘器把它们吸起来，一旦它们进了袋子，数起来就更容易了。这再次证明了光是一种动物——版权归我所有。

光是由多种不同的颜色组成的，就像雀巢聪明豆 [2] 一样。如果你想看到这些颜色，就要找一个特殊的楔形玻璃奶酪，名叫“监狱”（prison）[3]。当把光关进监狱时，它就会变成一道彩虹，这比把人关进监狱要美好多了。不过大多数楔形玻璃里可没有那种两百多斤重的神经病，偷偷磨尖牙刷 [4]，准备在洗衣房用它来教训一个名叫“比利·眼球”的人。

由光分解出来的七种颜色分别为红、橙、黄、绿、蓝、紫，还是紫，总共六种颜色。[5] 记住这些颜色顺序的简单方法就是把它们写下来。

“玻璃奶酪光彩虹”是由万有引力的发明者艾萨克·中子爵士发现的。他在光照下做实验，用一根尖棍子戳进眼睛，发现他能看到很多颜色，这和他发现的如果坐在苹果树下，最终落在头上的是苹

[1] 实际是指的真空（vacuum），“vacuum”一词也有吸尘器的意思。

[2] 雀巢聪明豆（SMARTIES），雀巢公司生产的一种糖果。外层是彩色的薄脆糖衣，里面是牛奶巧克力。

[3] 这里指的其实是棱镜（prism），可以让光发生色散，展现出七种色彩。

[4] 磨尖的牙刷柄是监狱中常见的临时武器。

[5] 当然不是六种，应该是红、橙、黄、绿、蓝、靛、紫。不过靛色介于蓝色和紫色之间。

果一样令人惊讶。现在想想看，在一切被发现之前去发现它们肯定非常容易，如今就困难多了。所以我那套关于“光是动物”的理论才更加了不起，因为很明显现在可以称为“你自己的想法”的东西更少了，你必须跳出框框来思考。

经度
Longitude

世界地图都画在大大的坐标纸上，有方格子的那种，因为方格是划分地球这类圆形物体的最好方法。

为了帮助水手和飞机驾驶员知道自己位于哪个方格，人们便在线上标上数字。从上到下的线被称为“纬线”，只要环顾四周很容易就能分辨出你在哪个方格里，因为从世界顶端向底端移动的过程中，国家发生了很大变化。例如，西班牙与北极就不一样，两个地方企鹅的数量完全不同。

但是，想了解自己左右的方位——经度——就困难一些，因为这些地方的国家都差不多，如果不开口问，根本分辨不出哪个是丹麦，哪个是荷兰。而且就算你问了，听到的回答也跟《布偶大电影》里瑞典厨师说的话一样，让人看不到任何希望。[1]

在海盗船时代，搞清楚方位是个大难题。而且，你也不知道自己在地图上的什么地方，因为没有手机，无法给“钟乳石导航系统”[2]打电话，问问它你的坐标是什么。那时候的电话特别大，就像过去《周六超级商场》[3]里出现的那种，有着卷曲的线，钉在你家的墙上，所以如果你正好在别的国家或者大海上，电话是没有用的。

---

[1]《布偶大电影》里的瑞典厨师说的是“伪瑞典语”，没人能听懂。

[2] 这里其实说的是卫星导航系统（Satellite Navigation System），因钟乳石 stalactite 与卫星 satellite 形近而有意误用。

[3]《周六超级商场》（*Saturday Superstore*），英国一档儿童电视节目，节目组会邀请嘉宾，用热线电话与观众进行互动。

最终有人用时钟解决了这个问题。他们在离开港口的时候调好钟表，用来代表早餐时间。然后，他们通过观察人们吃早餐的时间来判断自己身处哪个国家。在伦敦，这个时间通常很早，因为火车的时间太不可靠，你不得不提前出发，免得遇上什么信号问题。但是在法国，他们会和陌生人待在床上，做爱，抽烟，直到上午 11 点左右，所以早餐通常会晚一些。通过观察当地烤面包机的弹出时间，水手就能知道自己在哪儿。这就是关于经度的伟大故事。

Cunk on Everything

药
Medicine

几千年来，人类的身体变得越来越好，这要归功于一样东西——药。有了药，我们就可以治疗各种疾病，不论是像黑死病这种虚构出来的病，还是对面包过敏之类的现代流行病。

“Medicine”（药）一词来自拉丁语“medicina”，意思是“A 药”或者“第一个药”。在“第一个药”出现之前，人们认为疾病是由邪恶的灵魂造成的，就像弗莱迪·克鲁格那样，因此找到人们致病的原因，并在不需要续集的情况下就能将它干掉也是一种解脱。古埃及人认为洋葱就是药，但其实不是，它们就是洋葱。

过去有一种治疗方法是在病人头上钻一个洞，将恶鬼释放出来，所以如今的人们长了鼻孔，为了用喷嚏将恶鬼打出去。因此，说一声“保佑你”十分重要，[1] 否则你可能会下地狱。

药有多种形式：有的内服，比如药片和针剂；有的外敷，比如绷带和药膏；还有一种是手术，用来把身体里面的东西取出来。而且甭管你多想给自己动手术，都不能这么做。大多数药都有自己的专业名称，比如 Domestos[2]。行医的人就是医生，他们住在被称为

[1] 国外多有这样的习俗，在有人打喷嚏时祝愿他们安好。

[2] Domestos，商标名，一种用来清洗抽水马桶、水槽等的漂白消毒剂。

“床边庄园”[1]的大房子里，在一个叫“医疗埃塞克斯”[2]的地方。

过去在别的国家，只有有钱人才能承担得起治疗费用，但是如今我们有“国家医疗服污”[3]，也就是说，每个人都可以接受治疗，只要他们不介意医院的土豆泥和臭味。

“国家医疗服污”是饮料博士[4]发明的，他是饮料的发明者，后来成了胡椒博士[5]，他承诺会陪伴所有人的一生。[6]至今他们仍然保留这样的承诺。多亏了“国家医疗服污”，你可以直接走到医生跟前，提前预约两周后可能患上的任何疾病。

医院不仅有医生，还有护士，他们可以说是“小型医生”。他们管的都是些不太重要的事，比如小孩。此外还有外科医生，他们经过多年的训练，学习分清各个部位，并且知道如何在必要的时候把它们取出来，以及如何用胳膊肘开水龙头——都是技术活。

如今，外科医生可以通过身上的小洞进入你的体内，[7]可在过去，

[1] 这里的床边庄园（Bedside Manors）其实是指 bedside manner，意思是医护人员等对待病人的态度。

[2] 这里的医疗埃塞克斯（Medical Essex）是指 Essex House Medical Centre，埃塞克斯家庭医疗中心。

[3] 作者这里写的是 National Health Surface，其实是说英国国家医疗服务体系（National Health Service）。

[4] 原文为 Doctor Beverage，其实说的是威廉·贝弗里奇（William Beveridge），英国经济学家，于 1942 年发表《贝弗里奇报告》，提出建立“社会权利”新制度，包括失业及无生活能力之公民权、退休金、教育及健康保障等理念。

[5] 胡椒博士（Dr. Pepper）是一种焦糖碳酸饮料。

[6] 这是英国国家医疗服务体系建立时给出的承诺，为人们提供终身医疗服务。

[7] 这里说的是腹腔镜手术，就是在腹部的不同部位做数个直径 5 毫米至 12 毫米的小切口，通过这些小切口插入摄像镜头和各种特殊的手术器械，将插入腹腔内的摄像头所拍摄的腹腔内各种脏器的图像传输到电视屏幕上，外科医生通过观察图像，在体外操作手术器械来完成手术。

即使是“把女士锯成两段”这样简单的手术[1]也是十分残忍的。让别人更容易忍受这种事的唯一方法，就是给他们嘴里塞上木头，阻止他们的抱怨。[2]不过，现在我们有了麻醉剂，令这一过程更加方便，因为用不着堵病人的嘴了——它确实能够止痛——只要一丁点能放进针头里的“木头”就行。我是说，估计还是要用一点木头，就像某种“神奇碎片”[3]一样。

给人实施麻醉有点像让电视待机，既没有开启，也没有关闭——只不过人体上没有电视机上的红色指示灯，而且也不会发出“砰……砰……砰”的声音，让我们知道它还在工作——这时外科医生就可以进入其中，在你的鼻子不会嗡嗡作响的情况下，尽力去除你的身体部位。[4]

医药和医疗手段都已经取得了长足进步。宝贝，就在几年前，我们还以为吞下去的口香糖会在肚子里生根，可现在，干细胞这样的技术意味着只需要几十年，我们就能造出一个完整的人，不必再怀胎十月了。

人们变得越来越健康，医生的工作就会越来越少，他们终将会像恐龙一样灭绝。说不定，有朝一日，只有去博物馆才能看到医生。我们孩子的孩子会问我们：“奶奶，医生是什么？”我们会说：“他们就像商店一样，只不过你可以在那里免费得到健康。”孩子们会认为

---

[1] 这里说的是把人锯成两段的魔术。

[2] 在过去没有麻醉的条件下，让手术中的病人咬住木头，一方面是缓解手术的剧痛，一方面也是防止病人咬到自己的舌头。

[3] 原文是 wondersplinter（神奇碎片），作者故意混淆“wonder”和“wood”（木头）。

[4] 这里说的是一款名叫“手术”（Operation）的游戏玩具，一般要求玩家在不接触玩具“病人”身体边缘的情况下，用镊子把塑料病灶拔掉，一旦出错，“病人”鼻子上的红灯泡就会发出警报声。

我们有妄想症。到那个时候我们真的会有妄想症，因为大多数老奶奶都有。

关于医学的几个无解问题

- 为什么没有多少关于医生的歌？
- 为什么买不到带薯片的药？那会更容易服用。
- 能不能用重启的办法来给人治病？

中世纪[1]

Middle Ages

顾名思义，中世纪就是中间的时代——地球诞生后的4539998400年，距离现在的1600年前，也就是说地球将在4539999400年终结。这倒是方便我们制订计划，不过，我在洛斯托夫特的两周时间里无聊地发现，手机上的日历可以调至292471210647年，也就是地球毁灭后的2880亿年，或许到那时，我们都会在火星上生活，或者在Bounty[2]上。管它会留下什么呢，真是的。

骑士与城堡

就像英国人从住在深洞里的原始人，咕噜咕噜地转化成为身穿长袍、住在茅屋里的人一样，在中世纪期间，他们又转化了一回。这种“新式超级英国人”穿着金属服装，住在巨大而又坚固的房子里。他被称为“骑士”，而他的家则叫作“城堡”。

在骑士时代，一切宛如电影《机械战警》，只不过是穿软夹克、戴大头盔的警察时代和现在穿防弹背心、挎半自动冲锋枪的警察时

[1] 中世纪（Middle Ages），指从公元5世纪后期到公元15世纪中期，是欧洲历史三大传统划分（古典时代、中世纪、近现代）的一个中间时期。始于公元476年西罗马帝国的灭亡，终于公元1453年东罗马帝国的灭亡，最终融入文艺复兴运动和大航海时代（地理大发现）中。

[2] Bounty是由玛氏公司（Mars）生产的一款巧克力。Mars也有火星的意思。

代的差别。这段时期被称为“战栗时代”[1]，因为如果你只戴着钢盔，就会觉得非常冷。

城堡是国王建造的，它们很大，所以显得档次很高；而且它们很难进入，所以显得档次就更高了，就像时装秀，或者像菜单上全印着外文、必须安静交谈的餐厅一样。

骑士们的任务是保护国王，他们就相当于旧时代里戴耳机围着贵宾转的保镖。骑士应该尽到自己的职责，宣扬正义，战胜邪恶，保护弱者，善待女性，所以吉米·萨维尔爵士[2]才无法获封骑士。

中世纪的娱乐

中世纪时期，国家再次被占领，只不过这次的入侵者既不是外国军队，也不是蚊子引发的传染病，而是娱乐。

以前英国没有什么娱乐活动，只有打仗、堆石头[3]和去教堂礼拜。突然间，所有人都打扮成去打牌的样子，就好像要举办永久的格拉斯顿伯里音乐节[4]一样，有玩杂耍的，有逗乐小丑，还提供了休息用的帐篷，你可以在里面下棋，像“吟游歌手”一样表演才艺——吟游歌手可不是什么巧克力豆，[5]而是某种古老的蒙福之子乐队[6]，只不过更糟糕。

---

[1] 这里所说的战栗时代（Age of Shivery），实际指的是骑士时代（Age of Chivalry）。

[2] 吉米·萨维尔（Jimmy Savile），英国已故的著名BBC电视台音乐节目主持人，曾被英国女王封为“爵士”。2011年吉米·萨维尔性侵未成年人和精神病人的“超级丑闻”在英国社会接连炸响，因此被剥夺爵士头衔。

[3] 作者可能在暗指英国著名景点巨石阵。

[4] 格拉斯顿伯里音乐节（Glastonbury Music Festival），世界上规模最大的露天音乐节。

[5] “吟游歌手”对应的原文是Minstrel，而有一款牛奶巧克力就叫作“Galaxy Minstrels”。

[6] 蒙福之子乐队（Mumford and Sons），英国的民谣摇滚乐队。

这是娱乐的时代。突然间，你可以跟着一起唱歌，而不只是听僧侣们诵经。这个时代不仅仅有《圣经》，还有戏剧，有游戏，也有故事。

最好的几个故事是由一个叫杰弗雷·乔叟[1]的好色之徒写的。尽管乔叟说起话来就像个臭烘烘的数学老师，但他是当时最低俗的作家，他的故事里净是性交和大便，就像夜晚的公园一样。

《坎特伯雷故事集》[2]是乔叟尝试创作的"忏悔系列"作品：骑士的忏悔，巴斯太太的忏悔，引言的忏悔。最污秽（这是"下流"的高级说法）的要数磨坊主的故事：黑暗中，一个女人把自己的屁股伸出窗外，一个牧师亲吻了它，然后一个男人把自己的屁股伸出窗外，对着牧师的脸放屁，牧师则用一根烧红的棍子捅进了那家伙的屁眼。这太低俗了，所以都是用隐晦的外语写的，好让警察看不出来。书里都是"whilom"和"yclept"这样的词[3]，搞不好是某种污秽的拼字谜，就连水手也要唾弃。

乔叟的"低俗故事"起初是被人们大声讲出来的。那时候大多数人都不识字，于是他们就去肚子里有故事或者识字的人家里听故事，就像现在人们去酒吧看"天空体育频道"一样，因为他们不识字。

但是《坎特伯雷故事集》非常受欢迎，因此人们并没有原样保留从农民的臭嘴里说出来的故事版本，而是重新制作了"高清图书"。

---

[1] 杰弗雷·乔叟（Geoffrey Chaucer），英国小说家、诗人。

[2]《坎特伯雷故事集》（*The Canterbury Tales*），一部诗体短篇小说集。一群香客去坎特伯雷朝圣，投宿在泰巴旅店。店主提议在去坎特伯雷的路上每人讲两个故事，公认最佳的讲故事者可以在回来时白吃一顿丰盛的晚餐。作者用这种方式把各个零散故事连成一体。其中以骑士、女尼、巴斯夫人等讲的故事最为有名。

[3] 都是古语，whilom 是"以前"的意思，yclept 是"名叫"的意思。

当时的图书并不像如今这样毫无意义，它们为受教育的人提供了很多知识，就跟BBC第四频道或者博物馆一样。于是，乔叟的“淫秽小说”被写了下来，供人们阅读，这可能会让他们对这个糟糕世界的未来产生好奇。

其他流行的娱乐方式大都基于残忍的乐趣。公开处决大受欢迎——不是坐电椅（这可能是当时的隔音椅[1]）那种痛快的死法——整个过程漫长而复杂：有的被掐死，有的被切掉或者撕扯掉部分肢体，然后被拖着到处走。这种做法令“恐怖组织ISIS”相形见绌，让他们看起来就跟拥挤的房子乐队一样。[2] 另外还有逗熊、踢小腿比赛[3]和斗鸡——不是你想的那样，我查过了，还查了两次。

有很多当时发明的游戏至今我们还在玩，比如双骰子游戏[4]、中东跳棋[5]和掷距骨[6]，想必你都没听说过。

---

[1] 一种具有隔音功能的座椅，可以在打电话时保护隐私，提供安静的环境集中注意力等。

[2] 拥挤的房子乐队（Crowded House），一支澳大利亚摇滚乐队。作者这里采用了夸张的对比：ISIS的凶残人尽皆知，但是中世纪的酷刑甚至比ISIS有过之而无不及，令ISIS都相形见绌，以至于他们看起来不像恐怖分子，反而像一群唱着摇滚乐的表演者。

[3] 一项古老的运动，规则很简单，就是尽力踢对方的小腿，每当对手摔倒在地，你就可以得一分。

[4] 双骰子游戏（Hazard），一种古老的英国赌博游戏。

[5] 中东跳棋（Alquerque），流行于远古中东地区的两人棋类，是西洋跳棋的祖先。

[6] 掷距骨（Knucklebones），也叫掷羊拐骨、掷髀石，是用羊的后胫距骨作玩具，为历史悠久的儿童游戏。

钱

Money

钱是英国经济的核心，也是其他许多东西的核心。人们为它打仗，为它死，还把它放进小猪存钱罐里。是钱让世界转个不停，多亏了北极那里的老虎机。[1]

那么，钱是什么？简单说来，钱就是我们知道你有多少钱的最佳途径。

几个世纪以来，很多东西都曾作为钱来流通——琥珀、小麦、鸡蛋、旅行支票、羽毛、图书券、龙虾、珠子、黄金、皮革、花蜜积分[2]、大米、豌豆、杯子和绵羊。但是，在裤兜里装一大堆羊可不是件容易的事，更何况过去的人连裤子都没有，所以只好把动物塞进裤袜里，怪不得亨利老八这种有钱人站起来的时候两条腿分得那么开。

有人问："钱是真的吗？"答案可能会让你吃惊，是真的。我的钱包里就有 10 便士，所以我可以做证。它一面印着一个女人，代表它是人类的财富，而另一面印着一头戴皇冠的狮子，提醒人们不要给动物钱，因为它们只会花钱干蠢事。

人们获得的报酬多少不一，这样就可以买他们各自需要的东西。清洁工的薪水不如百万富翁的多，那是因为百万富翁需要的东西更昂贵，所以这个制度非常公平。

---

[1] 老虎机，一种用零钱赌博的机器。作者认为北极那里有台老虎机，一拉拉杆，地球才会转动。

[2] 英国第三大连锁超市 Sainsbury's 推出的花蜜积分卡（会员卡），消费赚取积分，积分可以抵现。

起初，钱是金属做的，后来是纸做的，但是，如今的钱已经渐渐不再是我们可以拿在手里，或者像海盗那样可以用牙来鉴别真伪的东西了，它被存储在电脑的虚拟空间中。可能你以为这样一来钱就变轻了，但是等你背上装满钱的电脑时就会知道，它比硬币还重。除此以外，还有一个问题：电脑里的钱其实很脆弱，很容易受到伤害。对于像你这样的普通人，甚至对于我来说，这都是个坏消息。

2008 年出现了一场全球金融困境，结果证明银行电脑一直在谎报它们有多少钱。解决这一问题的妙招就是“量化宽松”，这样就可以凭空赚到更多钱。空气是个赚钱的好东西，因为人人都要呼吸，所以它比黄金更有价值，因为没人需要黄金。

在这场困境中消失的钱都是捏造出来的，既然如此，让所有人因此陷入困境就实在太不像话了，这就好比因为谋杀了自己想象中的朋友而蹲监狱一样。但是，一件事的发生会引起另一件事，就像“大鱼吃小鱼，巨鱼吃大鱼”一样，在很大程度上，金融危机就是一个“鱼吃鱼的循环”。

或许没人真正知道钱是什么，或许这永远都是一个无解的问题，就像填字游戏或者魔方游戏一样。或许我们唯一能够确定的就是，没有钱，我们都会变得更惨。

关于钱的几个无解问题

- 在向自动贩卖机投入硬币后，它是如何到达银行的？通过管道吗？
- 硬币里的钱都存在哪儿？
- 如果忘了密码，我能不能用刀把银行卡劈开，把钱取出来？

莫扎特

Mozart

在历史上所有的作曲家中，没有一个能像沃尔夫冈·摇滚吧·“阿玛多伊斯”·莫扎特[1]那样，创作出如此多的曲子。

1756年，莫扎特出生于奥地利，尽管那地方当时还不叫奥地利。3岁的时候，他就开始弹钢琴了，尽管那东西当时还不叫钢琴。人们都认为他是神童，但是，“神童”[2]在两百多年前还没有诞生，因此他不会被人们误认为是当中爱生气的那个家伙，也不会被要求在大键琴上演奏《纵火者》[3]。于是他得以安心地进行日常创作，有了更多时间去创作热门歌曲，而且他确实有所收获，比如《无花果卷的婚礼》[4]和《第21号协奏曲》。

5岁那年，小小莫扎特创作了自己的第一首曲子，8岁时又写了他的第一首交响乐。这真是令人惊叹，因为他原本可以像正常孩子一样骑车或者爬树。莫扎特的父母把他和姐姐送往欧洲各地巡回演出，在布拉格、维也纳、巴黎、慕尼黑和伦敦的法庭上[5]表演他们的

---

[1] 真名为沃尔夫冈·阿玛多伊斯·莫扎特（Wolfgang Amadeus Mozart），作者借奥地利歌手法尔可的经典作品 *Rock Me Amadeus* 故意将其名错写为 Wolfgang Rock Me ‘Amadeus’ Mozart。

[2] 这里指的是英国摇滚天团神童乐队（The Prodigy），由四名成员组成。后文说的“爱生气的家伙”应该指的是乐队中的总是皱着眉头的键盘手利亚姆·豪利特（Liam Howlett）。

[3]《纵火者》（*Firestarter*），神童乐队的一首歌。

[4] 作者故意写成 The Marriage of Fig Roll，其实是指《费加罗的婚礼》（*The Marriage of Figaro*）。

[5] 原文 court 一词除了“法庭”，还有“宫廷”的意思。

作品。没人知道他们为什么要在法庭上表演，可能因为有法官在场，他们希望能借机进入法官家，方便签署唱片合约。

14 岁的时候，莫扎特写了自己的第一部歌剧，显然他不怎么正常——首先他才 14 岁，其次他居然有耐心看完一场歌剧。他想得找点事儿做才行，于是他找了一份风琴师的工作。但是，这并没有阻止他强迫性的创作欲望，反倒令他不断强迫自己写出越来越多的音乐作品——就像拉屎一样，只不过他“拉”的是音符。

最终，他又穷又累，躺在床上等死。即便这种时候他也离不开音乐，于是他创作了自己最著名也是最后一部作品《安魂曲》，一首很长的拉丁文歌曲，关于死亡的。在很大程度上，这首歌就相当于当时的 East 17 的《再停留一天》，[1] 而且如果那会儿就有圣诞节的话，它肯定会出现在约翰路易斯[2]的广告里。但是，这首曲子并没有完成，1791 年，它伴随他一起死去。莫扎特享年 33 岁，和盖伊·福克斯去世时一样大，后者的伟大杰作——炸毁议会，同样也没有完成。

---

[1] East 17，一支英国流行风格乐队，《再停留一天》（*Stay Another Day*）是他们的热门单曲。

[2] 约翰路易斯（John Lewis），英国高档连锁百货商店。

生命之谜

Mystery of Life, The

生命就是一个谜，前提是你相信说“生命是一个谜”[1]的人所说的话。我不信，我觉得它是几百个该死的谜。我们不知道的东西太多了，什么时候科学才能不在5G和无人驾驶汽车上浪费时间，解答那些真正的难题呢？

比如这些：

- 站立的时候，我们的膝头跑到哪儿去了？
- 风就是发飙的空气吗？
- 一周里（体重）哪一天最重？
- 井眼下面发生了什么？
- 电脑实际上是个奴隶吗？
- 他们把音乐藏在了钢琴的什么地方？
- 如果一只猴子被养得足够久，它会进化成男朋友吗？
- 夜里的云彩都去哪儿了？
- 发生过的最政治化的事情是什么？
- 公交车怕痒吗？
- 不存在的感觉是什么样的？
- 一字开头的乘法口诀是谁发明的？
- 同样是泡在水里，为什么船不会像饼干那样变软？

---

[1] “生命是一个谜”（life is a mystery）出自麦当娜的歌曲《像个祈祷者》（*Like a Prayer*）的歌词。

- 为什么炎热的天空是蓝色的，而热水龙头是红色的?
- 世界上有多少地方?
- 噪声是什么做的?
- 为什么“big”（大）看起来小而“small”（小）看起来更大?

Cunk on Everything

纳米技术[1]

Nanotechnology

纳米技术是用来解释那些微小到几乎看不见的机器的词语。想想黑莓手机的键盘，只不过比那更糟。

纳米技术之于普通技术，就像微型英雄[2]之于全尺寸的巧克力一样。想象一个微型英雄版本的割草机或者时钟，然后忘掉它，去想更小的东西，然后将其缩小一半。想象一个放大镜，并且想象自己用它来观察那个东西，接着想象你什么也看不见了。那就是纳米。

科学家说，如果纳米技术按照目前的速度继续发展，那么最终机器会变得非常小，以至于我们无法使用或者找到它们。这么小的机器都可以注射到你的屁股上，前提是这是个好主意。未来的人们可能会在呼吸之间将纳米机器吸入体内，然后放出一团带有小小、小小、小小的吊车，有喷气式滑雪板和吹风机的屁。

如果机器都变得那么小，我们就得搞清楚它们存在的意义是什么。公交车变得跟蚂蚁一样大是不错，但是人也得跟着变小，否则就会把车压扁。我们又一次没有把未来设想周全。纳米技术需要“纳米人”。只不过对于“纳米人”来说，纳米技术就是正常的大小，所以，也许我们不必劳心费力了。

---

[1] 用单个原子、分子制造物质的科学技术，研究结构尺寸在 1 至 100 纳米范围内材料的性质和应用。

[2] 微型英雄（Miniature Heroes），吉百利生产的盒装 / 罐装糖果品牌，包括各种吉百利巧克力的微型版。

报纸
Newspapers

对于奶奶们来说，报纸就是纸质版的推特。显然，报纸还没有灭绝，只不过都集中在加油站外的纸煤[1]附近、小塑料窗的后面，那里就像一座小小的“报纸动物园”。

在过去，人们通过报纸获知前一天发生了什么事。报纸上的话是由一种叫“记者”的人编出来的。记者就是现在所谓的“内容提供者”，他们复制粘贴人们的推文并将其整理成句，利用这些句子让推文变成了新闻。不过在报纸时代，做新闻的人不光需要把自己的想法和行为打成字，还必须亲自出马了解情况——通常是偷听别人的电话。今非昔比呀！

报纸上有很多你不感兴趣的专栏，比如体育或者海外新闻；还有一些你喜欢的内容，比如填字游戏和《巴塞特猎犬弗瑞德》[2]。我们会把不想要的报纸版面丢进垃圾箱，“滚动”到自己想看的位置。这么做对地球可不友好，幸好我们如今可以把自己想看的部分直接发到手机上。只不过这给油漆书架带来了难题，因为《每日邮报》侧边栏的小广告无法像《家庭副刊》那样垫在桌子上，以免东西沾上油漆。此外，使用卫报App也不会引发火灾。这样对地球也很友好。

最知名的一些报纸，例如《泰晤士报》和《电视快讯》，自18

[1] 这里说的是人们习惯把过期的报纸等纸质品用压块机压成煤块进行回收利用，到了冬天可以用来代替木柴烧火取暖。

[2]《巴塞特猎犬弗瑞德》（*Fred Basset*），一部关于巴塞特猎犬的连环漫画。

世纪起就在咖啡馆中流行，到了维多利亚时代，它们已经随处可见了。手里拿着当时的报纸要么表示你一直在跟进新闻事件的进展，要么是在替绑架你的绑匪向警察证明你还活着。

报纸让普通人也能接触到一部分重大事件，无论是泰坦尼克号的沉没，人们假装登上月球，还是戴安娜王妃的死亡。如果没有报纸，我们永远不会听说这些人的名字——皮尔斯·摩根、鲁伯特·默多克、杰里米·克拉克森，因此可以理解21世纪的人为什么不再购买日报了——就是为了防止这一切再次发生。

噩梦

Nightmares

大脑和电视很像。白天，我们会看到各种正常的事物——路标、草地、新闻，尽管大都十分无聊，但是一到晚上，大脑就会像电视一样播放各种奇怪的东西：什么《零度以下的生活》[1]《英国上议院》《拉塞尔·霍华德的现场直播》[2]。这些叫“做梦”。如果它的内容惊悚或者配有字幕的话，那就是一场噩梦。

入门级的噩梦就是梦见薯片被吃光了，它具备噩梦的所有要素：原始恐慌、饥饿，以及怪兽出没的可能性。略微复杂一些的噩梦可能是，你被一只长着六个脑袋的长颈鹿猛追，围着一座阴森的老房子狂奔，而它想让你告诉它 13×12 等于几；或者你是博姿[3]优惠套餐里最后一个三明治，正被送往食客嘴边，而那个食客长着《蓝色彼得》中拉齐[4]的脸——原本他是个好人，但是现在却像一个想要吞掉你的巨大“咀嚼集装箱”，而你这个可怜的“金枪鱼黄瓜三明治”对这个最善良的人失望至极，他生生被你变成了杀人机器。

有的治疗师喜欢分析梦境，就好像梦可能有什么含义似的。

---

[1] 一部电视系列纪录片，讲述了阿拉斯加偏远地区狩猎者的日常活动。

[2] 拉塞尔·霍华德（Russell Howard），英国喜剧演员和电视及广播节目主持人，拥有自己的冠名节目《拉塞尔·霍华德的好消息》（*Russell Howard's Good News*）。

[3] 博姿（Boots），英国美容及护肤品牌。

[4] 拉齐（Radzi），英国节目主持人，曾担任英国儿童电视节目《蓝色彼得》（*Blue Peter*）的主持人。

Cunk on Everything

俄狄浦斯情结[1]

Oedipus Complex

这一观点是精神病患者西格蒙德·弗洛伊德提出来的，用来解释为什么男人总是精神错乱又易怒，碰见红绿灯就十分暴躁。他的借口是，每个男人在婴儿的时候，都想杀掉自己的父亲，然后和自己的母亲睡觉。这个借口一点用都没有，简直比它想解释的问题更差劲。

这种情结很简单。它是以希腊神话人物俄狄浦斯的名字命名的。俄狄浦斯谋杀了父亲并迎娶了自己的母亲，纯属意外。这就是巴格浦斯[2]和他的区别，巴格浦斯就没干过这种事。

后来弗洛伊德终于意识到，他卓越的理论只解释了男人的问题，而忽略了人类中的另一半，这就让他的卓越理论就像解释了“为什么到处都是中国人”的理论一样差不多“有用”[3]。为了弥补这一不足，他发明了一个理论，用来解释为什么女性都是精神病，并称之为“阴茎嫉妒论”。[4]这甚至比俄狄浦斯情结还糟，因为它的基本想

[1] 即恋母情结，源自希腊神话人物俄狄浦斯杀父娶母的故事。

[2] 英国儿童电视连续剧《巴格浦斯》（*Bagpuss*）的主角巴格浦斯，是一只松松垮垮的、接缝处有些松散的旧布猫。P74 亦有提及。

[3] 作者这里可能只是想吐槽俄狄浦斯情结的没用，正如你就算解释了“到处都是中国人”的原因，也没什么实际意义。

[4] 弗洛伊德认为，进入性器期后，女孩发现异性的生殖器官后，会认为母亲没有把阴茎生给她们或造成她们被阉割的状态。没有阴茎使她们感到不完整或不充分，使她们感到委屈，同时伴随着由缺乏阴茎引起的自卑，甚至产生阴茎嫉妒。

法是，女人有时候会在裤子里乱翻，为有人偷走了她们的“阴茎”而感到气愤。这个理论最能让你了解弗洛伊德，不过，对于一个想和自己老妈上床的男人，你能指望啥呢？

奥运会
Olympics

奥运会是一场国际性的体育竞赛，每次都在该举办的时候举办。所有国家趁机聚集在一起，看看谁最擅长跑步、跳跃、投掷、骑马和腐败。

2012 年，英国历史上首次赢得奥运会的主办权。那是美妙的一刻，举国上下走到一起，无关贫富，无关种族，无关身体健全还是残疾，大家只有一个目标：给乔治·奥斯本[1]喝倒彩，简直是大快人心。我感觉自那以后我们再也没有那么开心过。

有些奥运会的运动项目还是挺合理的（尽可能快地跑；不必登录易趣网就能扔掉一个不想要的锤子），有些项目很傻（让马跳迪斯科；尽可能快地跑但同时又要放慢点速度；穿着紧身内衣挥舞丝带）。最重要的比赛通常就是看谁在不太长的时间里跑得最快，因为这是唯一能在日常生活中派上用场的奥运技能——用来追公交车。

奥运会有时也会被困在冰天雪地里，但他们尽力了。对我来说，那才是真正的奥林匹克精神。

[1] 乔治·奥斯本（George Osborne），英国近一个世纪以来最年轻的财政大臣，曾经推行英国政府二战以来最严厉的紧缩政策。

P

Cunk
on Everything

意大利面
Pasta

在过去，有两种意大利面——意大利面条和意大利面圈。后来出现了一种“新面”，一种类似小枕头形状的罐装“意大利方形饺”[1]。从那时起，科学家在意大利面上有了一个又一个突破，发现了一大堆“新式意大利面”。

例如，意大利千层面，像一沓明信片；蝴蝶面，像一群蛾子；粗管面，像下水管道；小贝壳面，像拳头；当然还有字母面，也是种意大利面，只不过长得更像字母一些。

不知道将来还会出现什么样的意大利面，以后说不定用不着打开罐头，就可以把意大利面下载到微波炉里。或许这就是“悬停意大利面”吧，或者还会有能让时光倒流的意大利面。有可能探测器会在火星上发现意大利面。那将是第一个“外星意大利面”，全球人民都会友好地聚在一起，举办仪式迎接它，到时候地球上最聪明的人——可能是斯蒂芬·霍金的鬼魂，或者在《倒计时》节目[2]中做数字任务的人——就可以品尝“火星意大利面”，并告诉我们它的味道。那肯定很好吃，至少我是等不及了。意大利面棒棒哒！

---

[1] 意大利方形饺（ravioli），以肉、奶酪等为馅，通常加调味品食用。

[2]《倒计时》（*Countdown*），英国游戏节目，涉及单词和数字任务。

复印机

Photocopiers

复印机是一种在纸上复制平面物体的机器，我们以前旧校舍的办公室里就有一台，专门用来制作旅行表格。没人明白复印机的工作原理，就连发明它的“复印机伯爵”[1]，也从来没打开过一台来看看清楚，因为担心魔鬼从里面冒出来。

说穿了，复印就是把你想要的纸放在上面，按下绿色按钮，然后出来更多的纸。没人知道它们是从哪来的。

传说过去人们常常在公司召开年会的时候坐在复印机上，[2] 这挺令人费解的，因为办公室看起来并不缺椅子。而且，坐得那么高，一低头就会看见经理的秃顶——一种很难设计的发型。

如今人人都用打印机，通过电脑来完成工作，这多少是可以理解的。复印机太像某种巫术，为了防止有人用它作恶，复印出个希特勒什么的，人们将它淘汰了。

---

[1] 复印机真正的发明者是美国工程师切斯特·卡尔森（Chester Carlson）。

[2] 坐在复印机上复印人的屁股，是一个常在年会上玩的恶作剧游戏。

极化

Polarisation

磁铁真是奇了怪了，不是朝这边就是朝那边，简直像“脱欧公投”，区别在于，它们有地方可去，而不是无处可去，无从下手。

如果让两块磁铁的同一侧贴在一起，它们会互相嫌弃，就像两个政治或者宗教立场相同的人一样；但是，如果让一块磁铁的“屁股”贴在另一块的“嘴巴”上，它们就会相互合作，活像科学实验中的“人体蜈蚣”。

有一种理论认为，如果地球磁极打算挪挪窝儿，那么一切都会玩儿完。不过这也许会很刺激。到时候我们必须把地图倒过来挂，右撇子会新晋为少数派，我们还得给插头重新换电线——电工们将会一夜暴富。到时候还会出现印着“东方就是新西方”[1] 的 T 恤，说不定我们只能朝着错误的方向开车，时钟可能会开始倒转。准备接招吧，科学家！

[1] 原句出自鲁德亚德·吉卜林（Rudyard Kipling）的诗：“East is East and West is West and never the twain shall meet”。大意是：东是东，西是西，故而两者永远不相遇。

Cunk
on Everything

阔恩素肉[1]

Quorn

从前，人们没必要吃素，因为那是疯子干的事，会被用链子锁在接收素食者的精神病院的墙上。后来，素食被人们接纳，从这个时候起，情况开始恶化，或者用现在的话来说，阔恩素肉登场了。

科学家将阔恩素肉称为“物质”，他们也用同样的词来称呼你脚趾间的东西，以及从U形弯管和洗衣机排水沟里刮出来的东西——基本上，任何灰色的、非纸制但外观和味道都和它很像的东西都被称为“物质”。

然而，这种由回收外卖或者其他什么东西制成的阔恩素肉其实还不坏。香肠的味道不错，尽管看起来像是用死人的大拇指做的——不过那不可能，否则就不算是素食了，哪怕大拇指的主人是吃素的也不行。这倒是个问题，不是吗？素食者是肉做的。肉做的人怎么能吃素呢？有人搞定这个问题了吗？

阔恩素肉总是想方设法让自己看起来像吃的，尽管它不是吃的。它装扮成香肠、汉堡和肉馅的样子，尽管它只是“物质”。这有点像在电影《神奇动物在哪里》里面，所有东西都聚集成了一团“默默然”[2]一样。所以，你吃阔恩素肉就等于在吃“默默然”，只不过是加了盐的，所以没关系。

---

[1] 原产于英国的一种菌类制成的肉类替代产品。

[2] 默默然（Obscurus）是电影《神奇动物在哪里》中一种隐藏在巫师体内的、不稳定的、不可控的黑暗力量。

R

Cunk on Everything

面向电台[1]

Radio For

大多数电台都是用来吸引出租车司机的，它们播放司机们年轻时常听的优美歌曲——那时候的他们对一切还都有所期待——以及别的司机休息时打来的电话，抱怨那些歌跟他们年轻时常听的不一样。

但是，有一个与众不同的电台——面向电台。面向电台是“面向聪明人播放的电台”的简称，里面几乎全是人在讲话，只不过他们当中没有一个是莫里森停车场的出租车司机。他们说的都是事实和自己读到过的内容，而不是别的出租车司机在电台里说起的东西。

面向电台里的聪明人讲的都是园艺、政治、时事和历史，还有被困在只有音乐可“吃”的岛上是什么样子或者船上的天气如何，甚至还会播放乡下的奶牛主人在茶壶旁搞外遇的秘密录音。

不过，这个电台确实总是卖弄自己。它有个节目，要求人们必须在60秒内解释某件事，但是不能把任何话说两遍或者重复自己的话。我不记得它叫什么了。[2]还有一个节目，有个叫默文什么的[3]，特别爱发火，对比他聪明的人很没有礼貌。他说起话来就好像要拔剑决斗一样，虽然他倒是从来没拔过剑。

---

[1] 这里其实是指第四频道，面向电台（Radio For）与第四频道（Radio Four）的发音相同。

[2] 这里指的是BBC第四频道的一档小组智力竞赛节目《一分钟》（*Just a Minute*），要求小组成员就一个给定的主题进行60秒的讲话，“不得犹豫、重复或者跑题”。

[3] 这里是指梅尔文·布拉格（Melvyn Bragg），英国播音员，曾主持过BBC第四频道的探讨类节目《时代》（*In Our Time*）。

作为一个面向聪明人播放、由聪明人经营的电台固然很好，但是如果节目里没一个正常人，那就太高不可攀了。也许他们应该让帕迪·麦吉尼斯[1]这样的人来做节目，他会一边哼着改编的曲子，一边试吃三明治。我只是觉得，这样也许能让面向电台火起来。然后它就会变成“面向每个人播放的电台”，或者“面向全国四处播放的电台”。再改个直观点儿的名字，比如更好记一些的，第四频道。

[1] 帕迪·麦吉尼斯（Paddy McGuinness），英国喜剧演员、电视节目主持人。

罗马“的”国[1]

Roman Nempire, The

公元前一段时间，第一批游客抵达了英国。他们来自意大利，不过为了保留点儿惊喜感，他们并不说自己是意大利人，他们自称罗马人。

罗马人和英国人一样，只不过更先进一些，他们有道路、集中供暖，头上还顶着扫帚。[2]他们将所到之处一一占领，并把它们改造得一模一样——这种情况本来是不会再发生了，直到 Pret A Manger[3] 的出现。罗马人打算将英国也纳入他们“大型计划”的一部分，他们称这个计划为“罗马的国”。

“罗马的国”不断向已知的世界扩张，因为当时它还比较小，比较年轻，就像猫崽比猫小一样。罗马人是文明人，也就是说，他们在做爱或者吃太多想吐的时候，会说拉丁语。[4]

罗马人十分高级，他们原本在身体里就预装了拉丁语，[5]就像医生[6]或者鲍里斯 · 约翰逊[7]一样。与鲍里斯 · 约翰逊不同的是，他们

[1] 此处的“的”请念 dì。

[2] 这里是指古罗马时期军官头盔上起装饰作用的毛。

[3] Pret A Manger，一家总部位于英国的快餐连锁店，名字源自法语“prêt à manger”，意思是“即刻食用”。

[4] 罗马起初是拉丁人的一个移民中心，罗马人属于拉丁人。

[5] 拉丁语是罗马帝国的官方语言，亦是意大利地区的地方语言。

[6] 西医都用拉丁文开处方，一方面是因为过去拉丁语地区的医学相对发达，一方面是为了医学概念表述的统一。

[7] 鲍里斯 · 约翰逊，擅长拉丁语。

会在公开场合里说拉丁语，而且还会梳头。他们对原始英国人产生了极大的影响：教会我们洗澡，用后腿走路，使用刀叉而不是直接啃牛肉。说白了，他们把原始英国人改造成了绅士，这就像是在赫尔开了一家手工面包店。[1]

罗马人对直线有着强烈的偏好：成排的士兵、数字、墙壁、马赛克（一种人们自愿费劲去看的瓷砖），以及最重要的——道路。在道路被发明之前，你只能站在村口，通过幻想自己能够瞬间转移或者看看自己能跳多远来四处旅游。

然而罗马人真正喜爱的其实是洗澡。在他们之前，水都待在天上，也就是雨。后来他们驯服了雨。澡堂是一个与人碰面、交流八卦、找东西、赤身裸体向陌生人展示生殖器的地方，它就像是那个时代的互联网。罗马人非常喜欢洗澡，他们建造了一个巨大的洗浴中心，并以此来命名这座城市——“澡市”[2]。

在涉世未深的英国原始人——他们浑身泥浆，头发竖起，还拿着棍子——看来“澡市”的澡堂肯定是个令人费解的事物，就和史蒂夫·麦克法登[3]登上协和式飞机时的感受一样。他知道这里很特别，比他去过的任何地方都干净，这里让人兴奋。可他不知道这里是干吗的，他不明白该怎么做——搞不好他会在澡堂地板上大便，或者因惊慌失措而咬人；也说不定他会把浴池砸开，碰触其中的魔法开关；或者对建造它的人表示深深的崇拜，用鞋子搭一个简陋的神龛，

[1] 赫尔市，英国东北部的海滨城市，不过在英国人眼中属于脏乱差的地方，曾三次被评为英国十大最差城市的第一名。作者这里的意思是，开一家手工面包店，让这个“落后”的地方也和文明世界有所接触。

[2] 这里说的其实是巴斯（Bath），与洗澡（bathe）谐音。

[3] 史蒂夫·麦克法登（Steve McFadden），英国演员，曾出演电视剧《东区人》。

大声号叫。

尽管如此，还是有人反抗罗马人的侵犯，其中一位起初叫“博阿迪西亚”[1]，后来她改了名字，就像歌手王子[2]以前常做的那样，只不过她是在去世之后才改的名字，老实说有点晚了。布狄卡女王与许多反叛者——麦莉妮·克拉斯[3]、埃德·鲍斯[4]、迪莉娅·史密斯[5]——一样，来自诺福克[6]，而且她憎恨罗马人。于是，她率领了一支野蛮的军队发动起义，袭击了科尔切斯特[7]，让这座城市从热闹的首都变成了充满哭泣和绝望的地狱火海，如今在那里依然能看到此番场景。

罗马拥有世界上最先进的战斗装备，但是，布狄卡的军队用他们能搞到的最好武器——长钉——进行了反击。结果他们失败了，钉子毕竟只是钉子。

布狄卡被打败后，罗马人统治了英国好多年，直到有一天他们突然不得不赶紧回家，因为他们想起老家的文明还处于水深火热之中。[8]

---

[1] 博阿迪西亚（Boadicea）为旧名，后称为布狄卡（Boudica），是英格兰东英吉利亚地区古代爱西尼部落的王后和女王，她领导了不列颠诸部落反抗罗马帝国占领军统治的起义。

[2] 王子（Prince），原名普林斯·罗杰斯·内尔森（Prince Rogers Nelson），美国流行歌手、词曲作家、音乐家、演员。他曾用过许多艺名发表过音乐作品，例如“Jamie Starr”“The Starr Company”“Joey Coco”“Paisley Park”“Alexander Nevermind”“Christopher”，在1993年到2000年期间，Prince将名字改为一个不能发音的符号“O（+>”。

[3] 麦莉妮·克拉斯（Myleene Klass），英国歌手，钢琴家和模特。

[4] 埃德·鲍斯（Ed Balls），英国工党的一位政治人物。

[5] 迪莉娅·史密斯（Delia Smith），英国厨师和电视节目主持人。

[6] 诺福克（Norfolk），位于东英格兰东安格利亚地区的非都市郡。

[7] 科尔切斯特（Colchester），英国英格兰东南部城市，当时是罗马殖民地。

[8] 古罗马统治英国长达400多年，后来位于罗马北方的蛮族兴起，严重威胁到帝国的安全，罗马人最后不得不撤出遥远的英国。

但是，他们的影响力从未消退。试着想象这样一个英国，那里没有葡萄酒[1]，没有道路，没有尼路咖啡[2]，没有澡堂，没有罗马小牛角包[3]，没有阿斯顿维拉[4]，没有引水渠[5]，没有字母意面，没有菲亚特熊猫[6]，没有八字胡[7]，没有米利瓦尼利[8]，没有西班牙海鲜饭，没有肢体语言[9]，没有等腰三角形[10]，没有千层雪，没有托加长袍派对[11]，没有地上的镶嵌画，也没有西莎狗粮[12]。那简直难以想象。所以，我们要为罗马人送上大写的拉丁文感谢：THANKVS YOV[13]。

---

[1] 古罗马人发明并完善了多种酿酒技术。

[2] 尼路咖啡（Caffè Nero）是意大利风格的咖啡屋品牌，总部位于英国伦敦。

[3] 罗马小牛角包（Cornetto），是奥地利羊角包和法国羊角包的意大利改良版。它不同于法国羊角包，它更柔软，黄油含量更少。

[4] 阿斯顿维拉足球俱乐部（Aston Villa Football Club），一家位于伯明翰的足球俱乐部。

[5] 这里是指古罗马帝国城市供水系统的输水槽。古罗马城在公元 1 世纪已有较好的供水系统，保证了罗马城的用水，对城市建设起到了重要作用。

[6] 意大利著名汽车制造公司菲亚特（Fiat）生产的一款多用途微型车。

[7] 这应该是作者对意大利人的刻板印象，认为意大利男人都留八字胡。

[8] 米利瓦尼利（Milli Vanilli），来自德国慕尼黑的 R&B 二人组合。

[9] 意大利人说话时的肢体语言非常多，他们的手势就能编一本词典。

[10]这里应该暗指古罗马人建造的万神殿（Pantheon），其前廊的正面上方是个等腰三角形。

[11]一种希腊罗马主题的服装派对，参加者穿着托加长袍（通常由床单制成）和凉鞋。

[12]西莎狗粮，美国玛氏公司宠物护理业务旗下的一个知名品牌。作者在此可能是拿此狗粮品牌（Cesar）故意吐槽罗马的恺撒大帝（Caesar）。

[13]这是作者用英语写的伪拉丁语。

橄榄球
Rugby

严格说来，橄榄球是一项运动，不过和投飞镖或者蹦跳属于一类。

据我所知，比赛规则是这样的：两支不同颜色的球队在比赛中争夺一只巨大的眼睛[1]，他们将“眼睛”丢来丢去，还故意抱着它摔倒在地，有时还会把它踢进一个巨大“H”[2]里。这项活动有点介于《你被陷害了》和《芝麻街》[3]之间。

不过，它也是充满情感的游戏。男人们聚在一起抱作一团，或是把彼此举起来，好像要把对方背在背上一样，或者互相压在一起，如同要开睡衣派对似的。很高兴看到男人们表现出自己的女性一面来与人相处，橄榄球一定是最女性化的运动之一。

有些男人为了好玩，会在头上或者在腿上缠着绷带[4]——他们的腿粗得要命，就像是一群用土耳其旋转烤肉造出来的弗兰金斯坦。

大多数橄榄球队都是以动物命名的，比如：底特律雄狮队、澳洲袋鼠队、莱斯特老虎队、南非跳羚队、亚特兰大猎鹰队和威尔士猪队[5]。他们通常来自城市，因为那里的草地比农村多，农村里都是

---

[1] 就是橄榄球，因为是椭球形，和眼睛很像。

[2] 这里指的是英式橄榄球的球门，它像大写的英文字母“H”。

[3]《芝麻街》(*Sesame Street*)，美国一档儿童教育电视节目。

[4] 英式橄榄球运动员不穿护具，受伤在所难免，所以缠绷带一方面可能因为受伤，一方面也是用来固定脚踝手腕，避免扭伤。

[5] 威尔士猪队并不是球队的名称，是作者在趁机骂威尔士人而已。

泥巴、河水和拖拉机。甚至有一座城市以这项运动命名：橄榄球市。[1]

橄榄球有两种类型。联盟式橄榄球和“洋葱式”橄榄球[2]。前一种比后一种更快更小，而后一种有别的名称。有些球员挺厉害的，两种都会打，就像休·劳瑞[3]既会弹钢琴又会当医生一样。

世界上最大的橄榄球比赛是六国锦标赛[4]，六个国家互相比，在所有不把橄榄球当回事的六个国家中，看看谁是世界上最棒的。比赛通常在世界的另一边进行，所以酒吧可以早早开门营业。[5]

---

[1] 这里指的是拉格比市（Rugby），位于英格兰中西部沃里克郡的一个城镇，镇上有一所拉格比学校，是橄榄球运动的发源地。

[2] 这里其实是指联合会式橄榄球（Rugby Union）。两大阵营在出场人数和计分规则方面都有所不同。

[3] 休·劳瑞（Hugh Laurie），英国影视演员、配音演员、导演、编剧、制片人，擅长钢琴、吉他等多种乐器，在电视剧《豪斯医生》（*House M.D.*）中饰演格里高利·豪斯医生（Dr. Gregory House）。

[4] 六国锦标赛（Six Nations Championship），一年一度的国际橄榄球比赛，参赛国家（或政治实体）包括：英格兰、苏格兰、爱尔兰、威尔士、法国及意大利。不过这只能算是北半球最大的橄榄球比赛。

[5] 其实并非如此，六国锦标赛的参赛国（或政治实体）都集中在欧洲，并没有明显时差。

俄国革命[1]

Russian Revolution, The

1900年的俄国在一个名叫沙皇（tsar）的国王的统治之下，而“tsar”在俄语中就是“明星”（star）的意思，只不过他们把字母写乱了，由此不难看出那地方有多乱。

国王尼古拉11[2]非常非常有钱，而俄国的其他人却在吃土充饥，吃土时要就着伏特加，以盖住泥巴的味道。有一天，俄国一些顶级科学家发现这样的制度是错的——在那之前，只有法国[3]注意到国王们屁事不干，还拥有一切财富。注意到这一点非常难得，英国人就想不到。[4]我们最接近这一想法的一次，就是让女王自己修好烧毁的城堡，并坚持只给她1800万英镑来付账。[5]

所谓共产主义，就是把钱分给所有人，让每个人拥有同等数量的财产，这一理论是由一个名叫卡尔·马克思的人发明的。他写了本书叫作《大写字母》[6]，之所以起这个名字，是因为他在伦敦撰写了这本书，而这座城市的名字就是以大写字母开的头。他在书中写

[1] 1917年俄国革命是俄国1917年一系列革命运动的统称，最终推翻沙皇统治，建立了苏联。

[2] 这里其实是指尼古拉二世（Nicholas II）。

[3] 这里指的是1789年法国爆发资产阶级大革命，推翻了统治已久的君主制封建制度。

[4] 英国历史上没有发生过彻底改变阶级结构的大革命，主要是因为英国君主权力受限，底层平民权利放开，所以阶级矛盾没有达到不可调和的地步。

[5] 这里说的是1992年11月20日英国王室温莎王朝的家族城堡失火。火灾造成了数千万的英镑损失，而修复费用也要耗资3650万英镑。为了筹集修复温莎城堡的资金，王室不得不削减日常开支，还决定把城堡的一部分作为旅游景点，并将王室的多个宫殿和行政厅向外界开放。

[6] 这里其实是指《资本论》（*Capital*），而capital除了“资本”的意思外，还有大写字母的意思。

道，国家的所有钱都应该分配给工人，不能分给国王，因为国王一旦被射杀，就用不上钱了。

这是一个巧妙的计划，着实令人激动，甚至卡尔·马克思的一位朋友都坚决要求是时候“还政于民”了——这个人就是约翰·列宁[1]。1917年，列宁领导了一场革命，把俄国从一个少数人拥有极权和财富的腐败国家，变成了如今这个样子。

其他国家并不热衷于俄国革命，他们挂上了熨烫过的窗帘，以此炫耀自由西方的高标准家务水平。[2]但是俄国也有自己的反击方式，他们制造核火箭，制作了大量印着戴头巾大妈高举拖拉机的海报——如今仍然可以在卡姆登市场买到——还把铁饼女投手搞得像无敌绿巨人一样。这是一场战争，但是没有寻常战争那般激烈。相反，这场战争有些烦人，而且持续时间比所有人预期的都长，就像一场久久不好的风寒感冒，故而它也得名——冷战。

[1] 真正的全名是弗拉基米尔·伊里奇·列宁。
[2] 作者对铁幕（Iron Curtain）的讽刺。

S

Cunk
on Everything

香肠

Sausages

香肠是素食者唯一可以吃的肉。环顾超市你就会发现，没有素鸡肉或者素牛肉，但是却有素香肠。素食者很乐意吃香肠，就连琳达·麦卡特尼[1]都把自己老公的名字借给香肠用。为什么？因为严格来说，香肠不是动物，它感觉不到疼痛。难怪长久以来，人类一直捕食香肠，这是一种不会让人心生内疚的肉。

长面包夹香肠被称为“热狗”，因为它看起来像条狗——前提是得有一条狗住在长面包里，没有腿也没有脸。香肠的其他吃法还包括炖锅菜、Wimpy 的香肠面包[2]和速食。

“野生香肠”跑得很慢，很容易就被抓住。对付生长在淡水中的香肠，可以使用网子、枪或者棍子。生长在咸水里的香肠也很受欢迎，通常装在罐头里。尽管互联网改变了我们的行事方式，但它丝毫没有影响到香肠，那是因为数字无法用来做香肠，也就是说，哪怕到了可怕的“核末日”，所有电脑都毁灭了，我们依然还有香肠，即使它们可能有点烧焦了。对那些不吃焦煳食物的人来说，这是个坏消息。

[1] 琳达·麦卡特尼（Linda McCartney），甲壳虫乐队成员保罗·麦卡特尼的妻子，美国音乐家、摄影师和动物权利活动家，创办了琳达·麦卡特尼食品公司。

[2] Wimpy 所推出的一种将香肠、奶酪、番茄和洋葱等加在圆面包里做成的香肠面包。

感觉

Senses

人类可以通过感觉了解大脑之外发生的事情，信息由外部世界进入体内，经过大脑分析，从而被我们理解。不过，如果我们宿醉未醒，就用不着这样费力的过程，大脑会发出一大堆警报，提醒我们天亮了，那辆公交车太红了，我们拿杯子要干什么来着，直到我们睡觉——通常在书桌下面——才会停下。

有些动物拥有我们所没有的感觉，比如，蝙蝠能发出一种声音，防止自己撞在山洞上；而猫有一种阅读杂志的方法，就是坐在书上，用屁股来吸收其中的精华。

没有感觉，人和路桩就没有什么分别。

众所周知，人有八种感觉，我们在此介绍其中的七种。

1. 视觉

视觉就是科学家所说的用眼睛看东西。光线从物体上发出，穿过眼睛里黑色的部分进入其中，那个部分其实是一个洞[1]。我并不想知道这个事实，因为我害怕蜘蛛会趁我睡着的时候爬进去。还好我是那种闭着眼睛睡觉的人。

当光线照射进眼球后面[2]的时候，就会产生图像，然后大脑试图理解这些画面。对于相当简单的事物——一朵花、一个柠檬蛋白派

[1] 这里说的是瞳孔。

[2] 这里说的是视网膜。

或者一个气垫船，大脑很快就能分辨出它是什么，然后接着理解其他图像。对于比较复杂的东西，比如组合沙发床的说明书，或者获得英国电影和电视艺术学院奖（BAFTA）[1] 的法语电影，大脑理解起来就会有困难，需要求助于其他感觉，比如嗅觉。

2. 嗅觉

狗的嗅觉比人强，但是只对脏东西感兴趣，总是伸着鼻子去闻自己的后腿、其他狗狗的屁股或者成堆的狐狸屎。相比之下，人类的嗅觉十分有限，所以才能容忍与狗生活在一起，它们真不是一般的臭。

鼻子是用来闻气味的。大多数感觉要用到两样东西——两只眼睛、两只耳、两只手，而我们只长了一个鼻子。原因还是一样：为了防止我们闻到狗的气味，它们太臭了。

我们可以依靠嗅觉来判断东西是不是坏了，而其他的感觉就不太适合做这件事，于是我们必须借助其他信息，比如看看它是不是盖·里奇 [2] 导演的。

3. 味觉

还有一种感觉是味觉。味觉可以看作是嘴巴的嗅觉。过去我们常说，舌头的不同位置可以识别不同的味道，上学期间，莫蒂希德

---

[1] 英国电影和电视艺术学院奖（British Academy of Film and Television Arts Awards），1948 年首次颁发，相当于英国的奥斯卡。

[2] 盖·里奇（Guy Ritchie），英国导演、编剧、制作人。1995 年拍摄了首部长篇作品《两杆大烟枪》，因此获得了第 11 届东京国际电影节最佳导演奖。

夫人还让我画过一张舌头的味觉图，但是维基百科上说现在没人会这么认为了，当时那么做根本就是浪费时间，尤其还要给每个部分填上颜色。这就和大家口中所说的“人类登月的壮举被证明是捏造的”一样糟糕。

一想到遭受过像“舌头图”这样的背叛，你就很难知道还能相信谁，但是至少我明白，“不要相信莫蒂希德夫人，因为她在舌头的问题上撒了谎，与其花时间寻找未干的紫色毡头笔给毫无意义的虚假舌头图填色，还不如去克林顿贺卡商店[1]偷点加菲猫的周边呢”。我从中得到的唯一感觉不是味道，而是遗憾，痛苦的遗憾。一种苦涩的悔恨，遍布整个舌头，不只是舌头图上被涂成紫色的部分能感觉到。

4. 感觉有点恶心

这有点像第六感，但是按照顺序它是第四感，因为它比较重要。人类的这一感觉高度发达。面对密集的物体或者站在高处，都会令人感到有点恶心，这是狗和蝙蝠做梦也感觉不到的。我们甚至发明了螺旋过山车和野格炸弹[2]来探索恶心感的极限。

5. 触觉

差点把这个忘了。这靠的是手指，说白了，手指就是干这个的，它们还可以“指东西”。神经向手指发出信号，让它们去触摸物体，然后信号传回神经，告诉大脑手指摸到了什么。其实大脑早就知道

---

[1] 克林顿贺卡商店（Clinton Cards），英国连锁商店，销售贺卡、毛绒玩具和相关产品。

[2] 野格炸弹（Jagerbomb），德国野格利口酒加红牛的混合饮料，后劲很大，容易醉人。

了，因为一开始发出信号的就是它。就好比你给你妈打电话，她不停地对你讲你上周对她说过的事，她就是在没话找话。

6. 恐惧

恐惧感是人类最擅长的另一种感觉，就连狗狗的恐惧感也只有人类的千分之一。可能它们的嗅觉太好，所以其他感觉都不大中用。如果狗拥有正常的恐惧感，说不定就会料到滚进狐狸屎里有多难闻，以后就不会再那么做了。别误会，我喜欢狗，它们可以说是具有单一感觉的神奇动物。

7. 第六感

第六感是你无法解释的感觉，比如感觉到可能你是鬼魂，或者其他人都是鬼魂，或者布鲁斯·威利斯是鬼魂。同样，人类的这一感觉比其他任何动物都要发达——河马除外，它们几乎不考虑其他事情。

威廉·莎士比亚

Shakespeare, William

即使威廉·莎士比亚已经离世几千年了，我们仍然还在谈论他。这是为什么呢？我们都不再提莱斯·丹尼斯[1]了，即使他还活着，也没做错过什么。原因就是，莎士比亚是有史以来最擅长写作的人，也就是说，每个以爬格子为生的人——从丹·布朗到蒂姆·赖斯[2]——都对他感激不尽。

人们常说，莎士比亚如果活到今天，肯定会把剧本寄给电视和电影公司，不过他们不会采用，因为那些剧本又臭又长。但是在莎士比亚生活的时代，他的戏剧就像如今的瓶装水一样受欢迎。

早年

威廉·莎士比亚生于1564年4月23日，一个星期四。伊丽莎白时代的英格兰和如今的不列颠完全不同，那会儿没有厕所，也没有塞恩斯伯里便利店[3]。我们对莎士比亚的童年所知甚少，只知道他一定有过童年，否则他就不会长大成人，就像一直不见长大的巴特·辛普森[4]一样。

[1] 莱斯·丹尼斯（Les Dennis），英国电视节目主持人、演员。

[2] 蒂姆·赖斯（Tim Rice），英国音乐剧作词家、作者。

[3] 英国连锁的便利店。

[4] 美国动画情景喜剧《辛普森一家》中的人物，一个10岁男孩。

莎士比亚的父亲喜欢把自己晒黑[1]。在1564年，只有探险家和鸟类才出国，人们还不知道可以去法里拉基[2]度假，他们总是跑到周边的田地里，如果想要晒黑，在当地就能搞定。

在幼年时期的莎士比亚身上，几乎没有任何迹象表明，他之后能成为文学史上的重要人物，所以当时没人费心去记录他的生活细节。

我们知道，莎士比亚的确在埃文河畔斯特拉特福上过学，而且跟许多转校的孩子一样，有可能他很难融入其中。他也许是一个非常聪明的孩子，戴着眼镜，穿着奇怪的鞋子，在体育课上挖鼻屎。作为小男孩，他看上去和如今的孩子没什么两样，除了有点谢顶，穿着白色拉夫领[3]，而不是愤怒的小鸟T恤。那个时代的水太难喝了，就连小孩都喝啤酒，所以在学校里，不管孩子还是老师，每个人都醉醺醺的。想想看，这挺令人吃惊的，难怪他从来没学过拼写。[4]

莎士比亚没有自行车、双打摇摆球甚至菲比娃娃，因此他可能把所有时间都花在编故事上了。令人惊讶的是，当时并没有涌现出大量的优秀作家。他们还有很多别的屁事要做。在学生时代，他可能写过各种各样的东西，比如《我在假期里做了什么》或者《圣诞老人的悲剧》（第一部），如果当年那些鼠目寸光的老师没有把它们丢进垃圾桶，那这些作品现在可值一大笔钱了。

---

[1] 原文 Tanner 的本义是鞣皮工，对应的动词 tan 则有晒黑的意思。莎士比亚的父亲是一名手艺精湛的皮手套工匠，也是经营有方的商人。

[2] 法里拉基（Faliraki），希腊罗德岛上的主要海滨度假村。

[3] 拉夫领（Ruff），也叫轮状皱领，文艺复兴时期的欧洲男女普遍穿戴。这种领子成环状套在脖子上，其波浪形褶皱是一种呈“8”字形的连续褶裥。

[4] 莎士比亚在斯特拉特福当地的语言学校上过学，学会了阅读、写作和拉丁语。

他会唱很多毫无意义的儿歌，比如《玛丽，玛丽，真倔强》[1] 和《玫瑰圈》[2]，有人说后面这首歌谣写的是黑死病，但明摆着它说的是花粉症——不过可能有些是他自己编的，比如“我的朋友比利，有根十英尺的鸡鸡”[3]。我敢说那肯定是他写的，因为它不但是一个合理的故事，还有一个悲惨的男主角。

关于莎士比亚的学生时代，有一件事我们能够确定，那就是当时的学业肯定比现在轻松得多，因为不用学莎士比亚的文章。

消失的岁月

我们对于他 8 岁到 18 岁期间所发生的事情一无所知，整整十年间他都下落不明，就像离开了《邻居》的哈罗德·毕肖普 [4] 一样。

这事存在几种可能性：也许他利用这段漫长的间隔年跑去迪德科特公园路火车站 [5] 这种带有异国情调的地方了；也许他穿越时空到

[1]《玛丽，玛丽，真倔强》是一首英国儿歌，全文如下：“Mary, Mary, quite contrary, how does your garden grow? With silver bells, and cockle shells, and pretty maids all in a row.” 中文大意：玛丽，玛丽，真倔强，你的花园怎么样？银色铃铛，美丽贝壳，漂亮女仆排成行。

[2]《玫瑰圈》是一首英国游戏儿歌，全文如下：“Ring-a-ring o' roses, a pocket full of posies, A-tishoo! A-tishoo! We all fall down.” 中文大意：绕着玫瑰转圈，口袋装满小花。阿嚏！阿嚏！我们全倒下。有说法称《玫瑰圈》这首儿歌描述的是黑死病：“玫瑰圈”是指黑死病最初的红疹症状，“口袋小花”是指当时的习俗是把花放到病人的身边，“阿嚏”是指病人不断打喷嚏，“全倒下”是指得了这个病大家都要死。

[3] 原文如下：“My friend Billy had a ten foot willy. He showed it to the girl next door. She thought it was a snake. Hit it with a rake. And now it's only four foot four.” 中文大意：我的朋友比利，有根 10 英尺的鸡鸡。他将它展示给女邻居，她以为那是条蛇，用耙子打了上去，现在它只有 4.4 英尺。

[4] 哈罗德·毕肖普（Harold Bishop）是澳大利亚肥皂剧《邻居》（*Neighbours*）中的虚构人物，由伊恩·史密斯（Ian Smith）饰演，他于 1991 年 9 月离开该剧，5 年后（1996 年 10 月）又重新回归。

[5] 迪德科特公园路（Didcot Parkway）火车站，既是火车的终点站，又是一座公园。

了未来，去看了看莎士比亚机器人是什么样子；又或者他跟那些奇怪的人一样，消失几年后又出现在农场的大篷车里[1]。

不管怎样，重点是他失踪了好几年，就像彼得·安德烈[2]一样。而且我们无法解释其中缘由，就像彼得·安德烈一样——因为没有充分详尽的记录，就像彼得·安德烈一样。

莎翁情史

18 岁那年，莎士比亚迎娶了自己十几岁时的心上人，女演员安妮·海瑟薇[3]。因为莎士比亚混的是娱乐圈，所以不停地改名字，就像谢丽尔·特威迪·费尔南德兹[4]一样，他的结婚证上写的是威廉·傻哥比亚，或许这是他开的一个低俗玩笑[5]。对莎士比亚来说，坠入爱河是一件大事，这是因为很久很久以后，他写了一部关于他自己感情生活的电影，名叫《莎翁情史》[6]，所以我们都知道了。他还做过多愁善感的男孩爱上女孩时经常做的事：写诗。具体说来，他写的是十四行诗，一种带着音乐美感的诗，有点像说唱，只不过非常不适合伴舞或者欣赏。

---

[1] 国外的报道里经常有一些消失几年又出现的人（维基上甚至还有时间列表）。

[2] 彼得·安德烈（Peter Andre），20 世纪 90 年代初在欧洲和亚洲红过一阵子的澳洲男歌手，20 世纪 90 年代末期淡出娱乐圈，曾一度无人问津，后因参与电视节目又重新回归人们视线。

[3] 莎士比亚的妻子与美国演员安妮·海瑟薇（Anne Hathaway）同名。

[4] 谢丽尔·特威迪·费尔南德兹（Cheryl Tweedy Fernandez），英国歌手、作曲家、演员、舞蹈家与模特。原姓特威迪（Tweedy），曾嫁给足球员阿什利·科尔（Ashley Cole），一度改姓科尔，离婚后又嫁给让－伯纳德·费尔南德兹－维西尼（Jean-Bernard Fernandez-Versini），于是又更名为谢丽尔·费尔南德兹－维西尼。

[5] 莎士比亚（Shakespeare）被拼写成了“傻哥比亚（Shagspere）”，这种拼法颇为粗俗，“shag”有交配的意思，而“spere”是“spear”的古体，意为“枪矛”。

[6]《莎翁情史》（*Shakespeare in Love*），一部爱情电影，讲述了一代文豪莎士比亚的人物轶事及其浪漫的爱情史。但该剧本并不是莎士比亚写的，这里作者是故意写错的。

但是写诗赚不了什么钱。只有一个人靠写诗发家致富——诗人克林顿·卡兹爵士[1]，他的作品至今仍在销售，使得他成为世界第一也是唯一的“诗歌大亨”，当然，那些你贴在冰箱门上的小金句除外。

莎士比亚需要钱来养活妻子和三个孩子，但是没人愿意为十四行诗买单，因为它们太烂了。于是，他把十四行诗改编成了能赚钱的东西：戏剧。

昔日剧院

在伊丽莎白时代的观众看来，戏剧就相当于电影，只不过不能随心所欲地暂停，除非你认识所有演员而且声音够大。

莎士比亚的第一部戏剧是《错误的喜剧》，显然他在创作角色方面遇到了瓶颈，因为他写了一对双胞胎作为主角，然后又写了另外一对，这分明就是抄袭啊！虽然首部戏剧作品的成绩不错，但是如果莎士比亚想在戏剧界大展拳脚的话，就不能留在斯特拉特福甚至埃文这种地方，他必须去伦敦—— 一个遍地都是戏剧的城市。

伦敦人只对啤酒、喧哗和公开绞刑感兴趣，所以任何与艺术相关的事物都不允许出现在重要场合，它们只能前往河的南面，也就是在有钱人从来不去的地方发展。但是，莎士比亚刚刚到达那里，就赶上了一场“生化瘟疫”[2]。没有证据表明这是莎士比亚的错，但是谁知道呢，他比大部分人都能干得多。

这场“生化瘟疫”夺走了约一万个伦敦人的性命，当幸存下来的人们终于不再咳嗽时，他们需要振作起来，于是剧院重新开张。

[1] 这里说的是克林顿贺卡商店（Clinton Cards）。所谓的“诗”，指的是贺卡上的祝福语。

[2] 指黑死病。

那里需要上演一些作品，要不然这些建筑里就只有满满的傻傻盯着墙壁的人。

尽管如今的我们很难想象，但是当时人们确实会特地去看戏。这是他们在工作闲暇或者不咳嗽的时候所能做的为数不多的事情。那会儿既没有电视，也没有猫咪视频，人们主要通过望天来打发时间。但是，没有飞机，天上就没什么可看的，所以剧院颇受欢迎——大多数剧院没有屋顶，所以只要你乐意，也可以不看戏，坐下来看看天，就像如今在酒吧里那样。莎士比亚的机遇来了。

莎士比亚的戏剧

毫无疑问，莎士比亚是有史以来最优秀的剧作家，但是令人颇为怀疑的是，他不得不创办自己的演出剧团——就像组建乐队一样，只不过他们不唱歌，而是演很长时间的戏，戏中人物说着“zwounds”和“forsooth”这样的台词[1]；他们不弹吉他，而且留着胡子。

在许多方面，莎士比亚都是DIY（自己动手）的先驱：他不仅自己写剧本，组建自己的剧团公司，甚至还为此建造了一座剧院。那家剧院名叫环球剧场，尽管四百多年前它曾毁于一场大火，但至今仍屹立不倒。[2]

在那里，他出演了一部又一部戏剧：《罗密欧与朱丽叶》，讲的

---

[1] zwounds 是震惊或惊讶的古老表达。forsooth 是实在、确实的意思，常表示惊讶。

[2] 环球剧场（Globe Theatre），位于英国伦敦，最初由莎士比亚所在的宫内大臣剧团于 1599 年建造，1613 年毁于火灾。1614 年环球剧场重建，并于 1642 年关闭。1997 年，一座现代化的环球剧场落成。

差不多就是卡戴珊和鲍德温两大家族之间的斗争[1];《麦克白》，一部关于麦克白的戏剧，但你不能在剧院里提起他的名字——麦克白，[2]尽管剧本里有麦克白，剧中人物都叫他“麦克白”，而且海报上也写着麦克白;《暴风雨》，有点类似于《迷失》，只不过岛上有一个巫师[3]——这是莎士比亚写过的最接近超级任天堂游戏的人物;《理查老三》[4]，讲的是一个“象人”[5]不惜一切代价地想要换一匹马;[6]《李尔王》，这个故事真的很复杂，其中有个人被挖去了一只眼睛，就像一个无聊的雷神;[7]《仲夏夜之梦》，情节如同迪士尼电影一般，有各种森林动物、精灵和歌曲；[8]等等。

如果你买不起环球剧场的坐票，那就只能和浑身臭汗的人一起站在最下面看演出——这有点像如今坐火车，只不过你还得掏钱买票才能和满身臭汗的人站在一起。站在最下面的人被称为“底层观

---

[1] 卡戴珊，纽约知名的名媛家族，在美国体育圈和娱乐圈享有很高的声望和地位；鲍德温，这里指的是鲍德温四兄弟，均为美国演员。这里作者故意用两位现代名人来代指原著中凯普莱特和蒙太古两大家族。

[2] 传闻称在剧场里提到麦克白的名字会招致不幸的事件，通常都称其为“那部苏格兰戏剧”(The Scottish Play)。

[3] 在戏剧《暴风雨》中，米兰公爵普洛斯彼罗被弟弟安东尼奥篡夺了爵位，于是只身携带不到三岁的独生女米兰达逃到一个有女巫和精灵的荒岛，并依靠魔法成了岛的主人。

[4] 真正的戏剧名字应该为《理查三世》(*The Tragedy of King Richard III*)。

[5] 原著中的理查三世样貌丑陋且身体畸形。

[6] 故事说的是英格兰正统王室理查三世与兰加斯特家族争夺国家统治权，理查三世在发动最后总攻时，身下的战马因为马蹄铁上少了颗钉子而打了一个趔趄，理查三世当即摔倒在地，后来痛失整个国家。剧中有一句台词：“A horse! A horse! My kingdom for a horse!”（一匹马，一匹马，我的王位换一匹马！）

[7] 这里说的是《李尔王》中的忠臣葛罗斯特伯爵不事暴政、弃暗投明，因此惨遭挖眼酷刑。而雷神托尔是美国漫威漫画中的超级英雄。在电影《雷神 3：诸神的黄昏》中，雷神被姐姐海拉刺瞎一只眼睛。

[8]《仲夏夜之梦》是一部富有浪漫色彩的喜剧，讲述了一个有情人终成眷属的爱情故事。故事中两个相爱的人私奔到城外的森林，森林中住着许多可爱的小精灵，还有仙王和仙后。

众”或者“臭人”，因为他们总是臭烘烘的，而且在地上徘徊。他们当中有些人去剧院就是为了互相闻闻味，因为人们在没钱的时候为了消遣什么事都做得出，就像老人取出自己的假牙来逗小孩一样。

莎士比亚的戏剧过去常在下午上演，那时天还没黑，人们常常旷工去看戏。不过有钱人除外，他们会吩咐秘书，对外声称自己在开会，而事实上他们在剧院，看人们假扮王室成员并且怒气冲冲。

因为环球剧场没有屋顶，所以一旦赶上下雨，就会被淋湿，这挺难受的。但是，如果这场戏本来就需要下雨，那你可能就会感觉很神奇，因为老天居然和舞台上的人演得一样好。环球剧场里也没有麦克风，所以演员只好大喊大叫。戏剧中的喊叫与平时生活中的叫喊——比如公交车不让你上车的时候——不太一样：戏剧中的喊叫并非情绪使然，而是因为观众席实在离得太远了。这便令看戏变得紧张兮兮，因为你会担心自己偷偷离场时，演员们会停下彼此之间的喊叫，转而冲你大喊。

美好的岁月

莎士比亚非常成功。我们没有确切的数据，但是通过他的支出就能间接看出他赚了个盆满钵满。如果换成今天的钱，绝对是好大一笔。

莎士比亚是他那个时代最著名的人物，除了女王陛下伊丽莎白一世和帕迪熊，这家伙曾经在萨瑟克区的剧院咬掉了猫的头。[1]

在赢得财富和名声之后，莎士比亚购入了大量不动产并建造了

---

[1] 16 世纪的英国剧院除了为演出提供场地外，还为其他娱乐功能活动，比如斗熊——两只熊互相殴斗或是挑唆熊与狗进行打斗——等斗兽活动提供场地。

第二座剧院。从很多方面来看，他都是那个时代的唐纳德·特朗普，只不过他才华横溢，而且从来不会当众发飙。

晚年时光

有时我们会认为莎士比亚的晚年是一段黑暗岁月，不过严格说起来，他所有的岁月都很黑暗，因为直到维多利亚时代，加利福尼亚的托马斯·爱丁顿[1]才发现了灯泡。想想看，当莎士比亚产生写《哈姆雷特》的想法时，一根小蜡烛出现在他的脑袋上。[2]那实在太危险了，说不定他头顶上的头发就是这么没的。

在生命的最后，莎士比亚才华耗尽，离开了人世。我们不知道莎士比亚的遗言是什么，可能就是些他编出来的话，只不过从来没有流行起来。

莎士比亚是在他生日当天去世的，所以没法说清楚他享年多少岁，就像你妈说"十点十分你才真正 30 岁"一样，谁也不知道他是在出生时刻之前还是之后死的。所以他可能 52 岁，也可能 51 岁。但是在生日当天离世给家人带来了困扰，他们不得不一边哭一边吃生日蛋糕。就这一点来说，莎士比亚的死是一场悲剧——可能这也正是他所希望的。

总之，我们不知道莎士比亚什么时候出生的，在出生后的那 10 年里做了什么；不知道他的名字怎么写，他的剧本是谁写的，他死的时候多大，也不知道为什么他在遗嘱里只给妻子留了一张"还好

---

[1] 这里其实指的是托马斯·爱迪生（Thomas Edison）。

[2] 影视作品，尤其是动漫作品中经常出现某个人物产生了想法或者点子时，就会有个小灯泡在脑袋旁边亮起的场景。

的床”[1]。我们甚至不知道他到底自称“威尔”“比尔”“威利”“比利”“威尔斯”，还是“莎利”，但是，这并不能阻止这位“爱谁谁先生”成为整个历史上——其中一部分历史可以追溯到很久以前，甚至比橡皮筋手链和愤怒的小鸟还要早——最受关注的戏剧作家。

世界上还会出现第二个莎士比亚吗？我觉得不会。不可能完全一样。现今社会不会再有了，因为你买不到白色拉夫领。

[1] 莎士比亚在遗嘱里留给妻子的是家中“第二好的床”（second best bed）。

乔治大人[1]

Sir George

乔治大人是旧英格兰[2]的守护神。苏格兰、爱尔兰和威尔士都有各自的守护神，就像有各自的独立电视台一样。

乔治大人是罗马士兵，父母是希腊人，他出生在土耳其或者曾经的叙利亚（现在的以色列），但骨子里是一个英国人。他也是阿拉贡、加泰罗尼亚、格鲁吉亚、戈佐岛、马耳他、葡萄牙、罗马尼亚和皮肤病患者的守护神，如果你外出度假或者皮肤瘙痒，那么他对你来说就非常重要。

和猫王[3]一样，乔治大人从未来过英国，[4]也和猫王一样，他死得很惨。[5]虽说他受尽了酷刑——拉扯、灼烧、投毒，眼睛和嘴巴里灌熔铅，脑袋里被钉了60根钉子然后被拖上大街执行斩首，但是这总比从马桶上摔死更有尊严。

乔治大人没来英国可能是件好事，因为有些从叙利亚来的人，带着精良的武器，准备为了不切实际的理想开战，给世界各地敲

---

[1] 这里其实说的是圣乔治（Saint George），著名的基督教殉道圣人，英格兰的守护圣者，因成功杀死一条毒龙而深受爱戴。

[2] 这个词最早出现在英格兰有了北美殖民地之后，用来称呼原来的祖国的。

[3] 真名是埃尔维斯·普雷斯利（Elvis Presley），美国著名摇滚歌手、演员。他因心脏病发在家中浴室去世。

[4] 圣乔治确实从未去过英国，传说当年查理一世十字军东征的时候，祈求圣乔治的庇佑，最终获得了胜利，于是格外尊崇圣乔治。到了14世纪末，圣乔治成为了英格兰的守护神。

[5] 据传，圣乔治因为拒绝放弃基督教信仰而被判处死刑，但是无论是用何种酷刑处死，圣乔治都神奇地死而复生。在4月23日，他最终还是在被斩首后死去。

响了警钟。[1]

关于乔治大人的一些事实我们不是很清楚，但是有一点十分肯定，他杀死了一条巨大的龙。虽然我们不知道这件事发生的具体时间，但它的确发生了，因为有旁观者将它画了下来。[2] 这是黑暗时代为数不多的一个事实。

多亏了乔治大人，英格兰再也没有龙了。它们大概都搬到了威尔士，那里的人喜欢它们，还把它们画在旗帜上。[3] 乔治大人把英格兰的龙彻底消灭了，所以我们根本找不到龙存在的迹象。在普通人看来，那里似乎从来就没有龙，乔治大人也从来没有杀死过它，整个神话不过是一个神话而已。然而幸运的是，对英格兰的民族认同感来说，“只不过是神话”的神话不过就是一个“只不过是神话”的神话而已。

每年四月，我们仍然会穿上印有英国玫瑰的 T 恤衫，戴着形如装着几品脱拉格啤酒的啤酒罐似的新奇帽子，唱着“恰巴王八”[4] 写的传统英语歌曲《大肆宣扬》，来庆祝乔治大人纪念日。[5]

如今，我们还在把英国人一个接一个地送去助演《权力的游戏》，以此为龙庆祝。

---

[1] 这里指的是恐怖组织。

[2] 这里是说画家伯纳特·马托雷尔（Bernat Martorell）所画的《圣乔治屠龙》。

[3] 威尔士旗又称“红龙旗”，是威尔士的官方旗帜，上半部为白色，下半部为绿色，中间则是一条红色的龙。

[4] 这里其实说的是春巴旺巴（Chumbawamba），一支有着 30 年历史的英国摇滚乐队。

[5] 每年 4 月 23 日是圣乔治的纪念日（St George's Day），该节日的一个传统是在领口戴一朵红色的玫瑰花，街道和一些酒吧店铺会悬挂圣乔治十字的英格兰国旗，教堂会响起圣乔治的颂歌。而这一习俗随着时间推移已经逐渐淡化。

骷髅
Skellingtons

每个人的内在都是一个骨头做成的更恐怖的自己，这叫骷髅。有了它，人类就不会像懒人沙发或者黏土人摩夫那样发生变形。

人体的“骷髅”由两百多块独立的骨头组成，不过也没独立到四分五裂的地步。膝盖骨连着大腿骨，大腿骨连着髋骨，髋骨连着脊柱。以上这些大都出自一首歌，[1] 医生们要花七年的时间去学习它，才能有资格处理事故和急诊。

骨头一直都在生长，直到你长到二十出头，这时候别的东西开始生长，比如屁股、啤酒肚，还有鼻毛。

骨头最适用于保护敏感而柔软的身体部位，例如，宝贵的大脑——指不定什么时候身体就会用到它——被坚硬厚实的头骨保护了起来。但是，有些重要部位却没有被骨头覆盖，哪怕这些部位受到打击时会疼得要命，比如胸部和“蛋蛋”。进化有时令人失望。或许如果我们不断用力击打腹股沟和胸部，我们孩子的孩子的孩子的胸部和“蛋蛋”外面就会进化出坚固的“小头盔”。不过前提是你还能有孩子，因为照这种做法，男人们的“蛋蛋”早就被打报废了。

有的身体部位在“骷髅”上是看不出来的，因为它们没骨头，就像大象的躯体一样，它的“骷髅”看上去就像一个山洞。我敢说

[1] 出自一首儿歌《干枯的骨头》(*Dry Bones*)。

迈克尔·杰克逊购买“象人的骷髅”时一定极度失望，[1] 因为其中最大的那一部分全都是空的。

“骷髅”一跳舞就会发出木琴的声音，直到现在科学家都不知道这是为什么。[2]

---

[1] 有传闻说迈克尔·杰克逊想要买下象人约瑟夫·梅里克的遗骨，后被证实是人为编造的谎言。

[2] 木琴的音色适合表现骷髅的骨头相互碰撞发出的声音，最著名的交响诗《骷髅之舞》就用到了木琴。

汤
Soup

汤像是一种吃的，只不过它是喝的；但又不是，它确实是吃的。你要是有空的话，就把这个问题想想清楚。

如果你既想要吃的又想要喝的，那么它就是最佳选择。汤有悠久的历史，在原始人进化出 Wetherspoons[1] 的吃喝套餐之前，就是这样将吃与喝结合起来的。

最好的汤是番茄汤，罐头装的，感冒的时候很方便喝。最烂的是牛尾汤，就像保卫尔牛肉汁一样恶心。有的汤里还会放胡萝卜，这是汤与雪人唯一的共同点。总有一天，在一家奇怪的餐厅里，注定会有个自作聪明的人会把树枝也放进汤里。

为什么会有奇怪的餐厅？没人想要奇怪的餐厅，就像没人想要无人驾驶汽车一样。

总之，这就是汤。

[1] 英国和爱尔兰的一家连锁酒吧。

声田[1]

Spotify

在过去，买音乐要花钱。你得去约翰门齐斯[2]买磁带——比如UB40[3]的最新专辑什么的，然后付现金。有了声田，这些过程都被省去了。挺可惜的，因为有时我们会在约翰门齐斯的柜台上顺便买一袋薯片，而声田上可没法下载薯片，哪怕你注册的是高级账户。

其实，音乐很有分量——因为支付给艺术家的钱很重，而且付的都是硬币。只要不必为它付钱——不论是你还是乐队成员—— 一切都会变得更轻松。于是，音乐便轻到以"音乐发烧友"过去无法想象的方式在网上传播，就像手提袋上印着的那只拿喇叭的狗一样。

以前唱片总是被放进那样的手提袋里，当时的音乐确实很重。就算是不重的音乐，比如轻音乐，拎着也很重。重金属音乐更是重得令人难以承受。我觉得音乐在未来的发展会令人惊喜，而那对UB40来说肯定是好事。

我已经不想再谈音乐了。

---

[1] 一个正版流媒体音乐服务平台，2008 年 10 月在瑞典首都斯德哥尔摩正式上线。

[2] 约翰门齐斯（John Menzies），曾经是一家全国连锁零售商店。

[3] UB40，英国雷鬼流行音乐乐队，于 1978 年组建，其乐队成员都是来自社会救济阵营。这支乐队的组成反映了工人阶级、黑人等底层劳动人民的街头文化，吸引了不满于现实社会的青年表现其政治愿望。

石头时代[1]

Stones Age, The

在石头时代，所有人都是原始人。原始人毛发浓密，怒气冲冲，露宿野外，就跟比尔·奥迪[2]一样。

生活在现代社会的我们喜欢鞋子、NutriBullet[3]和网球，而石头时代的人主要对石头感兴趣。他们用石头制造基本的武器和工具，比如手斧。以今天的标准来看，这些工具既乏味，又简陋，然而它们在当时属于尖端技术，因为它们都有“尖端”——都是些尖尖的石头，尖尖的棍子，还有钉子。然而对痴迷于尖东西的人来说，它们其实算不上“尖端”。

石头时代的人纯粹就是狩猎者。他们猎取了巨大的“恐龙排”[4]，然后把它们装进自己的原始汽车里，双脚伸出汽车底，“开车”回家。到家后，他们放出宠物剑齿虎，用翼指龙唱片播放器放一张唱片。[5]然后，他们围坐在火旁（唯一不是石头做的发明），相互之间讲着故事——关于石头的。

法国原始人会在洞穴壁上画画，但是没有迹象表明，英国原始人会用棍子蘸上屎，画猛犸象的简笔画。他们懒到了极点。就算周

---

[1] 作者故意写成 Stones Age，这里其实说的就是石器时代（Stone Age），是考古学家假定的一个时间区段，通常分为旧石器时代、中石器时代与新石器时代。

[2] 比尔·奥迪（Bill Oddie），英国作家、音乐家、电视节目主持人和演员，以电视剧《超级三人行》（*The Goodies*）中毛发浓密、愤世嫉俗、无政府主义的形象而出名。

[3] 一款电动搅拌器的品牌。

[4] 原文是“dinosaur steaks”，直译就是恐龙肉做成的肉排，类似牛排的意思。

[5] 以上原始人的生活方式均出自美国动画片《摩登原始人》。

围还有其他东西，就在石头旁边，比如木头、羊毛什么的，他们也不会去画画。

如果原始人是躺在沙发或者垫子这种舒服的东西上，那么他们的“如此懒惰”还可以理解，可他们只有石头啊，换作是我，肯定一有机会就会赶紧起身离开。

然而他们不会这么做，他们就是要收集石头。

想想看，如果石头时代的人没有那么懒惰，那现在的我们该有多先进。我们在几千年前就可以假装登上月球，现在都可以假装在海王星上了。如果石头时代的人真的登上了月球，他肯定会做一件我们也做过的事——带石头回来。

石头时代的人需要疯狂刺激，于是他们建造了巨石阵。原始人拥有的是小石头，现在他们可以去看看巨型的石头了。对于石头时代的人来说，巨石阵是奥尔顿塔复仇女神过山车[1]（因为它壮观迷人）和等待乘坐奥尔顿塔复仇女神过山车的队列（因为总是一动不动）的混合体。

但是，这些小而多毛的生物——可以说是正常体型的巨人[2]——几代以来都在磨石头，他们不是为了发明剃刀，而是像愤怒的黑猩猩一样用它来敲打别的东西。结果，石头时代的人类留下来的只是石头遗产。他们就是傻子。人类能活到现在真是个奇迹。

---

[1] 奥尔顿塔（Alton Towers），英国最大的主题公园。复仇女神（Nemesis）是其中的悬挂过山车，是公园里最受欢迎的游乐设施之一。

[2] 作者这里说的“巨人”是指童话故事中常见的残忍而愚蠢的生物。

关于石头时代的几个无解问题

- 为什么石头时代的人那么蠢?
- 为什么博物馆只陈列钉子，没有别的东西吗?
- 他们没发现木头的存在吗?
- 格弗雷德·弗林茨通[1]是怎么死的?

[1] 动画片《摩登原始人》中的人物，不过他在动画片中并没有死。

T

Cunk on Everything

泰姬陵

Taj Mahal, The

泰姬陵是世界上最壮观的建筑之一，也是为数不多完全由冰激凌——至少看起来是——制成的建筑之一。[1]

为了防止它在印度的烈日下融化，建筑师们必须施展制作火焰冰激凌的本领。从规模上看，它是迄今为止地球上最大的火焰冰激凌。它建于 17 世纪，目的是为了取悦印度国王的老婆——她一定很喜欢冰激凌，遗憾的是，她已经死了，吃不到了，于是就被埋在冰激凌的中心，一堆巧克力糖屑之中。

前提是泰姬陵是冰激凌做的。出版商拒绝送我飞过去亲自尝一尝。

[1] 指泰姬陵的拱形圆顶看上去像冰激凌球。

电视机

Television

从前，我们必须有一台电视才能看电视。现在，我们根本不需要电视。我们可以在电脑、平板或者手机上看电视，说不定等这本书出版的时候，就连牙刷和鞋子上也能看电视了。说不定在书里也能看电视——把节目中的图片和声音变成文字，然后把电视节目中人物的照片摆在眼前，这样我们就不会误以为它是本“真正的书”了。

电视最好的新去处就是“口袋”，口袋里的电视也就是手机。过去，电话是用来联系人的，而如今它则成了播放器和不理睬别人的工具。这可有用多了。现在，你可以在火车上看《大话女人》[1]，在酒吧觉得无聊时，躲进厕所看《新家要装修》[2]。

如今，客厅里的电视大得跟恐龙一样，前提是恐龙长着长方形的大脸。

那么，到底哪个更好呢，手机还是电视？

电视上有非常精彩的野生动物节目，比如《蓝色星球》和《闹腾的小狮子》[3]，不过我的旧诺基亚手机里有贪吃蛇，它不仅是野生动物，还是个游戏。所以，手机比电视 1∶0。电视上有很多精彩的游戏节目，不过没有《苏打粉碎糖果》[4]。这游戏特好玩，所以手机

---

[1]《大话女人》(*Loose Women*)，一档英国脱口秀节目，节目中四位女主持人会讨论各种问题。

[2]《新家要装修》(*Homes Under the Hammer*)，一档英国改造和拍卖房屋的节目。

[3] 前者是纪录片，后者是幼儿动画。

[4] 这里其实说的是《糖果粉碎苏打传奇》(Candy Crush Soda Saga)，一款游戏。

2：0。看腻了电视节目或者等广告的时候，你会干些什么呢？当然是玩手机了。手机3：0。你无法把电视带进浴室里看电影，手机4：0。除非你是吹牛老爹，而且浴室里本来就装了一台电视。我不是吹牛老爹，我是吐槽康科，所以手机5：0。我的朋友小内有台大电视，跟商店那么大，那又怎么样？我把手机贴在脸跟前也能产生同样的效果。手机6：0。

现在，我们的手机不仅仅是电视，还是电话、地图、电脑、照相机、日历、手表、计算器、天气预报、信用卡，而且坐在开泰基清真餐厅里，凭借一只手机，你就可以开展出租车业务。

说白了，电视就是一只巨型手机，而且只有一个功能。它个头很大，如果不是从二手网上买的别人偷来的赃物，它就很贵；而且——难以置信的是——大多数时间里（也就是没开机的时候），它都是黑白的。我的 iPhone 5C 就算没电了也还是亮黄色的呢。开个玩笑。

想想日常要做的事情，比如订一个比萨外卖，通常我们只要打开手机上的达美乐比萨 App，选择 Meatzza 烤肉比萨，半小时后，奥马尔就骑着轻便摩托把它送来了。如果我要用电视点比萨，就必须得上电视，说服制作人让我说："如果有德比街达美乐比萨的人正在收看节目，能不能像往常一样，晚上 8 点送一个 Meatzza 烤肉比萨到我家？奥马尔知道我住哪儿。"

如果人家正忙着做比萨没看见节目怎么办？如果我的话被剪掉了怎么办？可能有人就会饿死。难怪用手机的人比用电视的人多，因为手机能救命。

科学家预测，总有一天，我们可以在手机上做任何事，就像我们已经在做的那样。

不过，经历多年时间好不容易变小的手机，现在又变得越来越大。如果它最终变得跟电视一样大，那简直就是噩梦。这样一来，我们出门就得随身携带电视，就像动乱中的劫匪一样。

然后，醉汉会把电视落在火车上，有人会不小心把电视掉进厕所，然后不得不把它在大米里放一夜，而且人人都得准备巨大的口袋和巨大的手提包。如果当真如此，我们可能还得进化出更大的手指，几代人之后，我们的子孙就成了长着大胖手的漂亮娃，就像迪士尼乐园里的吉祥物一样，或者像麦莉·赛勒斯[1]一样。这样一来，我们就必须引进巨大的自动取款机，超大的勺子，以及桌子大小的游戏手柄，想鼓掌的人可能要依法佩戴护耳器。想想此番场景，我就不忍再继续想下去了。

多希望他们从来没有把电视和手机做成一种东西啊，我觉得这是个错误。总有一天人们会为此后悔的，就像为直立行走和酸奶后悔一样。

顺便一说，“电视”是电视机的简称。我应该一开始就说清楚，不过说到这会儿它还是这个意思。

[1] 麦莉·赛勒斯（Miley Cyrus），美国歌手、词曲作家及演员。她自 13 岁起就开始出演迪士尼出品的情景喜剧《汉娜·蒙塔娜》（*Hannah Montana*）。

时间

Time

随着世界越转越快，时间显得越发宝贵。但是与其他宝贵的东西不同，你无法像对项链那样捧着它，也无法像对钱那样尝尝它的味道[1]。有人说时间就是金钱，其实它不是，要不然硬币就会发出嘀嗒声。你可以花钱买东西，或者省钱存进银行，或者浪费钱干些傻事，可你听说过谁能“花时间”“省时间”，或者“浪费时间”吗？

那么，有多少人真正懂得时间呢？

时间在时间诞生之前就已经存在了。如今，它就在我们身边——在手机上，在电视新闻的角落里，但是很久以前，如果想要时间，就得专门去一趟“时间总部”——位于伦敦格林尼治的格林尼治钟表博物馆[2]，所有时间都是在那儿被造出来的。世界上所有钟表都是根据格林尼治校准的，这肯定相当花时间。当他们一声令下“回拨时钟”，我们就会回到过去，迎接新时代的到来。通常是一个小时。[3]

那么，什么是时钟？

时钟是由古老的美索不达米亚人在古老的美索不达米亚时代发明的[4]，只不过他们不知道自己处于古老的美索不达米亚时代，因为

[1] 这里指的是过去用牙咬金币来判断真假的方法。

[2] 指格林尼治皇家天文台。

[3] 这里说的是夏时制。通常使用夏时制的地区，会在临近春季的时候，将时间调快一小时，并在秋季调回正常时间。

[4] 最早发明时钟的其实是中国唐朝的僧人一行，不过美索不达米亚文明提供了很多我们至今还在沿用的时间观念，比如把一小时分成 60 分，以七天为一星期等。

没有时钟告诉他们那到底是什么时代。

时钟的形状可能会让你以为时间是按圈走的，然而并不是，它其实是按线走的。格林尼治时钟博物馆有一条时间走的线——著名的格林尼治海狮合唱团线[1]。它是由重金属制成并以海狮合唱团乐队命名的，而海狮合唱团又是以这条线命名的。我们经历过的每一天都是从这条线开始的，它的一侧是过去，另一侧是未来。你可以踩在它的两侧，感受“此刻”在你的两腿之间强颜欢笑。

然而，即使是了解时间的科学家也说不清时间是什么。它有身体吗？它是活的吗？如果是活的，那么它还好吗？

难怪没人能解释时间。当你想弄明白它的时候——比如，就像我不得不这么做一样——它就变得异常复杂。例如，由于光速，也就是世界上最快的速度的缘故，你走得越快，花的时间就越长。所以，如果在滑雪板上点一支蜡烛，让它静止不动，光进入我们的眼睛会花一定的时间，但是如果移动滑雪板，光还会花同样的时间进入我们的眼睛，只不过这个时间变长了——我理解的就是这样。[2]

难怪我们玩得开心的时候，时间转瞬即逝，但是惊慌或者紧张的时候——比如站在自动扶梯上，意识到自己明明没动却仍然在移动——我们就会僵在那里，而且时间也会静止，就像《黑客帝国》一样。

或许我们唯一能够确定的是，对所有人来说，时间都在慢慢消耗殆尽。这倒是个令人欣慰的想法。

---

[1] 这里其实是指本初子午线（Prime Meridian）。海狮合唱团（Marillion），一支英国摇滚乐队。

[2] 以上这一部分谈到的其实是爱因斯坦的相对论。简单说来就是，当物体接近光速运动时，会产生时间变慢的效应，而如果以光速运动，则会出现时间停止的效应。

疯狂汽车秀

Top Gear

BBC 就喜欢用新面孔重制老节目：他们重拍了《坐牢》[1]，重拍了《永远开门》[2]，还重拍了《百货店奇遇记》[3]。不过，他们最成功的一次是重拍了《最后的夏日美酒》，让三个老头乘坐一辆难以想象的车下山并对它进行了彻底改造，还给节目增加了活力与乐趣，甚至连名字也改成了《疯狂汽车秀》。[4]

暴躁傲慢的福吉被换成了喜剧明星杰里米·克拉克森，说话轻声细语的克莱格被换成了詹姆斯·梅，邋遢又有点淘气的康波被换成了理查德·哈蒙德。[5] 他们胡作非为的地点也不再仅限于约克郡，而是满世界蹦跶，用可笑的方式破坏汽车，撞毁车队，破坏环境，贬低外国人，说各种语言，还差点与阿根廷人、德国人、墨西哥人和罗马尼亚人酿成外交事件。

不过，《疯狂汽车秀》仍然保留了许多《最后的夏日美酒》的基本形式，比如，依旧是性格上都有一些缺陷的三位可爱老头在打发

---

[1]《坐牢》(*Porridge*)，英国情景喜剧，1974 年至 1977 年在 BBC 1 播出，1979 年又翻拍了同名电影。

[2]《永远开门》(*Open All Hours*)，英国情景喜剧，1976 年至 1985 年期间播出，后又制作了续集《依旧永远开门》(*Still Open All Hours*)。

[3]《百货店奇遇记》(*Are You Being Served?*)，英国情景喜剧，1972 年至 1985 年期间播出，2016 年又拍摄了一次性的复活剧集。

[4]《最后的夏日美酒》(*Last of the Summer Wine*)，英国情景喜剧，讲述了三位老人和他们年轻时的不幸经历。此处是作者有意将《最后的夏日美酒》与《疯狂汽车秀》混为一谈。

[5] 福吉（Foggy）、克莱格（Clegg）和康波（Compo）都是《最后的夏日美酒》中的人物。而杰里米·克拉克森、詹姆斯·梅和理查德·哈蒙德均为《疯狂汽车秀》节目的主持人。

时间；依旧有数百万要求不怎么高的人一周又一周地关注着它，即便它过气已久。

在颇具争议的最后一集中，杰里米·克拉克森因为在酒吧找不到牛排而冲着制作人发飙并狠狠揍了他一顿。[1] 有人觉得他这么做太过分，于是节目被取消了。

之后不久，BBC 推出了一档衍生节目——令人困惑的是也叫《疯狂汽车秀》——主持人是《老友记》里的乔伊[2] 和离开《临时星期五》的搞笑主持克里斯·埃文斯。他们的关系非常亲密，就像“布屈·卡西迪和日舞小子”[3] 一样。可是观众们并不看好他俩，尤其是克里斯·埃文斯的人设，就像一个赢了比赛的富豪男孩，最终他被踢出了节目[4]。

我不知道这档节目是否还在播出，反正我只看《爱情岛》[5]。

[1] 杰里米·克拉克森因为不满制片人没有准备好晚餐而拳打对方，因此遭到 BBC 的停职。

[2] 这里指的是马特·勒布朗（Matt LeBlanc），美国演员、喜剧演员和电视主持，曾在情景喜剧《老友记》中饰演乔伊。

[3] 布屈·卡西迪和日喜小子（Butch Crassidy and The Sunny Delight Kid），源自美国电影《虎豹小霸王》（*Butch Cassidy and the Sundance Kid*），片名直译就是“布屈·卡西迪和日舞小子”。影片讲述强盗搭档布屈·卡西迪和日舞小子一起逃亡至玻利维亚，以继续他们的犯罪生涯。

[4] 克里斯·埃文斯只主持了一季《疯狂汽车秀》就因为收视降低、批评不断等原因退出了节目。

[5]《爱情岛》（*Love Island*），英国一档约会类真人秀节目。

三角形

Triangles

三角形指的是有三个边（面）的形状，硬币除外，就算硬币也有三个面——人头的那面、背面和圆形侧面，但显然它不是三角形。

三角形是唯一以乐器命名的形状，[1]symbol 除外。[2] 不过说不定未来某一天，法国人会把长方形称为“le synthesizer”，[3] 以作为对“傻朋克”[4] 离世的纪念。他们就是这样，法国人嘛。

英语“triangle”（三角形）一词源自“angle”（角），和“tri”（三）。因为一个三角形里有 180 个角，[5]180 除以 10 等于 18；18 等于 3 乘以 6；6 等于 3 乘以 2；2 是最小的数字，因此：“三个角” = 三角形：180 个角。

三角形的神奇之处在于，甭管它有多小都能装下 180 个角。想象一个你能想到的最小的三角形（能装下一个妙脆角，或者铅笔头，或者微型巫师头上的尖帽子），我们仍然可以把这 180 个角一个不落地全塞进去。它们肯定被挤坏了。

因此，以我们对三角形的了解，可以做一些惊人的计算。抓好你的帽子，尤其如果你是个微型巫师的话。

---

[1] 英文 triangle 除了有三角形的意思，还有三角铁的意思。

[2] symbol（符号）与 cymbal（铜钹）的发音相同。

[3] le synthesizer，法语“合成器”的意思，由电子设备代替乐队进行演奏和自动化编曲的一种电子化设备。

[4] 傻朋克（Daft Punk），法国巴黎的电子音乐团体。

[5] 这里其实是指三角形内角和是 180 度。

三角形的每个角落里都有 60 个角（180 除以 3），也就是说，三角形外面有 900 个角[1]。这 900 个角你是看不见的，不过你知道它们确实存在。这就叫“暗数学”。

也就是说，整个宇宙总共只有 1080 个角：三角形的里面有 180 个角，外面有 900 个角，宇宙中各个地方都是如此。这 900 个角被宇宙中所有三角形等分。因为每个三角形有 180 个角，我们就可以计算出整个空间有多少个三角形：900 除以 180，答案就是 5 个。

这就证明宇宙中有 5 个三角形。我们已知的就有妙脆角、铅笔头和小巫师。还差两个。总有一天，科学会找到剩下那几个，只不过它们有可能在宇宙的另一边。

---

[1] 按作者的逻辑，三角形的一个内角是 60 度，相应的“外角”就是 360 度减去 60 度，就是 300 度。三角形有三个“外角”，所以它的外面就有 900（300 乘以 3）个外角。当然，实际上并非如此，我们都知道三角形的每个外角是 120 度，三个外角和是 360 度。——编者注

唐纳德·特朗普
Trump, Donald

参见“谎言”条目。

真相

Truth

如今，我们很难分辨什么是真，什么是假。在大是大非上，没有人能对到底发生了什么保持一致的意见。无论是对英国脱欧、特朗普，还是尼斯湖怪兽，我们的看法可能都相去甚远。但是，在“性交媒体回声室”[1]之外，有没有能让我们一致赞同的真相呢？

真相是什么？字典上说它是个名词，不管它是什么。但那是真的吗？我们能相信字典吗？如果在字典上查“字典”，它会说什么？“名词”。又来了。不管它是什么，就好像有人存心不想让我们知道真相似的。

真相就是真正发生的事情，所以，我把这句话录进 iPhone 这件事是真的。早餐吃的燕麦卡我牙缝了，这是真的。但是，我的日产米克拉[2]在午夜变成南瓜马车就不是真的。所以这不是事实，这是个恶作剧，而你却上当了，Siri。

有人说，真相比小说更离奇。也就是说，它比那本书里的故事——在一个反社会者开的巧克力工厂里，孩子们受尽一群橙色矮人的折磨[3]还要离奇——于是你便明白了，难怪没有人再相信它，因为实在太离奇了。

---

[1] 性交媒体回声室（sexual media echo chamber），这里说的其实是社交媒体回音室（social media echo chamber），是指在一个相对封闭的环境中，一些意见相近的声音不断以夸张或其他扭曲形式重复，令身处其中的大多数人认为这些扭曲的故事就是事实的全部。

[2] 一款日产汽车。

[3] 出自童话故事《查理和巧克力工厂》。

科学家用一种叫作“证据”的东西来检验某件事情是否属实，也就是说，要做一个实验，总是得到同样结果的才说明属实。那么，如果我抛一枚硬币，它总是头像那面朝上，就能证明硬币是真的；如果它背面朝上，哪怕只有一次，这枚硬币就不复存在了。难怪科学的代价如此高昂。

真理与“充实学”

纵观整个历史，那些号称“充实家”的人总是怀疑真实的事情是否存在，并拒绝接受现实，这倒是个逃避找正经工作的好办法。

亚里士多德说：“非而是，是而非，为非；是而是，非而非，为是。”直到今天，也没人知道他当时到底喝了什么才会说出这种话的。

有一个名叫拉塞尔·伯特兰[1]的充实家（从很多方面看，他都是当时的拉塞尔·布兰德）曾说，看待世界的方式可能有很多，但只有一种才是真的，这就好像“全英美食烘烤比赛”中的蛋糕看起来都不错，但只有一个能拿冠军一样。

过去会出现这样的情况，尽管某件事情是真的，但因为有人（通常是牧师或者上帝或者任何留胡子的人）认为它是真的，所以人们反而不相信它是真的了。如今，我们不会那么做了，因为我们有诺埃尔·埃德蒙兹。[2]但是有些人认为，信仰和真相一样。他们说自己

---

[1] 这里说的其实是伯特兰·罗素（Bertrand Russell），英国哲学家、数学家、逻辑学家、历史学家、文学家，分析哲学的主要创始人，世界和平运动的倡导者和组织者。他还是一个“绯闻哲学家”：结过四次婚，情人无数，还经历过私奔和出轨。

[2] 诺埃尔·埃德蒙兹（Noel Edmonds），英国电视节目主持人和执行制片人，参与制作和主持了很多饱受争议的电视节目。此人也是大胡子形象，是个满嘴跑火车的不靠谱之徒。此外，他还是个唯灵论者，结合后文作者提到的“上帝说”，在这里提到他，可能也有这层原因。

信仰上帝，因此上帝存在。还有的人说他们不信上帝，所以上帝不存在。然而没人知道上帝到底有多缺乏自信——他需要人们的相信才能存在，就像戴维·格斯特[1]一样。

在20世纪，人们用胡思乱想打发时间。毕加索画了一些不像人的画——三角形的脸，两眼的高度也不一样，结果，一个我还没查清是谁的人提出了相对主义[2]的概念。

相对主义与你是否跟家人过圣诞节无关[3]，它的观点是一切皆有争论的余地，这一点倒和是否跟家人一起过圣诞节这事很像。

在没有科学证据证明某件事为真时，相对主义是有用的。例如，没有证据表明“孟买坏小子”是Pot Noodle[4]最好吃的口味，即使人人都认为它最好吃。因此，我们只能说它比其他口味好，尤其是比“粘粘排骨面”好吃。

关于真相的真相

史班杜芭蕾乐队[5]唱过一首歌，歌中唱道“这全是真的”，至今人们仍然在激烈地争论这句歌词的意思。不过，我买这张单曲花了1.10英镑，那不便宜倒是真的。

很难分辨什么是真，什么是假，就连斯蒂芬·弗雷[6]这样聪明的

---

[1] 戴维·格斯特（David Gest），美国制片人和电视名人，迈克尔·杰克逊的好友。杰克逊去世后，他制作并出演了一部关于杰克逊生平的纪录片，名为《迈克尔·杰克逊：偶像的一生》。

[2] 相对主义（relativism），是一种认为观点没有绝对的对与错，只有因立场不同、条件差异而相互对立的哲学学说。实际上，毕加索的作品属于超现实主义（surrealism）。

[3] 因为relative除了有“相对的”意思外，还有“亲属”的意思。

[4] 一个方便面品牌。

[5] 史班杜芭蕾乐队（Spandau Ballet），20世纪80年代以“新浪漫”风格红遍全球的超级乐队。

[6] 斯蒂芬·弗雷（Stephen Fry），英国演员。

人过去也常在电视上说，“你永远都看不到月亮这样的东西，[1] 为的就是让《幻术大师》[2] 滚蛋”。这些树是真的吗？那些树是真的吗？爱情呢？约克郡布丁呢？

那么我呢？我怎么知道自己是不是真的？据我所知，我好像是被什么人编出来为了搞笑的。

关于真相的几个无解问题

- 如果有人说，“你好，我是骗子”，你怎么知道他们说的是不是真话？
- 如果有人一边撒谎，一边吹牛，那么你能看出来他们在撒谎吗？
- 老年人吃滑石粉吗？
- 到底有没有“真相仙子”[3]？
- 如果吞了泡泡糖，胃里就会长出一棵苹果树吗？
- 把测谎仪倒过来是不是就成了“测真仪”？
- 有没有人在说谎的时候裤子着了火？[4]
- 爱因斯坦的话是真的吗——如果以光速旅行并且把灯关掉，就会撞上什么东西？

---

[1] 作者这里写的是“there's no such thing as the Moon”，而其实是指“There's no such thing as the dark side of the Moon”，也就是你永远都看不到月亮阴暗的一面，无法知道事实的全貌。

[2]《幻术大师》（*Jonathan Creek*），英国神秘犯罪系列片，通过逻辑推理和对幻觉的理解来解决看似超自然的神秘问题。

[3] 国外有牙仙子（tooth fairy）的说法，指的是专管儿童牙务的仙女。真相仙子（truth fairy）和牙仙子发音相似，故作者有此一说。

[4] 源自一句英语谚语，“Liar, Liar, Pants on Fire”，中文大意：骗子，骗子，裤子着火了。

- 天空是蓝色的吗？还是另一种我们看不见的颜色，只不过周围都是蓝的所以它看上去才是蓝的？就像 Appletiser[1] 的绿色瓶子一样。
- 如果有人磕了药，还说你是他最要好的朋友，他是在撒谎还是在说真话？
- “真相”死后会去往何处？——一首强力情歌让我想到了这个问题。[2]
- 有人拍到过真相的照片吗？
- 在法庭上，当你承诺说出全部真相的时候，为什么不敢直说法官穿得像个傻子？
- 白色谎言[3]算不算种族歧视？
- 为什么瑞奇·热维斯要在电影《谎言的诞生》[4]中让谎言诞生呢？
- 我们带着测谎仪去野外，能不能找到人们说埋着金子但其实并没有的地方？
- 如果真相是由“yes（是）”的个数来衡量的，那么这就是“YESterday（昨天）”是真的，而“tomorrow（明天）”是假的的原因吗？

[1] 一种起泡果汁，包装的瓶子是绿色透明的。

[2] 这里说的是罗比·威廉姆斯（Robbie Williams）的歌 *Tripping*，其中有句歌词是：“When the truth dies, Very bad things happen”，中文大意：当真相死亡时，非常糟糕的事情就会发生。

[3] 白色谎言（white lies）的意思是“善意的谎言”。

[4]《谎言的诞生》（*The Invention of Lying*），爱情喜剧电影，讲述了在一个从来没有谎言的世界里，马克因为第一个说谎而获得意想不到的飞黄腾达，却最终发现在真爱面前谎言是如此无力的故事。

U

Cunk on Everything

美利坚合众国

United States of Americans, The[1]

美利坚合众国是位于世界——或者就像有些人说的，“池塘”[2]——另一边的一个巨大国家，那里有好莱坞、热狗、大汽车、遍地的枪支，还有牛仔、仙人掌、摩天大楼、超级英雄和星条旗。

但是，美国不止这些。不过，凭良心讲，差不多也就这些了——已经够多的了。

宪法

在英国，我们从来不需要书面的东西告诉我们自己的国家是什么，因为我们只需要遵照女王说的去做，否则就会被她砍掉脑袋。但是，美国有一本名叫《宪法》的书，告诉他们如何做一个美国人。

对美国人来说，美国宪法至高无上，因为它可以追溯到很久很久以前。它是在 1787 年被写下来的，所以美国历史与生产脚踏式垃圾桶和洗碗盆的阿迪斯公司[3]差不多一样悠久。

美国宪法就像一本美国的操作指南。每一个国家都需要规则，特别是像美国这种，几年前才从当地居民手中夺走土地，然后才得以成立的新国家。起初，除了搭建简易棚屋的说明书，他们没有任何操作指南，而瞧瞧如今，宪法让他们发展到了怎样的程度。

---

[1] 原文故意写错。

[2] 池塘（The Pond）是大西洋（Atlantic Ocean）的非正式说法。

[3] 阿迪斯家居用品公司（Addis Housewares），一家英国家庭用品制造公司，成立于 1780 年。

要使美国正常运转，只需要写下七件非常基本的事。[1] 它昭告所有美国人，一个美国公民应该是什么模样，于是所有人都同意了，并且停止了战争，除了没过几年之后打的那场仗 [2] 之外。

这七件写在纸上的事，外加对这七件事所做的二十七个改动，是宪法的坚实基础，永远不允许被改变，否则就会爆发战争。

这些改动被称为“修正案”，因为每改一条，你都会在后面说上一句“阿门”[3]。而我们最常听说的就是第二修正案，里面规定，每个美国人必须至少携带一把枪，如果有陌生人进入酒馆，就可以向空中鸣枪。对这一修正案的另一个修正是要猴人查尔顿·赫斯顿 [4] 发明的，他决定，如果政府想从美国公民身上拿走枪，就必须给他一些冷火腿作为奖赏。

美国人说的话是什么意思

在美国，人们也说英语，只不过很多词都和我们说的不一样，所以你得努力学习，他们就喜欢这样。

例如，美国人不说人行道（pavement），其实他们有人行道——要不然你就会从马路上直接滚到地底下或者地铁站的三明治店里了，

---

[1] 美国宪法，于 1787 年由美国制宪会议制定和通过，1789 年 3 月 4 日生效，由序言和七条正文组成。

[2] 按照时间来看，这里的战争指的是 1791 年至 1794 年间的威士忌起义，是一场发生于美国宾夕法尼亚州西部的抗税运动。

[3] 因为 Amendment（修正案）和 Amen（阿门）非常相近。而“阿门”是希伯来语，“诚心所愿”的意思，是犹太教、基督宗教的宗教用语，在礼拜和祷告时表示同意或肯定时使用。

[4] 查尔顿·赫斯顿曾出演电影《人猿星球》（*Planet of the Apes*），还曾担任美国步枪协会主席。查尔顿·赫斯顿关于枪有一句名言，原句是“You can have my gun when you pry it from my cold, dead fingers.”中文大意：你不能拿走我的枪，除非撬开我冰冷的手指。

只是他们管人行道叫作“侧走道”（sidewalk），听上去就像某种有趣的舞步。

这还算比较简单的，大部分人都能明白，而且这仅仅是人行道而已。通常我们用不着买人行道，也用不着向人问起人行道该怎么走，它就在那儿。但是，美国人对于食物和身体结构方面的词语的改动确实让人没眼看。

美国人管饼干叫“曲奇”，管烤饼叫“饼干”，管炸土豆片叫“薯片”，管薯片叫“炸薯条”。而且沙拉里用到的食材名都不怎么正常——全是些可怕的字眼，诸如“芫荽”“芜菁甘蓝”，还有“青葱”，可能这就是美国人不喜欢沙拉的原因，怪不得他们当中有不少人长得跟拖网渔船一样巨大。还有一些吃的听起来很不讲究，比如“淑女手指”“蛋植”和“马屁糖”[1]。

再说说人体结构，他们管屁股叫“阴部”（fanny），这一点他们应该在入境检查的时候就告诉你，因为如果有人问你想不想在商店里买个“阴部包”（fanny pack），[2] 搞不好你就得在牢房里过夜了。坦白讲，这种反应完全可以理解。他们管句号叫“periods”，但是管月经也叫“periods”，所以，当美国人告诉你某个东西“过多”（heavy）然后加上句号来进行强调时，你再问他们到底想暗示什么的时候，很可能会把警察招来。[3]

美国人跟我们叫法不同的东西还有“格雷厄姆饼干”，他们说的

---

[1] 这里分别指的是手指饼干（ladyfinger）、茄子（eggplant）和太妃糖（taffy）。

[2] fanny 在美式英语中可以用来表示屁股，fanny pack 就是腰包。

[3] heavy periods 是月经出血量过多的意思。因为 periods 又表示句点，如果被不理解的人问起，你可能会没好气地回答“出血过多”，那么对方就有可能会报警。

是“格雷姆饼干”——尽管我们这儿没有；还有“番（fān）茄”[1]，他们说的是“番（pān）茄”。对不起，不是“番（fān）茄”，是“番（pān）茄”。[2]

[1] 格雷厄姆饼干（graham cracker），一种甜味饼干，由全麦面粉制成。在北美，它的名字发音是 /ˈgreɪm/ 或者 /ˈræm/。

[2] 这里指 tomato 的英美式发音不同，英式发音是 /təˈmɑːtəʊ/，美式发音是 /təˈmeɪtəʊ/。

V

Cunk on Everything

维多利亚人 [1]
Victorians, The

19 世纪是由一个民族统治的：维多利亚人。他们选出了一位代表自己利益的领袖——维多利亚女王，这个人真是太维多利亚了，就连名字也叫“维多利亚”。别的统治者把英格兰变成了大不列颠，但是维多利亚女王却把大不列颠变成了世界，一个名叫“帝国”的世界。

英国人向来不喜欢学习别的语言，还总爱吃传统的英国菜，比如三明治和薯片什么的。在帝国出现之前，这增加了占领世界的难度，因为有的国家有自己的语言，而且那里的薯片也完全不一样。这样看来，宅在家里更轻松，但是英国人产生了建立帝国这样的“新潮想法”：去其他地方，把那里变成英国，这样英国人就可以住在那儿了。就像马特·达蒙去火星的时候，用自己的大便种土豆一样。

维多利亚时期的大英帝国向世界各地扩张，其扩张的脚步甚至远至印度。虽然英语是帝国的语言，但是他们鼓励其他国家的人说带着浓重口音的英语。这就表示，尽管所有人都是“英国子民”，但他们是谁的“英国子民”却成了带有种族歧视意味的笑话——这类笑话让英国的士气维持了一百多年。

维多利亚人不仅占领国家，接管百姓，他们还收集破烂儿。历

[1] 维多利亚人，是指维多利亚女王时代的人，1837 年至 1901 年是维多利亚女王（Alexandrina Victoria）的统治时期。

史上没有哪个时代像当时那样有这么多破烂玩意儿。维多利亚时代的每座房子里都堆满了破烂儿。烂瓷器，桌子上的破烂儿，柜子里的破烂儿，摇摆的高架子上的破烂儿，装在本身就是破烂儿的小盒子里的破烂儿。在中世纪，如果普通人家里有很多破烂儿，那就是真正的破烂儿，然而这是一场“破烂儿革命”[1]。工厂生产出大量的破烂儿，也就是说，一个普通家庭里可能会像白金汉宫一样，堆满无用的东西。对破烂儿的热爱催生了一个新阶层：奶奶。我们的周围有一些依然健在的维多利亚奶奶，这是光荣的维多利亚民族所发出的动人回响。

最终，维多利亚人被毁灭了，[2] 没人知道是怎么回事。可能是因为疾病，或者小行星，反正某一天他们就不复存在了。也许他们离开去建造“新帝国”了，在外太空，在火星上教英语，吃大便种出来的土豆。也许我们永远都不会知道真相。当然，我就更不知道了。

---

[1] 指工业革命。

[2] 指大英帝国的衰落。

维京人[1]

Vikings

维京人是真实存在却又十分神秘的民族，他们曾在8世纪的时候来到英国。他们是残暴的水手，头上长着可怕的牛角[2]——可以说一半是大力水手，一半是牛。他们拥有很长的船，叫作“长船”，还有带特殊护鼻结构的金属头盔和可笑的毛皮外套。他们的到来引起了各种麻烦，说白了，他们就是一群参加周末男人聚会的海格[3]。

“Viking”（维京）一词由两部分组成：“Vi”，就是violent（暴力）的缩写，“King”就是killing（杀戮）的缩写。维京人来自丹麦，跟乐高一样；如果你光脚踩在维京人身上，就会觉得扎脚，这也跟乐高一样。他们浑身都是钉子，[4]喜欢砸碎东西，就像刺猬索尼克或者神童乐队的基斯[5]一样。

维京人喜欢掠夺，听上去他们就像是20世纪90年代经常去夜店的人，不过事实上他们会发狂，抢东西，就像20世纪90年代经常去夜店的人常做的那样。他们来这儿就是为了我们的财富。英国沿海地区到处都是修道院，里面堆满了黄金和贵重物品，然而守卫

[1] 维京人，别称“北欧海盗”，是当今北欧五国的祖先。在古英语中，“vikinger”是指在海湾中的人，而“wicing”代表海盗；“vikingar”在冰岛的土语中也意味着“海上冒险”。

[2] 这里说的是传说中维京人戴的牛角头盔，然而后来证实，维京人的头盔上并没有牛角。

[3] 小说《哈利·波特》中的人物，是一名混血巨人。

[4] 这里还是表现人们对维京人的刻板印象，认为他们的盔甲上都有尖刺。

[5] 基斯·弗林特（Keith Flint），英国歌手、舞蹈演员和摩托车手，是神童乐队的创始成员。

的就只有留着威廉王子发型、成天抄《圣经》的手无寸铁的人。[1] 这样的计划简直太卑鄙了，凶残的维京人很快就击败了所有手无寸铁的僧侣，并且发誓毕生不再使用暴力。

但是，英国国王伟大的阿尔弗雷德使出了出人意料的反击招数：他没有试图采取武装反抗来赶走维京人，而是送给他们半个国家和一大笔钱。这样一来倒是阻止了维京人的袭击，否则他们袭击的就是自己了，这就好比邀请小偷搬到自家楼上住一样。这是一个大胆而有效的计划，阿尔弗雷德也因此成为“剩余英格兰”历史上最伟大的国王。维京人定居在约克郡，因为他们看上了那里方便的交通和约维克维京中心[2]。

最终，跨种族间的繁衍令维京人失去了他们与众不同的“角”，变得与正常人别无二致。

关于维京人的几个无解问题

- 他们是如何让自行车以自己的名字命名的呢？[3]
- 为什么他们要把船首装扮成龙的模样？因为这样可以让船变得更吓人吗？会不会维京人自己都吓得不敢上船呢？
- 到底从什么时候开始，穿着金属胸罩唱歌剧的维京女人非得用高音把玻璃杯震碎不可？[4]

---

[1] 维京人首次对英国作出攻击，是在公元 8 世纪的后期。他们攻击和掠夺了英国东北海域林狄斯芬岛上的修道院。

[2] 约维克维京中心（Jorvik Viking Center），英格兰约克的一个博物馆和景点。

[3] 英国有一家自行车公司名叫维京自行车公司（The Viking Cycle Company）。

[4] 歌剧和影视作品中经常能看到这样的桥段，这是利用声音频率引起玻璃共振的结果，不过实施起来需要很多条件，难度较大。

虚拟现实[1]

Virtual Reality

虚拟现实是一种通过把自己的感觉完全限制在一个电动头盔里来体验绝对自由的方式。其实，我们只要蒙上眼睛摔倒就能达到大致相同的效果。

现实世界令人失望，尤其如果你是个不好相处还有点体臭的人的话，所以多年以来，地球上最顶尖的科学家一直将寻找解决方案作为首要任务。怪不得就算没有治愈癌症的良药，没有喷气背包或者其他他们承诺过的东西，我们依然能在爱顾商城买到 VR 头盔，靠虚拟世界里的一切过活。

虚拟现实可以促进各种领域的发展，这种体验非常吸引人，除了摔倒，反正迟早会摔。未来，我们有可能会把虚拟现实作为一种逃避手段，也许是为了逃避将来糟糕的工作——谁知道机器人统治地球之后会给我们分配什么工作，说不定就是在处理“虚拟现实头盔”相关投诉的呼叫中心接电话。

从很多方面来看，虚拟世界是一个不错的藏身之地，除非你真躲得过去，比如躲过警察，因为这时你不仅变得很显眼——看上去跟“傻朋克”一样——而且还无法发现警察正向你走来，因为你的眼中只有妖精或者任何被放在头盔里的东西。

[1] 虚拟现实是一种可以创建和体验虚拟世界的计算机仿真系统，它利用计算机生成一种模拟环境，使用户沉浸到该环境中。

W

Cunk on Everything

玫瑰战争[1]

Wars of the Roses, The

太难解释了！记住两件事就好：

首先，它是《权力的游戏》的故事背景，只不过写故事的那个人，乔治·RRRRRR. 马丁爵士[2]为了避免侵权而改了名字，并且配以龙、矮人，以及大量的奶子去充实情节，让它显得更加真实。

其次，玫瑰战争中最惨烈的事件就是博斯沃思战役[3]，理查三世在停车场下面挖洞试图逃跑。他在那儿藏了几个世纪，最终还是被找到了。唉，可惜太晚了，他已经因为吸入柏油而死掉了。[4]

[1] 玫瑰战争是英王爱德华三世的两支后裔——兰开斯特家族和约克家族——的支持者为了争夺英格兰王位而发生的断续的内战。

[2] 真实姓名是乔治·雷蒙德·理查德·马丁（George Raymond Richard Martin），通常被称为乔治·R. R. 马丁或者 GRRM。

[3] 博斯沃思战役（Battle of Bosworth）是兰开斯特王朝和约克王朝之间战争中最重要的一场战役，导致了约克王朝最后一任国王理查三世的死亡。

[4] 理查三世最终战死沙场，被葬在莱斯特的方济会教堂中。2012 年，考古学家通过地图索源法和钻地雷达技术，认为莱斯特市中心的一个市政停车场就是史书记载的埋葬理查三世的方济会教堂的地点。同年 8 月，他们发掘出了一具明显是死于战争的成年男性的骨架，后证实就是理查三世的遗骸。

天气
Weather

“天气”是用来形容老天心情的词。老天心情好的时候，风和日丽，阳光灿烂，就像它在叙利亚那样幸福的地方一样；老天脾气暴躁的时候，乌云满天，寒风刺骨，就像它——还有其他任何人——在苏格兰一样。

说白了，老天就跟所有人一样，喜欢炎热的国家而厌倦寒冷的地方，所以，它去温暖的地方就会快乐而明媚，去苏格兰就会变得面如灰土，无精打采，过度肥胖，痛苦不堪，在婚礼上没事找事，迫不及待地想回家。

当然，有些时候，老天也会失去理智，于是便会出现龙卷风、飓风和洪水。但是，谁都有心情不佳的日子，老天也一样，就像你我他，或者每周五站在汽车站售票亭外喊着“世界末日要来了”的家伙。

政府有一个专门研究老天的部门，叫作气象局。他们的工作就是试图预测老天从今天到明天的情绪变化。仔细想想，显然他们猜中的概率差不多就是一半，然而不知为何，你还得具备一定的资格才能在气象局工作，尽管那不过是靠瞎猜混饭吃的地方而已。我敢说，我肯定会干得很出色，或者很一般。非此即彼嘛，你看，这有什么难的。

当他们猜完明天的老天是气定神闲还是惹人讨厌之后，就会把自己的预测告诉气象预报员，然后预报员站在画着大地而不是天空的地图前面，用天气研究员的行话进行解说。例如，“淅淅沥沥”“恶劣条件”“暖锋”和“宜人”。大多数人会跟着点头，假装表示理解，不过，事实证明这些猜测是没有用的，因为就算你早上出门时晴空万里，到了午饭时，还是会下起倾盆大雨。

在公众场合撒尿

Weeing in Public

撒尿是我们比较喜欢在私底下做的事，除了喝醉的男人——他们喜欢玩某种限制级的捉迷藏游戏：躲起来，然而他们的尿会从自以为别人看不见的小巷里流出来，暴露他们的行踪。可是有的时候，出门在外，身边又没有公厕——比如在野外或者在英国任何城镇的中心[1]，如果尿急的话，就只好牺牲自己的隐私。

如果在城镇，建议你去找酒吧。一般来说，他们会让你买杯饮料，但是说白了，那不过是你下泡尿的首付，所以，如果不想买饮料，不妨声称自己怀孕了。如果你看上去不像孕妇——比如长着胡子——那就找借口，说把计算器什么的落在卫生间里就行了。

如果你在农村（你应该不会在那儿，这种假设没意义），选择就会更多。如果你是男的，可以躲在灌木丛或者树后面尿；如果你跟我一样不是男的，那就得更加巧妙地选择地点。你要找一个能蹲下又不会被人发现的地方，茂密的灌木丛不错。好像哪里不对，你懂的。[2] 就是灌木树篱什么的（篱笆和灌木树篱有什么区别？），反正没人看得见你就行。被牛看见了没事，它们不像人那样介意在公众场合撒尿，因为它们自己也尿。至于马是怎么想的，我就不知道了。

不过，有件事要注意：撒尿前切记检查一下自己下方的地面。

[1] 英国的公厕数量很少而且均要收费。

[2] 原文中，undergrowth 除了表示“灌木丛”，还有“未成年人”的意思。

如果有垫子或者柳条筐什么的话，你可能会尿在别人的野餐里，说不定会毁了人家的苏格兰煎蛋，所以得重新找块地方。

错误做法是：爬到树上向下尿。我不建议这么做，哪怕你们花10英镑打赌。

福利制度

Welfare State, The

福利制度是第二次世界大战后产生的概念，指的是，如果事情注定会变得更好，那福利制度要做的，就是不让任何人能顺利地享受到这种好。它之所以被称为“福利制度”，就是为了区别于之前那个非常不公平的制度。

在福利制度出现之前，你必须有足够多的钱，才能买到药、房子或者钱，就像买吃的穿的以及其他东西一样。有了福利制度之后，哪怕你真的很穷，也可以白白得到一些东西，比如拐杖或者住处什么的。

实际上，这些白拿的东西并不是免费的——那是其他手头有钱的普通人买的，但是如果你想要，那就拿去好了。说白了，这是偷盗的行为。但是很多穷人刚刚经历过一场战争，给他们点东西也是应该的，我觉得。

福利制度是一个颇具前瞻性的想法，它是由 Clement@Lee[1] 发明的，他是首位拥有自己电子邮箱的首相，不过，至少还得再等上 50 年，别人才有电子邮箱给他发东西。[2]

Clement@Lee 承诺，一旦轰炸停止，大家的情况就会稍稍有所好转。反正这种承诺谁都会说，不过他的预言成真了，很多士兵

[1] 这里是指克莱门特·艾德礼（Clement Attlee），英国工党政治家，在 1945 年至 1951 年期间担任首相，在任期间创办了国民保健事业。

[2] 电子邮件是由美国工程师雷·汤姆林森（Ray Tomlinson）于 1971 年发明的。

投了他的票，于是他击败了威尔逊·丘吉尔。[1]丘吉尔最擅长打仗，但他打得实在太好，以至于把战争都打没了，结果他就跟水泥救生圈一样，显得十分多余。如果国家医疗服务体系是丘吉尔发明的话，医院有可能会变得像战场一样，护士们都乘坐坦克，这就使得给受伤的人贴上莽撞先生创可贴更难了，不过周五晚上急诊室的局面也许能被控制得更好。

[1] 这里说的其实是温斯顿·丘吉尔（Winston Churchill），他于 1940 年和 1955 年两度担任英国首相。

华廉·威莱士[1]

Willis, Walliam

一直以来苏格兰都是一个骄傲自负的民族，如果他们发现自己没有在书中占得一席之地，肯定会发牢骚。

但是在 1296 年，苏格兰不情不愿地接受了英国爱德华老大[2]的管制。有一个人想要摆脱这一局面：华廉·威莱士。直到 1995 年，好莱坞科学家才发现华廉·威莱士长得跟梅尔·吉布森一模一样，在此之前没人知道他长什么样，而梅尔·吉布森在电影《勇敢的心》——跟《与麦克老狼共舞》[3]差不多——中恰巧扮演了一个苏格兰土著[4]。

威莱士召集了一批贵族战士，他们在脸上涂上油彩，挥舞着锋利的屠刀在斯特林桥[5]击败了英国军队。直到今天，“斯特林桥”一词仍然能唤起每个苏格兰人心中的自豪感——而英国人对此则完全无感。

但是，他们的好运未能持续下去，威莱士和他的手下在福尔柯

---

[1] 真正的名字应为威廉·华莱士（William Wallace），苏格兰骑士，后成为苏格兰独立战争的重要领袖之一。

[2] 这里说的是爱德华一世（Edward I），他发动了对苏格兰的战争。

[3] 电影原名为《与狼共舞》（*Dances with Wolves*）。麦克老狼（McWolf）是动画片《猫和老鼠》的衍生作品中的反派狼。

[4] 梅尔·吉布森在《勇敢的心》（*Braveheart*）中饰演的就是威廉·华莱士。

[5] 斯特林桥位于苏格兰斯特林近郊，横跨在福斯河上。斯特林桥战役是第一次苏格兰独立战争中的一场战役。

克被英国人打败了，[1]而且他们的蓝脸变得跟如今的苏格兰人一样红。威莱士就像一只蓝屁股苍蝇一样掉头就跑，尽管史料并没有记载他的屁股究竟被涂成了什么颜色——前提是他确实涂了。威莱士逃走后，一个名叫罗伯提·布鲁斯[2]的苏格兰贵族在班诺克本之战[3]中一举战胜了英国人，夺取了王位，从此苏格兰摆脱了英国的统治——暂时的。

与此同时，威莱士最终被英军俘虏并被带至伦敦，处以公开绞刑、取内脏和大卸四块的极刑。也就是说，他们吊起他的脖子，趁他还没死的时候，掏出他的内脏，把他的身体切成四大块。我们可以容忍当地屠夫对鸡这么做，但是你不能如此对待一个苏格兰的民族主义者。

---

[1] 这里是指福尔柯克战役（Battle of Falkirk），苏格兰失利。

[2] 真正的名字应为罗伯特·布鲁斯（Robert the Bruce），史称罗伯特一世，曾领导苏格兰人民击退英格兰王国的入侵，取得民族独立。

[3] 班诺克本之战（Battle of Bannockburn），1314 年 6 月 24 日，罗伯特一世领导苏格兰人在班诺克本击溃了英王爱德华二世的讨伐大军。这场战役也是苏格兰赢得独立战争的标志，

窗户
Windows

窗户是一种不用出门就看到外界的方式。

窗户刚被发明出来的时候，就像一小面长得有点像墙的墙，但它却不是用“墙”做的，所以你可以透过它看见外面。当时，我们只能透过空气看到外面，所以窗户就是空气做的。后来有人发明了玻璃，一种金属和空气的混合物。也就是说，窗户的窗口部分可以由其他东西来制作，而不再是什么也没有了。这是窗户发展过程中的一次重大突破，虽然有了玻璃的窗户使得窗户领域想再次产生重大突破变得更加困难。

早期的窗户通常会被贴上纵横交错的黑条，[1] 就像穿了长筒袜一样，这就增加了透过它们向外看的难度。直到几百年以后，人们才会想到不在窗户上贴纵横交错的黑条，就像他们花了很久才想到不在房子外面贴纵横交错的黑条一样。[2] 没人知道为什么，可能他们就是喜欢线条。

窗户实在太重要了，以至于有时人们会把圣人放进去，展示在教堂里。这是革命性的新型窗户：强化玻璃窗 [3]。强化玻璃窗是宽屏全彩的，令所有人都为之震惊，因为世界上其他东西都是屎黄色的。

---

[1] 这里指的应该是网格工艺（latticework），主要用来防护和装饰。

[2] 这里是指英国古建筑里的大门也经常采用网栏设计，同样是取其防护和装饰作用。

[3] 这里作者说的其实是教堂里的彩绘玻璃窗（stained glass window），通常会绘有圣经故事、文学与历史故事等。

随着像蓝色、红色这样新发明的出现，窗户已然成了当时的互联网。

人们不远万里前去围观最先进的窗户，它们与旧式的、有圣人劳雷尔和哈迪[1]在里面的黑白窗户不同，[2]那是令人震撼的窗户，里面有火爆的“新圣人”，比如圣奥尔本斯[3]，以及缝纫机的守护神——圣女合唱团[4]。如今，你只有在交通灯上才能看到强化玻璃的明亮色彩，它们在悲哀地提醒你，上帝已死。

除了教堂，窗户还能用来造温室，解决番茄无家可归的严重问题。温室的玻璃窗是透明的，所以也叫“玻璃屋”。能买到橡胶纪念品的豪华房子里通常都有巨大的温室，可以种菠萝、土豆、烤面包等异国食品。到了19世纪，温室已经大到可以装下像人那么大的番茄了，比如建于1851年的水晶宫，说白了，那就是一个建在温室里的向维多利亚人兜售破烂儿的苹果零售店。[5]由于它效果不错，所以被搬到了伦敦，一座专属于它的公园里，然后人们把它给烧了。[6]

制作窗户的技术不断进步，很快就出现了用窗户建成的摩天大楼，甚至用的是双层窗户，也就是说，用不着多建房间，窗户爱好者就能拥有两倍数量的窗户。有些人甚至把窗户（也就是眼镜）戴

---

[1] 劳雷尔和哈迪（Laurel and Hardy），由瘦小的英国演员斯坦·劳雷尔与高大的美国演员奥利弗·哈迪组成的喜剧双人组合，在1920年至1940年极受欢迎。

[2] 这里说的是黑白电视与彩色电视。

[3] 圣奥尔本斯（St Albans），英格兰赫特福德郡一镇；此外，圣奥尔本斯的名字来源于罗马士兵圣奥尔本。当时的罗马帝国一度迫害基督教徒，圣奥尔本因庇护基督徒而被斩首，是不列颠首位殉道的基督徒。这里应该指的是这位圣人。

[4] 圣女合唱团（All Saints），英国流行音乐女子组合。此外，英国还有一个服装品牌也叫All Saints，因此作者会就此打趣说她们是缝纫机的守护神。

[5] 苹果零售店的装饰设计，一般都采用玻璃幕墙和玻璃楼梯。

[6] 水晶宫是英国伦敦一个以钢铁为骨架、玻璃为主要建材的建筑，最初位于伦敦市中心的海德公园内，1854年被迁到伦敦南部，在1936年的一场大火中被付之一炬。

在脸上，来表明自己有多喜欢透明（或者彩色）的长方形，它改变了我们透过墙壁向外看的方式。

最新式的窗户就是电脑上的窗户，它是电动的，却不同于汽车窗户，当我们透过这个窗户向里看时，即使它是由玻璃做的，我们也看不到电脑内部的齿轮和弹簧，只能看到由名叫“窗户”[1]的东西做成的互联网。这些窗户属于“操作水箱”[2]的一部分，说白了，就是信息的“电子厕所”。

谁知道窗户接下来会变成什么样，也许会出现一个能装进口袋里的窗户，或者可以注射到身体里，或者像药丸一样能吃下去的窗户。然后，它会向我们展现平时透过窗户所能看到的一切风景，而且还是 3D 的，用微型芯片直接发送到大脑。说起窗户，它真的是没有限制的。[3]

---

[1] 这里指的是微软的 Windows 操作系统。

[2] 这里指的是操作系统，作者故意把 system（系统）写成了 cistern（蓄水箱）。

[3] 原文是 the window really is the limit，源自惯用语“the sky is the limit”，没有限制的意思。

莱特兄弟

Wright Brothers, The

奥维尔和基斯·莱特[1]是人类飞机的首批发明者。奥维尔曾经希望自己能飞上天空，但是一直都没实现，直到哥哥基斯发明了前所未有的发明：飞机。

莱特兄弟的飞机比空气要重，但却是第一架飞在空气之上的飞机，尽管这种飞行方式是错误的。不过，能发明出这种飞机也是莱特兄弟的天才之举，以前没人想到过，如今也没人想明白，但是它管用，所以最好还是闭上嘴，别去打扰机舱内的工作人员。

在莱特兄弟之前，人们曾试图通过观察鸟类来发明飞机。起初，他们选错了对象，观察的净是企鹅和鸡什么的，因为它们离地面比较近，更容易被看到，但是人们从中并没有学到什么，除了知道要在飞机前面安一个鸟嘴——至今他们还是这样做的，还有下蛋（下的是行李箱）。

当人们观察到比鸡的位置更高的鸟时，才发现它们飞的时候还要扇动胳膊（或者说“翅膀”），并且意识到这有可能就是蹲在树上的鸟（比如猫头鹰）和站在地上的鸟（比如鸵鸟）之间的区别：“扇胳膊”。所以，最初的飞机都装有能够扇动的部分，但是没什么用，不过为了给后世做参考，所有实验过程都用黑白影像记录了下来，[2]

---

[1] 其实基斯·莱特（Keith Wright）是美国橄榄球运动员，莱特兄弟中的另一位真正的名字是威尔伯·莱特。

[2] 这里指的是 1903 年 12 月 17 日莱特兄弟第一架飞机试飞成功的录像记录。

多亏了 20 世纪 80 年代后期的浩室音乐[1]电视。

后来莱特兄弟发现，让鸟停留在空中的既不是羽毛和“扇胳膊”，也不是它们的尖嘴，而是螺旋桨。添加了螺旋桨后，莱特兄弟的飞机就像鸟一样离开地面，飞行了几十英尺，保持几英寸的高度，并且安全着陆，就跟如今的飞机一样——坠毁的除外。

奥维尔和基斯·莱特的发明让世界几乎在一夜之间就变小了，这就意味着空气更多了。对未来的飞机来说这是个好消息，它们有了更多的空间。

---

[1] 浩室音乐（House music），一种电子音乐类型。

Cunk on Everything

木琴

Xylophones

木琴是一种乐器，它的音色跟一架劣质的钢琴差不多，然而重点在于它是以“x”开头的，所以人们总是对它大惊小怪。[1]

木琴在音乐演奏中的使用并不多，至少比不上吉他或者激光竖琴[2]。它主要出现在儿童的字母书和挂图上，教他们学习“x”的发音。不过木琴（音标 / 'zaɪləfəʊn/ ）的发音其实是以 /z/ 开头的，所以根本没帮上什么忙。

但是老实说，除此以外就只剩下“X-Ray”（X 射线）是以“x”开头的了，[3] 其实就连它也算不上是个词，它是个字母。所以，它让孩子们知道了字母“x”是以字母“x”开头的，而这一点他们可能早就想到了。

这就跟用“yacht”（游艇）来学习“y”的发音，或者用“giraffe”（长颈鹿）来学习“g”的发音一样糟，这只会带来一大堆令人无比尴尬的问题，比如，单词里的“ch”是怎么回事，音标里为什么写的是“j”？[4] 不过对孩子们来说，这确实也是宝贵的一课，让他们

---

[1] 因为以 x 开头的英文单词屈指可数。

[2] 激光竖琴用激光做虚拟琴弦，手拨到光束时会发出相应的音调，从而可以模仿竖琴演奏。

[3] 以 x 开头的单词其实还有 xenophobia（仇外）、xerantic（除湿的）、xerography（静电复印术）等。

[4] 游艇（yacht）的音标是 / jɒt /，y 发 /j/ 的音，ch 不发音。长颈鹿（giraffe）的音标是 / dʒə'rɑːf /，g 发 /dʒ/ 的音。

明白将来的生活会有多么糟心和烦人。或许这才是重点。

教孩子认字母最简单的方法就是借助容易识别的物体，比如水果。为了阐述得更清楚，我做了一张字母表教学挂图——水果字母表。

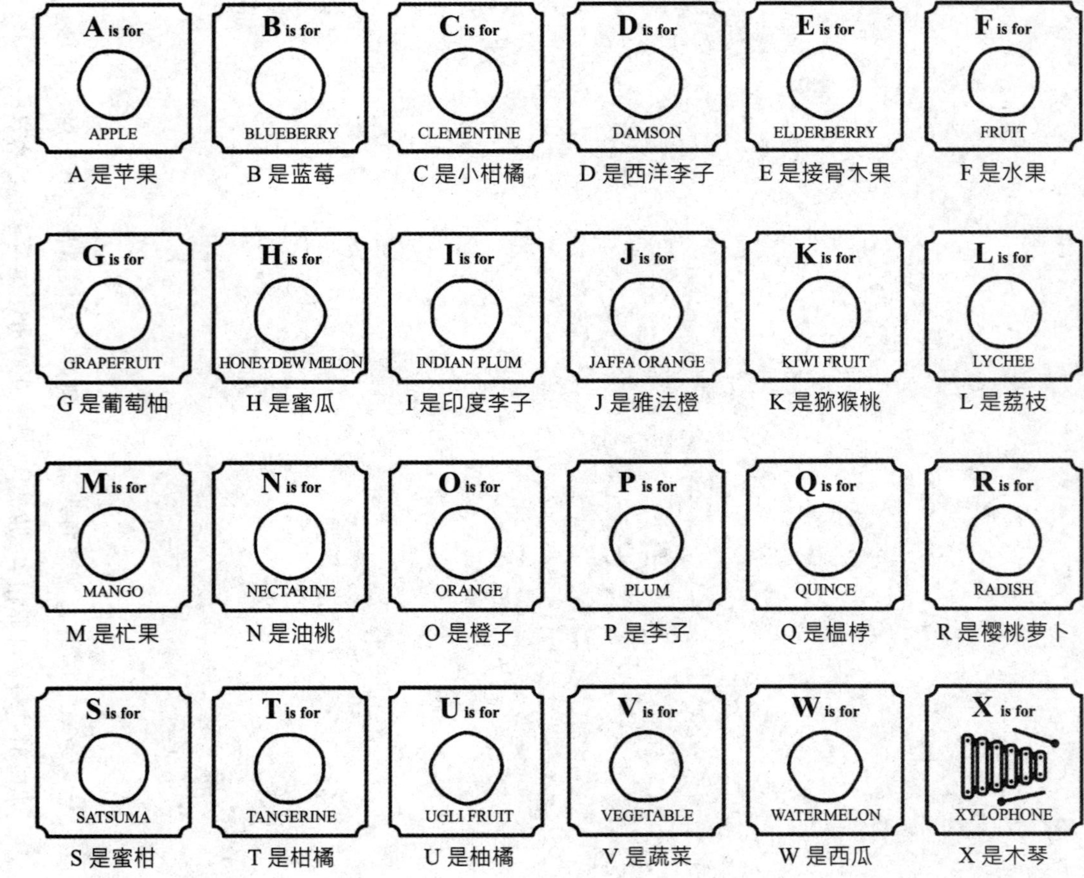
A is for
APPLE
A 是苹果
B is for
BLUEBERRY
B 是蓝莓
C is for
CLEMENTINE
C 是小柑橘
D is for
DAMSON
D 是西洋李子
E is for
ELDERBERRY
E 是接骨木果
F is for
FRUIT
F 是水果
G is for
GRAPEFRUIT
G 是葡萄柚
H is for
HONEYDEW MELON
H 是蜜瓜
I is for
INDIAN PLUM
I 是印度李子
J is for
JAFFA ORANGE
J 是雅法橙
K is for
KIWI FRUIT
K 是猕猴桃
L is for
LYCHEE
L 是荔枝
M is for
MANGO
M 是杧果
N is for
NECTARINE
N 是油桃
O is for
ORANGE
O 是橙子
P is for
PLUM
P 是李子
Q is for
QUINCE
Q 是榅桲
R is for
RADISH
R 是樱桃萝卜
S is for
SATSUMA
S 是蜜柑
T is for
TANGERINE
T 是柑橘
U is for
UGLI FRUIT
U 是柚橘
V is for
VEGETABLE
V 是蔬菜
W is for
WATERMELON
W 是西瓜
X is for
XYLOPHONE
X 是木琴

Cunk on Everything

年轻人
Young People

与人有关的最讨厌的一件事，就是总有更多的人被制造出来。不仅如此，他们当中好多人比你年轻，比你有活力，你还得勉强自己跟上他们。真是太费劲了。

最美好的事情明摆着都发生在1980至1995年间。这是科学事实。想想看，有哪些最美好的事情呢？《霹雳游侠》[1]，随身听，多力多滋玉米片。我还能继续列举，不过科学就可以帮我搞定这份超级棒的“最美好清单”。在那之前发生的事，不是黑白的就是被记录在挂毯上的，很难引起人们的关注，而在那之后发生的事纯属瞎扯。年轻人的问题在于，他们非但对1980至1995年间发生的事（最美好的事情）关注不够，还高估了那些瞎扯的事——现在发生的事。

尽管如此，适当倾听年轻人的心声还是很重要的，因为如果不好好听，就没法理解他们到底在说什么，仿佛他们讲的是另一种语言，这挺不可思议的，毕竟我也曾经年轻过。你肯定以为，只要掌握了年轻人的语言就不再会忘，可事实上，它们比“哔哔”声还难懂。反正我是一头雾水。

判断一个人是不是“年轻”的最佳方式就是看看他的出生日期会不会让你感觉：“我的天，那年大部分时候我都醉着呢！”最终你会发现，滚动网页下拉菜单寻找自己的出生年份需要的时间越来越

---

[1]《霹雳游侠》（*Knight Rider*），一部美国科幻电视连续剧。

长。我猜，退休的老年人，大部分时间都用于在滚动菜单中寻找自己的生日上，怪不得他们的手看上去那么粗糙。总有一天，你的出生年份看起来会显得很荒谬，就好像当时是战争年代一样。你原本想找出一张自己的旧照片，结果却发现它其实是一幅挂毯或者一尊雕像。你爸妈的照片看上去太古老了，就好像他们是在维多利亚时代集市的摄影棚里，戴着愚蠢的帽子，打着带褶边的伞拍出来的一样。年轻人对此一无所知。他们真傻。

耶鲁节[1]

Yuletide

在日历学家发现圣诞节之前，曾经有一个完全不同又一模一样的节日，名叫耶鲁节。如今我们仍然会说“耶鲁树干蛋糕”[2]和“耶鲁·伯连纳”[3]，后者在圣诞节的时候还在电视上演电影。

到了冬天，日历会有些难过，因为天变短了。寒冷的天气就会导致这样的结果。[4]所以，为了让日历振作起来，吃点蛋糕，一醉方休是个好主意。反正耶鲁节期间正逢收获的时节，也不需要种什么，人人无事可做，空虚无聊，毕竟那会儿还没有任天堂 Switch。

常绿乔木是耶鲁节的象征，它是少数几种能适应严寒并茁壮成长的植物，因此异教徒们总是用砍倒并毁灭它的方式来庆祝它的生存。[5]人们在耶鲁节用新伐松木的香味来装点温暖狭小的空间，如今出租车司机仍然这么做[6]。

但是，基督徒们想要拥有一个冬季大狂欢，并称之为“圣诞节”，于是他们决定将这一天选在别人都过耶鲁节的时候。这倒省事了，

---

[1] 耶鲁节是从冬至（每年的 12 月 21 日）到耶鲁献祭日（最初的日期应该是每年的 1 月 12 日）之间的这段时间的名称，它是异教徒进行的一个宗教庆典，其中饮酒是庆典的一个重要部分。

[2] 这里说的是圣诞树干蛋糕（Yule Log），一种圣诞节的甜点。

[3] 真正的名字应为尤尔·伯连纳（Yul Brynner），俄国裔美国戏剧与电影演员。

[4] 这里暗指热胀冷缩。

[5] 圣诞树最初是用来供奉圣婴的。后来，德国人把 12 月 24 日作为亚当和夏娃的节日，在家放上象征伊甸园的“乐园树”，最后才逐渐演变成圣诞节在家布置圣诞树的习俗。

[6] 出租车司机会在车内喷洒车用空气清新剂。

反正都要聚会，于是，基督徒们现身某个家庭聚会，自称是史蒂夫的同伴，询问能不能进去。基督徒喜欢不打招呼就出现在别人家门前，这一招他们至今仍在使用。

圣诞节很快就风靡世界各地，到了20世纪，除耶鲁树干蛋糕和圣诞树以外，节日的象征里又新加入了一个在圣诞节送礼物的长胡子的人——诺埃尔·埃德蒙兹[1]。他通常出现在邮局大楼之类的地方，吩咐杜兰杜兰乐队[2]的键盘手把《饥饿河马》[3]送给生病的孩子。我觉得这种事不会再发生了。反正我不知道，也没人知道。这种事总是发生在一大清早，通常我都在蒙头大睡，为了消除前一晚百利甜的后劲。

如今，没人再管耶鲁节叫"耶鲁节"了，除非他们喝多了，闭着眼睛说瞎话。我们都管它叫"圣诞节"。不过，现在我们就连"圣诞节"也不说了，我们叫它"Xmas"。Xmas中的"X"代表"基督"（Christ），和超级英雄电影《基督战警》和电子游戏系统"基督Box"[4]中的"基督"是一个意思。而且我们庆祝的方式也大变样了。在过去，如果有人拿着一筒圣诞巧克力橘子味的品客薯片，上面印着一个用冬青叶子当胡子的男人，他们一定以为火星人登陆地球了。如果说，过去的人看的是莫克姆和怀斯[5]，那么现在我们看的就是莫克姆和怀斯的节目剪辑。

---

[1] 诺埃尔·埃德蒙兹有一档节目叫《诺埃尔的圣诞礼物》（*Noel's Christmas Presents*），每年在圣诞节当天播出，他会在节目中向不同的人送出特别礼物。

[2] 杜兰杜兰乐队（Duran Duran），20世纪80年代红遍大西洋两岸的超级乐团。

[3] 《饥饿河马》（Hungry Hungry Hippos），一款桌面游戏，玩家用手中的"河马"收集尽可能多的弹珠。

[4] 指电影《X战警》（*X-Men*）和游戏机XBox。

[5] 莫克姆和怀斯的节目总是在圣诞节播出。

Z

Cunk on Everything

零

Zero

“零”在数学里表示“没有、无”的意思，但我们不能按字面意思直接使用“零”字，因为你不能把“没有东西报关”说成“零报关”，不能把“无事生非”说成“零事生非”，这听起来就像机器人在说话。

在罗马时代，数字不是从 0 开始的，而是从 1 开始的，所以从 1 到 10 有十个数字，而不像如今这样，有十一个数字。显然，前十个数中只有十个数字，这让数学变得十分复杂；相比之下，前十个数中有了十一个数字后，数学变得格外方便。否则每当你把那些加在一起会变“没了”的数字加起来时，为避免太尴尬，你就不得不假装结果等于“1”，也就是说，你永远不可能得到 0。怪不得原始人登不上月球，因为他们无法倒数到 0，火箭升不了空。

“零”是“计数前”[1]5 世纪左右在印度被发明出来的。以前从来没有人想过给“没有”起个名字，因为负责造字的人指着“没有”请教别人它叫什么的时候，谁都不知道他指的是什么。也许在它四周画个圆圈会更容易看出来，就像把野生动物关在动物园里方便研究一样，数字“0”就是把“没有”关在圈里让它守规矩的科学手段。

到第二次世界大战期间，“0”不仅在方程和英镑价格的整数末尾中发挥了作用，而且还承担了一半的电脑工作——另一半交给了

[1] 作者在这里把 BC（公元前）解释成了 before counting（会计数前）。

数字 1。如果没有“0”，电脑跟砖没什么分别,“马里奥赛车”[1] 也跑不起来。

“没有”是一个非常难以理解的概念——对某些人来说，因为我们不常见到它。有的东西即使被彻底摧毁，也不会化为“没有”，多少都会留下点什么，比如灰尘或者细粉末什么的，跟研磨出来的咖啡有点像。怪不得有种说法叫“研磨零”[2]。

[1] 任天堂推出的趣味赛车游戏。

[2] “研磨零”对应的原文 ground zero 其实是指原爆点，即大规模爆炸的中心点，也泛指受到严重损毁或破坏的地方。ground 一词有“碾碎的”和“地面”等意思。

僵尸

Zombies

僵尸可以说是一种“人形即食食品”：它们看起来像人（也像即食食品），经过重新加热后，就会焕发生机。

大多数僵尸长得令人毛骨悚然，这可能跟它们的饮食习惯有关——总吃人肉。这和我们以前不得不烧死那些牛有点像，因为它们一直在啃食其他牛的脊骨。[1]这些牛都吃傻了，僵尸也是这样疯的。人只要被僵尸咬过，就会变成僵尸，就像被蜘蛛咬过会变成蜘蛛侠一样。这有点类似于非法传销，只不过没有那些我们从未听说过的清洁产品。

坦白说，我们对僵尸唯一的期待就是希望它们能改吃素——我是说，有些僵尸看上去和素食者没两样，苍白又病态。这样，即使它们从原来像拳王泰森似的四处乱咬人，变成了在脖子下面挂着几棵西蓝花，也没有什么损失。

人们花了很长时间准备迎接僵尸末世，也就是僵尸通过购物中心来统治世界的那天。而这就是为什么韦斯特菲尔德购物中心令人感到放心，因为那里有很多保安，尽管他们看上去并没有对付这些“饥饿不死族”的本事。但愿能派几个重量级人物出场，而且最好快点，毕竟时间不多了——这么一想，倒是令人欣慰。

---

[1] 指人们屠宰疯牛病的牛并焚化尸体以防止传播，这种病被认为是通过给牛喂养动物肉骨粉传播的。

FONGHONG
凤凰联动出品